LA BELGIQUE MILITAIRE.

Imprimerie Balleroy.

JEAN II.

LA BELGIQUE MILITAIRE,

PAR

QUELQUES OFFICIERS DE L'ARMÉE.

Dédié au Ministre.

TOME QUATRIÈME.

> *Historia, quoquo modo scripta, delectat.*
> L'histoire peut toujours plaire, de quelque manière qu'elle soit écrite.
> — PLINE.

Bruxelles.

AU BUREAU DE LA REVUE MILITAIRE ET DE LA MARINE,
RUE MARCQ, n° 1.

1837.

LA
BELGIQUE
MILITAIRE

GOUVERNEMENT DE JEAN II.

GUI DE DAMPIERRE.

Dès que la mort eut frappé Jean le victorieux, Jean II, son fils, qui avait épousé Marguerite d'Angleterre, fille d'Édouard 1er, lui succéda aux duchés de Brabant et de Lothier (1294).

Une querelle survenue entre deux marins français et anglais ayant brouillé Philippe-le-Bel et Édouard, celui-ci, pour fortifier son parti, rechercha l'alliance des souverains de la Belgique, dans l'espoir de faire une forte diversion de ce côté, tandis que le roi Philippe attaquerait la Guienne qui appartenait à l'Angleterre. Mais le duc Jean se conduisit de manière qu'il sut ménager tour à tour l'un et l'autre parti, et que, par une politique adroite, et peut-être déloyale, il parvint à écarter le fléau de la guerre de ses états.

Édouard voulant s'assurer de Gui de Dampierre, devenu comte de Flandre et de Namur par la mort de Marguerite de Constantinople, sa mère, il lui demanda la main de Philippine de Flandre pour l'héritier de la couronne d'Angleterre. Flatté de cette union, Gui se disposait à conduire sa fille au-delà des mers, quand le roi de France, mécontent de ce mariage, lui fit dire qu'il aimerait de voir Philippine (c'était sa filleule) à sa cour avant son départ. Le comte qui ne se doutait de rien, conduisit sa fille à Paris; mais à peine y fut-il arrivé que Philippe le fit arrêter et renfermer au Louvre comme coupable du crime de lèse-Majesté; car, alors, un vassal n'avait pas le droit de marier ses enfans sans l'autorisation du suzerain. Traduit à la cour des Pairs, Gui fut déchargé des poursuites dirigées contre lui, grâce aux instances du Pape et du duc de Savoie. Le roi le rendit à la liberté, sous la condition qu'il ne contracterait aucune alliance avec le roi d'Angleterre, et qu'il laisserait Philippine en otage à Paris (1295).

Dès qu'il fut rentré dans ses états, il réclama l'intercession du Pape Boniface VIII, qui envoya l'évêque de Meaux à Paris à l'effet d'engager Philippe à rendre au comte, sa fille qu'il retenait dans les fers contre tout droit et raison; mais le roi » respondit assez aigrement, » dit Oudegherst, que ce n'estoit à faire au Pape de soy » mesler du faict de son royaume. » N'ayant pu vaincre l'obstination de ce prince, Gui ne se crut pas lié par un traité qui lui avait été violemment imposé. Sûr de la protection d'Édouard, il convoqua une assemblée à Grammont aux fêtes de noël de l'an 1295, et il soumit aux rois des Romains et d'Angleterre, aux ducs de Brabant et d'Autriche, aux comtes de Hainaut et de Bar qui se trouvèrent à cette assemblée, les griefs qu'il reprochait à son suzerain. Les uns opinaient pour la guerre et les autres pour la paix, quand le comte de Flandre reçut de Philippe-le-Bel l'ordre de se rendre à Paris dans les quinze jours, à l'effet de s'y constituer prisonnier. Cet ordre impérieux irrita tellement les princes assemblés qu'ils décidèrent spontanément qu'ils aideraient Gui de Dampierre de leurs corps et de leurs biens, et que la guerre serait immédiatement faite au roi de France. La déclaration fut rédigée séance tenante et les abbés de Floreffe et de Gembloux furent chargés de la porter au roi Philippe (1296).

Le comte ne pouvant reculer sans honte, ni avancer sans danger, fit un traité secret avec le roi Édouard, par lequel ils convinrent que si Philippine ne pouvait épouser le prince de Galles, Gui lui donnerait une autre de ses filles en mariage; qu'ils se prêteraient une assistance mutuelle contre la France; que l'un d'eux ne pourrait faire ni paix ni trève avec Philippe-le-Bel sans le consentement de l'autre, et que, pendant toute la durée de la guerre, Édouard paierait au comte un subside annuel de soixante mille livres.

Dès que le roi Philippe fut instruit de ce traité, il en ressentit une colère si violente qu'il jura d'en tirer vengeance. Rappelé à la modération par des intérêts tout-à-fait politiques, il chargea l'archevêque de Reims et l'évêque de Senlis d'aller trouver le comte Gui et de tâcher de le ramener à des sentimens pacifiques. Ces deux prélats obéirent; mais le comte indigné, se fiant d'ailleurs sur la coopération de ses alliés, leur répondit, au rapport d'Oudegherst, « que non seulement il ratifioit et advouoit » ce que par meure délibération de son conseil il avoit

» faict mander au roy Philippe de France, mais aussi
» que itérativement il les asseuroit de se mettre en de-
» voir pour recouvrer par armes ce qu'on lui detenoit
» à tort, et l'on n'avoit jusques lors voulut rendre
» pour doulceur. »

A cette réponse hautaine, les deux prélats se retirèrent à Térouanne, d'où ils mirent la Flandre en interdit. Le comte appela de cette excommunication au pape Boniface, lequel, ne demandant pas mieux que d'humilier le roi, le fit sommer de rendre justice à Gui de Dampierre, et, en cas de refus, de se rendre à Rome dans un délai déterminé à l'effet d'y entendre la condamnation qu'il prononcerait contre lui du haut du trône pontifical. Philippe-le-Bel méprisa cette insolente sommation, et fit dire au pontife que, malgré ses menaces, il n'introduirait jamais la pratique des maximes ultramontaines dans le royaume de France.

Au moment où le comte Gui allait avoir à lutter avec ses alliés contre toutes les forces de la France, il apprit que le comté de Namur était en pleine insurrection. En effet, le séjour que ce prince faisait ordinairement en Flandre et la partialité qu'il avait pour les Flamands, indisposèrent les Namurois contre lui. D'un autre côté, l'argent sortant continuellement du pays pour remplir la bourse d'avides étrangers, les peuples épuisés commencèrent à murmurer contre le gouvernement, et bientôt des murmures ils en vinrent à la sédition, menaçant de se donner un autre maître.

A cette nouvelle, Gui envoya immédiatement son fils Jean à Namur. L'arrivée de ce dernier consterna les factieux qui tremblèrent pour leur tête; mais il y avait trop de coupables pour les punir de mort. Le jeune prince se contenta d'exiler les mutins, et de condamner les autres à de fortes amendes, ou à faire des pélerinages en des pays éloignés, suivant l'usage du temps. Le maïeur et les échevins croyant leur juridiction lésée par ces arrêts, s'en plaignirent comme d'une atteinte donnée à leurs droits et prétendirent que les bourgeois n'étaient justiciables que de leur tribunal. Le comte mit fin aux plaintes des magistrats de Namur, en déclarant qu'il se réservait la connaissance des crimes de félonie et de lèze-majesté. C'est-à-dire qu'il se constituait le juge de sa propre cause.

Le comte de Flandre n'ignorant pas que la cause principale du mécontentement des Namurois provenait de ce que le souverain ne faisait pas sa résidence dans le pays, voulant d'ailleurs s'assurer de la fidélité des peuples au moment où il allait entrer dans une lutte longue et pénible, il céda, de concert avec la comtesse Isabelle, sa femme, le comté de Namur à son fils aîné, qui le gouverna, depuis l'an 1297 sous le nom de Jean premier.

CONQUÊTE DE LA FLANDRE.

Quoique Philippe-le-Bel eût mis des forces considérables sur pied, il ne négligea aucun moyen pour affaiblir son ennemi. Il entretint les divisions intestines qui troublaient la Flandre, encouragea la faction des

Liliens (les partisans du Lis), à la tête de laquelle se trouvaient l'évêque de Terrouanne et le bailli de Furnes, et parvint, à force d'or, à faire rester en Allemagne les troupes promises au comte Gui par le roi des Romains. Gui de Dampierre hâtait ses préparatifs de défense, lorsqu'il apprit que le roi venait de franchir les frontières de la Flandre avec une armée de soixante dix mille hommes, qui s'avançait divisée en deux corps. L'un, sous les ordres du comte d'Artois, côtoyait les rives de l'Océan, tandis que l'autre, dirigé par le roi lui-même, menaçait Lille et l'intérieur du pays.

Ne voyant point arriver les secours qui lui avaient été si solennellement promis par ses alliés, le comte de Flandre dut se résoudre à soutenir seul tous les efforts de la France. Pressé par les circonstances, il chargea Robert de Béthune, son fils, d'aller couvrir Lille et de s'opposer aux troupes commandées par le roi, tandis que suivi du comte de Juliers, il courait, avec un corps d'infanterie et quelques centaines de chevaliers, au devant du comte d'Artois, qu'il rencontra dans les plaines de Furnes le 13 août 1297. Quoique les troupes de ce dernier fussent supérieures en nombre, l'espoir de les vaincre, d'assaillir ensuite celles commandées par le roi, et de sauver le pays par une victoire, se présenta soudain à l'ardente imagination de Gui de Dampierre. Sûr de l'audace des Flamands, il les conduisit immédiatement au combat, et chargea si vigoureusement les Français qu'il parvint à semer le désordre dans leurs rangs. Déjà le fils du comte d'Artois était tombé sous les coups des Belges, et déjà la victoire semblait vouloir couronner leur vaillance, quand tout à coup un chevalier déloyal, Baudouin Reifin, qui portait l'étendard du comte de Juliers, abandonna la noble bannière qui lui était confiée, et passa à l'ennemi avec tous les siens. Cette lâche défection fut le signal d'un eaffreuse déroute. Les Flamands, découragés, lâchèrent pied, entrainèrent le comte Gui dans leur fuite, et laissèrent seize mille morts sur le champ de bataille. Après ce désastre qui coûta la liberté au comte de Juliers et à plusieurs chevaliers, Furnes fut prise et livrée aux flammes, et les villes de Cassel, de Berg-Saint Winoch, de Nieuport et de Dixmude tombèrent au pouvoir du vainqueur.

Pendant que le comte de Flandre rassemblait à Bruges les débris de son armée, Robert de Béthune, qui s'était renfermé dans Lille, disputait bravement la possession de cette place au roi de France. Il la défendit si vigoureusement, que Philippe-le-Bel, étonné de tant d'audace, lui permit, après un siège de trois mois, d'en sortir avec toute la garnison et d'aller rejoindre l'armée flamande.

La capitulation de Lille entraina la reddition de Douai, de Courtrai, et permit à Philippe-le-Bel de se diriger sur Bruges. Le roi d'Angleterre venait enfin d'arriver à Dam avec une flotte nombreuse; mais les Français faisaient de si rapides progrès que, craignant pour son escadre, il donna l'ordre à celui qui la commandait de regagner la mer en toute hâte. Le peu de troupes qu'Édouard conduisait en Flandre ne lui permettant pas d'aller au devant de Philippe, il abandonna Bruges avec le comte Gui, et ils se retirèrent à Gand. Philippe se présenta devant la première de ces villes le lendemain et les bourgeois lui en remirent les clefs.

Il ne restait au comte que Gand, Ypres et quelques villes de la Flandre occidentale, où il avait jeté tout ce qu'il avait de troupes, étant trop faible pour tenir la campagne. Dans ces fâcheuses circonstances, cet infortuné prince dut se résoudre à implorer la clémence du roi. Il lui envoya des députés, lui fit demander une trève, et lui proposa de se soumettre au jugement du Pape pour la décision de leurs différens. Phillippe y consentit et une trève de deux ans, conclue dans le courant du mois de décembre 1297. lui permit de conserver ses conquêtes.

La médiation du Pape Boniface fut plus nuisible qu'avantageuse aux intérêts de Gui de Dampierre. Ce pontife qui cherchait par tous les moyens possibles à placer la thiare au-dessus de la couronne des rois, décida par une sentence arbitrale que Philippe-le-Bel, ayant les premiers torts, et étant seul cause de la guerre, remettrait Philippine de Flandre dans les mains de son père, et qu'il restituerait immédiatement à Gui et au roi d'Angleterre toutes les villes, terres et châteaux qu'il avait conquis tant en Guienne qu'en Flandre. L'évêque de Durham, chargé par Boniface d'aller signifier cette sentence au roi de France, se rendit à Paris et la lui lut devant ses conseillers réunis à cet effet ; mais l'arrogance du Pape irrita tellement l'assemblée, que le comte d'Artois, ne pouvant se contenir, arracha la bulle des mains du prélat et la mit en pièces en s'écriant, dit Oudegherst, « que tel déshonneur n'adviendroit jamais » à un roy de France. »

Philippe-le-Bel refusa de se soumettre à la sentence du Pape, et songea à recommencer la guerre aussitôt que la trève serait expirée. En attendant, il renouvela son alliance secrète avec le roi des Romains, et, joignant la perfidie à l'intrigue, il engagea le duc d'Autriche à se soulever contre son souverain et à lui disputer la couronne impériale. Il n'eut pas beaucoup de peine à l'y décider. Soutenu par une foule de seigneurs allemands à qui il avait dépeint le roi des Romains comme un traitre séduit par l'or de la France ; aidé par le duc de Brabant et les comtes de Gueldre et Luxembourg, le duc d'Autriche vint assiéger Aix-la-Chapelle. Les armées de ces deux rivaux, qui étaient à peu près d'égale force, en vinrent aux mains le 2 juillet 1299 dans les plaines de Worms. Le roi des Romains fut battu, tué dans l'action, et le duc d'Autriche élu empereur. Le traité que ce prince conclut avec le roi de France priva le comte de Flandre des secours qu'il espérait tirer de l'Allemagne, et mit ce dernier à même de juger jusqu'à quel point on peut se fier au serment des hommes.

Un évènement auquel on était loin de s'attendre, vint encore détacher le Roi d'Angleterre de la cause de Gui de Dampierre. Pendant la durée de la trève, Édouard était campé à Moerkerke avec ses Anglais, et quelques milliers de soldats de cette nation formaient la garnison de Gand. Cette troupe indisciplinée s'étant livrée à de graves excès envers les bourgeois, ceux-ci prirent les armes, attaquèrent les Anglais, leur tuèrent six cents hommes et trente chevaliers, et forcèrent le reste à se retirer à Moerkerke. Le roi de France profita de cet évènement pour entrer en conférence avec Édouard, et ils firent la paix aux dépens du Comte de Flandre.

Aussitôt que la trève fut expirée le Comte de Valois, qui commandait l'armée française, se mit en mesure d'achever la conquête de la Flandre, et le comte Gui, trop vieux pour faire la guerre par lui-même, en confia le soin à Robert de Béthune. Tout allait de mal en pis. Les Brugeois faisaient cause commune avec les Français; la ville de Dam était prise, et, pour surcroit de malheur, l'infortuné comte venait d'être contraint de se refugier dans sa capitale dont les habitans s'étaient soumis à Philippe par un traité secret. Sans moyens de défense, livré à ses ennemis par des traitres ou des alliés infidèles, il se soumit et se présenta au quartier général du comte de Valois. Touché de l'infortune du comte de Flandre, Valois lui persuada de se rendre à Paris avec deux de ses fils et cinquante chevaliers Flamands, sous la promesse formelle qu'on n'attenterait pas à leur liberté. Gui suivit cet avis; il courut se jeter aux pieds du Roi, le conjura d'oublier le passé, et d'avoir pitié de son âge et de ses malheurs ; mais l'irascible monarque bien loin de se laisser émouvoir par les touchantes supplications d'un vieillard, ne voulut pas reconnaître le traité conclu par son frère, et fit charger de fers des gens qui se présentaient à lui sous la foi du serment. Le comte Gui fut emprisonné à Compiègne, et ses fils Robert et Guillaume à Bourges et à Novette. Les chevaliers Flamands qui avaient suivi leur comte à Paris éprouvèrent le même sort. Le comte de Valois indigné de la conduite de son frère, quitta le service et se retira en Italie où il épousa la fille de Baudouin de Courtenai, qui lui donna des droits éphémères au trône de Constantinople.

Dès que Philippe-le-Bel eut le comte Gui en son pouvoir, il déclara la Flandre confisquée à son profit pour crime de félonie, et la réunit à la couronne de France. Il y vint en grande pompe, et exigea que les Flamands le reconnussent pour leur souverain et lui prêtassent foi et hommage (1301). Ils obéirent; mais

GUERRIER BELGE.

il apprit bientôt à ses dépens que, quand il le veut fortement, un peuple peut toujours secouer le joug de l'étranger, écraser ses oppresseurs, et reconquérir son indépendance.

RÉVOLTE DES FLAMANDS.

En quittant la Flandre qu'il croyait soumise à ses lois, Philippe-le-Bel nomma Jacques de Chatillon, oncle de la reine sa femme, gouverneur de ce pays. Dur, altier, impérieux, cet homme s'attira bientôt la haine des Flamands par son despotisme et les exactions qu'il commit de concert avec le chancelier Pierre Flotte, dont il suivait aveuglément les pernicieux conseils. Il ne tarda guère à entendre des plaintes et des murmures s'élever de toutes parts; mais au lieu de changer de conduite, au lieu de ramener à lui, par la douceur, des hommes qu'il avait exaspérés, il les accabla de nouveaux impôts, les chargea de corvées dégradantes et les força d'élever ou de réparer eux-mêmes des forts et des châteaux dans toute la Flandre, et notamment dans les villes de Bruges, de Lille, de Cassel et de Courtrai.

Il ne manquait aux Flamands que des hommes capables de diriger les esprits et de profiter du mécontentement général pour les porter à la révolte. Il s'en présenta bientôt. Deux citoyens de Bruges, Pierre de Coninck, doyen des tisserands, et Jean Breydel, doyen du corps des bouchers, se mirent à la tête des mécontens. Le premier, âgé de soixante ans, borgne, d'une complexion délicate, était doué d'une âme forte, de beaucoup de jugement et d'une énergie étonnante; et le second, fortement constitué, dans la force de l'âge, s'était déjà signalé dans un combat qu'il avait soutenu contre les soldats de Gobert d'Espinoy, gouverneur du château de Maele. Résolus d'arracher leur patrie au joug des Français, ces deux hommes profitèrent de la première occasion qui se présenta pour lever l'étendard de la révolte. Les magistrats de Bruges ayant fait la répartition d'un impôt de manière à mécontenter les diverses corporations de la cité, Pierre de Coninck s'éleva contre cette répartition, et menaça les magistrats de la colère du peuple; mais il fut bientôt arrêté avec vingt-cinq de ses partisans et renfermé dans la prison appelée *Het Steen*, située sur la place du Bourg. Les Brugeois indignés prirent les armes, coururent à la prison, en brisèrent les portes, en arrachèrent les prisonniers et les portèrent en triomphe sur la place. Les magistrats tentèrent vainement de contenir l'effervescence populaire à l'aide de quelques soldats; assaillis à coups de pierres, la plupart d'entr'eux furent tués ou blessés et le reste fut assez heureux pour se soustraire à la fureur de la multitude.

Pendant que Pierre de Coninck songeait à régulariser sa victoire, Jacques de Chatillon s'avançait vers Bruges avec des forces imposantes. Craignant de traiter sévèrement une aussi nombreuse population, le gouverneur envoya un hérault dans la ville, à l'effet d'y publier un édit par lequel il offrait aux hommes coupables de rébellion, de sortir librement du pays, et proposait à ceux qui désiraient rentrer dans le devoir de rester en ville et de se fier à sa générosité. De Coninck n'espérant pas

SOULÈVEMENT DES BURGEOIS.

pouvoir résister avec succès aux troupes françaises campées devant Bruges, et n'osant non plus se fier à la parole du gouverneur, il s'éloigna avec quelques-uns des siens, décidé à reprendre les armes quand les circonstances le permettraient. Dès qu'il fut parti, les Français rentrèrent dans Bruges, et Chatillon, violant sa parole, fit démolir les fortifications de cette cité, lui enleva tous ses privilèges et accabla le peuple de nouveaux impôts.

Pendant que le gouverneur essayait, à force de rigueur, de comprimer la rébellion, Jean et Guillaume, fils du comte Gui, qui s'étaient rétirés à Namur, attisaient le feu de la révolte de concert avec de Coninck, qui avait fixé sa résidence à Ardembourg.

Un jour, Chatillon fit entrer dans le Bourg plusieurs voitures, venant de France, chargées de tonneaux de vin; et, soudain le bruit circula que ces tonneaux étaient remplis de cordes destinées à pendre les habitans de Bruges aux croisées de leurs maisons. Ce conte ridicule, répandu à dessein par les chefs des conjurés, eut tout l'effet qu'ils désiraient. Le peuple épouvanté s'apprêta à fondre sur ses oppresseurs; il suspendit ses travaux, ferma les boutiques et les ateliers, et chargea des députés d'aller à Ardembourg prier de Coninck et Breydel de venir au secours de la ville, s'ils voulaient éviter son entière destruction. Ces deux chefs qui attendaient impatiemment le résultat de leur ruse, rassemblèrent quelques milliers d'hommes sur la place d'Ardembourg dans la soirée du 24 mai 1302, et se mirent immédiatement en marche. Leur troupe, qui se grossit considérablement en route, arriva devant Bruges le lendemain avant le lever de l'aurore. Là, de Coninck et Breydel se séparèrent; le premier se dirigea vers la porte Sainte

Croix, tandis que le second se rendait à celle de Dam.

Au point du jour, on vit une bannière rouge et jaune flotter sur la tour du Beffroi : à ce signal les habitans sortent de leurs maisons, s'emparent des portes de la ville et massacrent les Français qui les défendent. La troupe de Breydel entre la première dans la cité et se répand dans les rues comme un torrent impétueux en criant « à bas la tyrannie des Français ! » elle détruit la maison du gouverneur en passant, refoule les soldats qui se présentent devant elle, et paraît sur la grand'place au moment où les braves commandés par de Coninck y arrivaient en faisant retentir l'air des cris de « Flandre et Lion ! Mort aux Français ! »

Surpris de toutes parts par de nombreux ennemis, les Français essayèrent à différentes reprises de renverser les obstacles qui les empêchaient de se réunir ; mais ce fut en vain ; les rues furent bientôt jonchées de cadavres, innondées de sang. Quiconque ne put prononcer les mots d'ordre *Schild en vriend* (Bouclier et ami), fut considéré comme étranger, et victime de la fureur populaire. Les chevaliers, trois mille soldats sont égorgés. Les Flamands furieux les déchirent avec leurs dents, arrachent leurs entrailles, portent sur leurs piques leurs têtes sanglantes et se les jettent mutuellement. Les rues, les églises, les maisons sont couvertes de lambeaux de chair humaine et de cadavres mutilés. Le gouverneur eut le bonheur d'échapper à cette épouvantable boucherie. Caché dans la maison d'un de ses amis, il en sortit le soir couvert d'un habit ecclésiastique, traversa les fossés de la ville à la nage, et parvint à gagner Courtrai à travers les marais et les forêts dont le pays était couvert.

Dès que le comte de Namur apprit cet heureux évément, il envoya à Bruges Guillaume de Juiliers, son cousin, prévôt de la collégiale de Maestricht, homme hardi et entreprenant et aussi bon capitaine que mauvais prêtre. Avec un pareil chef, l'audace des Flamands redoubla et l'insurrection fit de rapides progrès dans toute l'étendue de la Flandre. De leur côté, Jean et Guillaume levèrent des troupes dans le pays wallon et les conduisirent en Flandre. Leur arrivée acheva d'y mettre en désordre les affaires des Français à qui il ne resta, de tant de conquêtes, que Gand, Lille et Courtrai; toutes les autres, à l'exception peut-être de quelques châteaux fortifiés, étaient rentrées sous l'obéissance du *comte de Flandre*.

Une révolution aussi subite qu'elle était désastreuse étonna Philippe-le-Bel sans le déconcerter; il confia à Robert, comte d'Artois, une armée de quarante mille fantassins et de sept mille chevaux, et le chargea d'aller venger la France. On ne doutait pas, à la cour de ce monarque, que le comte d'Artois, général d'une grande réputation, ne vînt à bout, avec de si grandes forces, de réduire les factieux; mais l'évènement montra que le nombre des soldats et l'expérience du chef ne sont pas toujours des garans de la victoire, quand ils ont à lutter contre un peuple généreux qui a juré de reconquérir sa liberté ou de périr sous les débris de sa patrie.

JOURNÉE DES ÉPERONS.

L'ARMÉE avec laquelle le comte d'Artois devait subjuguer la Flandre, renforcée par les vassaux du connétable Raoul de Nesle, du comte de Saint Pol, de Godefroid de Vierzon, oncle du duc de Brabant, s'avançait fière de son nombre, en exerçant partout des ravages affreux. Philippe-le-Bel, joignant l'ironie à la colère, avait fait peindre sur ses drapeaux un balai enflammé, et la reine Jeanne, sa femme, avait prescrit au comte d'Artois d'effacer le nom de la nation flamande et d'en éteindre jusqu'au souvenir (1). Que l'on perce, disait cette furie dans ses instructions, que l'on perce les cochons (les Flamands) avec des lances, et les truies (les femmes Flamandes) avec des broches.

Le comte d'Artois n'exécuta que trop ponctuellement les ordres atroces de cette mégère. Depuis Douai jusqu'à Lille, il ne laissa rien debout; les arbres, les moissons, les maisons, les églises, les châteaux furent renversés ou réduits en cendres; les hommes, les femmes, les enfans furent impitoyablement massacrés par des soldats à qui l'on avait inspiré la fureur de la destruction, et qui marchaient en brandissant leurs piques au haut desquelles ils avaient attaché des torches enflammées. Le comte d'Artois apparaissait en Flandre comme un autre Attila, et, comme lui, il semblait être le fléau de dieu.

Au lieu de frapper les Flamands de stupeur, la marche effrayante des Français redoubla leur énergie, et leur inspira le désir de venger tant de forfaits par une victoire éclatante. Les habitans de Courtrai donnèrent le signal; ils massacrèrent une partie de la garnison de

---

(1) Si l'on en croit Mayer, la rage de la reine Jeanne contre les Flamands, provenait de ce que sa toilette avait été effacée par celle des dames de Bruges, beaucoup plus riche que la sienne, lorsqu'elle fit son entrée en cette ville vaec Philippe-le-Bel. « Je croyais dit-elle, alors d'un ton brusque, être ici la seule reine ; mais j'en vois plus de six cents. »

leur ville et forcèrent le reste à se renfermer dans la citadelle. Dès cet instant les haines particulières et les divisions intestines firent place aux sentimens les plus exaltés du patriotisme; tout ce qui était en état de combattre voulut payer de sa personne, et l'on vit bientôt des populations entières armées d'epées, de lances, de haches, de fourches, de bâtons ferrés, de lourds marteaux, de coudes de charrues se diriger vers Courtrai, lieu désigné comme point de concentration.

Guillaume de Juiliers et le comte de Namur, régent de Flandre, qui s'y trouvaient déjà, virent successivement arriver Guillaume de Dampierre suivi d'un corps de Namurois; Pierre de Coninck et Jean Breydel à la tête des tisserands et des bouchers de Bruges; cinq mille Gantois qui obéissaient aux ordres de Jean Boorlut; ceux de Furnes commandés par le fameux Sporkin, et une foule de Hollandais, de Luxembourgeois, de Brabançons, de Wallons, de Flamands, au nombre desquels il est juste de citer Guillaume De Saftinghe, moine de l'abbaye de Doest, qui apparaissait à cheval armé d'une énorme massue.

L'armée flamande composée de soixante mille hommes, était mal armée, mal exercée; mais le courage des braves qui la composaient, le talent et l'énergie de ses chefs centuplaient sa force. Elle avait pris position entre Courtrai et Menin, et sa gauche était appuyée à la première de ces villes. Adossée à la Lis, des fossés larges et profonds défendaient sa droite, et son front était couvert par un triple rang d'autres fossés recouverts de branches d'arbres, de terre et de gazon.

L'armée française, qui parut devant Courtrai dans la journée du 8 juillet 1302, campa sur le Pottelberg. Dès qu'il eut pris position, le comte d'Artois fit attaquer cette ville; mais les braves qui la défendaient, et qui avaient à lutter contre l'ennemi du dehors et contre celui qui occupait la citadelle, combattirent avec tant de courage, qu'après plusieurs charges inutiles, les Français furent forcés à la retraite.

Les deux armées restèrent en présence pendant les journées des 9 et 10 juillet, et ne se signalèrent que par des affaires d'avant-postes qui furent les préludes sanglans d'une action générale. Le 11, aussitôt que le jour parut, les Flamands sortirent de leur camp et se rangèrent en bataille. Pierre de Coninck eut le commandement de l'aile droite; Jean Breydel, avec ses bouchers, fut placé à l'aile gauche; et le centre obéit aux ordres du comte de Namur et de Guillaume de Juliers. Un corps de troupes légères, qui fut placé en avant des piéges qui couvraient la ligne de bataille, reçut l'ordre d'insulter les Français, et de se replier dès qu'il serait chargé. Le régent voulant reconnaître les services rendus à la cause nationale par de Coninck et Breydel, les créa chevaliers en présence de l'armée; en leur « confé- » rant, dit M. Delepierre, le titre des nobles de Flandre, » il leur octroya le droit de jouir de tous les honneurs, » prérogatives, priviléges, franchises, libertés, exemp- » tions et immunités des autres pairs et chevaliers du » pays, comme s'ils étaient d'ancienne et noble race. »

Dès qu'il vit l'armée flamande se former en bataille sur le bord de la Lis, le comte d'Artois, emporté par son impétuosité naturelle, voulut l'attaquer immédiatement. Le connétable de Nesle, vieux guerrier blanchi sous le harnais, qui le lui déconseillait fortement, était d'avis de manœuvrer pour attirer les Flamands dans une autre position; mais le comte, aussi violent que présomptueux, ne vit que de la pusillanimité ou de la

lâcheté dans la prudence du connétable, et ne craignit pas de lui dire qu'il ne lui donnait ce conseil que parce que sa fille avait épousé Guillaume de Termonde, fils de Gui de Dampierre. Indigné de ce que d'Artois osât faire plâner un semblable soupçon sur lui, Raoul de Nesle lui répondit sèchement « qu'il lui prouverait bien-
» tôt qu'il n'était pas traître, et que, s'il voulait le suivre,
» il le conduirait si loin qu'il n'en revriendrait pas. »

Vers les neuf heures du matin, le comte d'Artois ordonna à son infanterie d'aller attaquer les Flamands dans leur position; et, soudain, elle se précipita vers eux avec plus d'impétuosité que de prudence. Fidèles aux ordres qu'elles avaient reçus du comte de Namur, les troupes légères se retirèrent par des sentiers pratiqués à travers des fossés habilement dissimulés et feignirent d'être frappées d'épouvante. Cette fuite simulée anime l'ardeur de l'infanterie française; elle s'élance vers les fuyards, s'engouffre, et reçoit la mort sans pouvoir se défendre. Cependant un nuage de poussière empêchait le comte d'Artois de distinguer toute l'horreur du carnage. Aveuglé par une fatale présomption, il se persuada que son infanterie était victorieuse, et ne voulut pas lui laisser tout l'honneur de la journée. Entraîné à sa perte par une fougue impétueuse, il se met à la tête de sa nombreuse cavalerie, s'élance vers les nôtres, renverse dans sa course rapide le reste de ses fantassins, et tombe dans l'abîme ouvert sous ses pas. Alors, l'action devint une véritable boucherie. La mort vole de toutes parts; les Flamands percent les Français à coups de lances, de fourches; les assomment à coups de marteaux, de bâtons, de massues, et quand ils ont comblé de cadavres les excavations où leurs ennemis se sont engloutis eux-mêmes, ils se fraient un passage à travers les morts et les mourans, se précipitent sur le reste de l'armée française, l'enfoncent, le dispersent et le jettent dans les marais.

Vingt mille Français périrent dans cette affreuse mêlée; le comte de Saint Pol, Jacques de Chatillon, Godefroid de Vierzon, Jean d'Ostrevant, fils du comte de Hainaut, le comte de Boulogne, Arnoul de Wezemale, les sires de Walhem et de Bautersem, soixante barons et douze cents écuyers y furent tués. Le connétable de Nesle refusa fièrement la vie qu'on lui offrait, et tomba mort auprès de son frère, maréchal de France; enfin on trouva parmi les morts le comte d'Artois percé de trente coups de lance.

Le comte de Namur, Guillaume de Juiliers, Pierre de Coninck, Jean Breydel et une foule de chevaliers s'illustrèrent dans cette journée; mais Guillaume de Saftinghe les surpassa tous en courage et en vaillance; les chroniques rapportent qu'il renversa quarante cavaliers et tua cinquante hommes de sa main. Les trophées de cette victoire éclatante furent quatre mille paires d'éperons dorés, enlevés à quatre mille chevaliers français, que les *Bons hommes* de Flandre suspendirent aux murs de l'église de Courtrai.

GUERRE DE HOLLANDE.

Immédiatement après la victoire de Courtrai, les villes de Cassel, de Lille et de Douai tombèrent au pouvoir des vainqueurs, et la Flandre toute entière fut soustraite à la domination française.

Un changement si peu attendu aurait mis le comble à la satisfaction des Flamands si la prison de leur comte n'avait un peu modéré la joie publique. Ils déclarèrent son fils, le comte de Namur, régent de Flandre, après quoi ils pensèrent aux moyens de soutenir la guerre qu'ils prévoyaient assez que le roi de France ne tarderait pas de recommencer. En effet, le chagrin que Philippe ressentit de la perte de tant de braves, augmentait le désir qu'il avait de soumettre la Flandre et de se venger des Flamands. Un mois lui suffit pour mettre sur pied une armée de soixante-dix mille hommes qu'il conduisit lui-même devant Douai, où il trouva les Belges prêts à le recevoir. Mais le désastre de Courtrai lui avait appris à ne rien donner au hasard. De sorte que les deux armées s'observèrent pendant la belle saison, et que les pluies de l'automne forcèrent Philippe-le-Bel de retourner dans ses états sans avoir fait autre chose que de ravitailler Tournay et les places de l'Artois.

La retraite des Français, qui fut un nouveau sujet de triomphe pour les Flamands, les enhardit à faire de grands préparatifs pendant l'hiver, afin de pouvoir entrer en campagne aussitôt que la saison le permettrait. La politique du duc de Brabant l'ayant forcé à ne se décider pour l'un ni pour l'autre parti avant de connaître l'issue de la guerre, il se déclara ouvertement après la journée des éperons, et il convint avec les Flamands d'attaquer ensemble le comte de Hainaut, allié du roi de France, dans la Hollande et dans l'Artois.

Au commencement de l'an 1303, ils ravagèrent le Hainaut, l'Artois et le Tournaisis, mais ayant eu un de leurs corps taillé en pièces près de Saint-Omer, ils se contentèrent d'assiéger Tournay qui résista à tous leurs efforts. Philippe-le-Bel craignant cependant qu'ils ne s'emparassent de cette ville, leur fit proposer une trêve de cinq mois qu'ils acceptèrent. Le roi voyant les Flamands si bien disposés, crut que le comte Gui pourrait achever, par sa présence, de les porter à la paix. Il lui permit de retourner en Flandre sur parole; mais les esprits étaient encore trop échauffés. La plupart des grandes villes rejetèrent les propositions que Gui leur fit de la part de Philippe, et elles aimèrent mieux voir le comte retourner dans sa prison, que de se soumettre aux conditions de la cour de France.

Le comte de Hainaut, qui avait hérité du comté de Hollande, n'étant pas compris dans la trêve, les Flamands attaquèrent Lessines et enlevèrent cette place après un mois de siège, pendant que Guillaume de Dampierre menaçait la Zélande avec une flotte considérable. Gui de Hainaut qui gouvernait ce pays, fut bientôt en état de leur opposer une autre flotte, mais un calme l'ayant forcé de relâcher à Arnemuiden, il fut poursuivi et vaincu à Veere par les Flamands, qui, à force de bordées, et louvoyant entre les îles, avaient forcé le vent et atteint l'armée hollandaise.

Après avoir enlevé Middelbourg, Guillaume de Dampierre débarqua dans l'île de Schouwen pour surprendre Ziriczée où Gui s'était réfugié. Ici la fortune lui fut contraire; les habitans du pays l'attaquèrent si vigoureusement qu'il fut forcé de regagner ses vaisseaux en toute hâte. Il fut plus heureux dans une autre circonstance; ayant atteint les Hollandais près du Duiveland, il les battit complètement, et s'empara de toute la Nord-Hollande.

Fidèle au traité qu'il avait conclu avec le comte de Namur, le duc de Brabant, qui s'était mis de la partie, avait traversé le Langestraat, s'était emparé de Gertruidenberg, avait soumis tout le pays situé au Sud de la Merwe, et investi Dordrecht. Déjà la ville était réduite aux abois, et déjà l'on parlait de capitulation, quand Nicolas Van Putten, guerrier intrépide et capitaine expérimenté, ranime les bourgeois, les encourage et les force à faire une sortie générale dans laquelle les troupes du duc sont écharpées. Contraint de lever le siège, le duc se retire; mais il est vivement poursuivi par Van Putten qui le bat une seconde fois à Waalvyck, qui reprend tout le pays conquis, et qui vient brûler Bois-le-duc.

Dans l'espoir de forcer les Flamands à diriger tous leurs efforts vers la Hollande, Philippe-le-Bel y avait envoyé une flotte de trente-six bâtimens de guerre dont il avait confié le commandement au célèbre amiral Raignier Grimaldi. Gui de Dampierre, que tant de préparatifs n'intimidaient pas, avait de son côté fait embarquer des troupes sur une forte escadre et il était venu assiéger Ziriczée. Il débuta par boucher le port avec des gerbes de bled. Chats, beffrois, cavaliers, balistes, enfin tout ce que l'art avait inventé pour détruire ou pour prendre les villes, étaient employés contre Ziriczée. Les fossés étant comblés, les Flamands donnèrent l'assaut, mais ils furent repoussés. Les assiégés commençaient à sentir toutes les horreurs de la disette quand les flottes combinées de Hollande et de France donnèrent le signal du secours qu'elles venaient apporter à la ville.

Guillaume de Dampierre, impatient de se mesurer avec ces nouveaux ennemis, laisse dix mille hommes autour de Ziriczée, embarque le reste de ses troupes, met à la voile, et rencontre les armemens des Français et des Hollandais entre Schouwen et Duiveland. Le combat commença à la marée montante dans l'après-dînée du 13 août 1304, et les Flamands s'emparèrent d'abord de trois navires ennemis dont ils massacrèrent l'équipage. Mais Grimaldi finit enfin par disperser leur flotte; vers minuit, une partie de leurs navires furent pris, et quelques-uns se sauvèrent par l'embouchure de l'Escaut.

Guillaume était encore le lendemain dans la Gouwe avec cinq vaisseaux; il cherchait les moyens de s'en éloigner, lorsque Grimaldi l'attaqua avec quatre galères et le fit prisonnier après un sanglant abordage. Les Flamands qui étaient restés devant Ziriczée se retirèrent dans les dunes de Schouwen; Guillaume de Hainaut les y suivit, les attaqua, et les força à se rendre au nombre de six mille. Ce désastre fit rentrer Middelbourg et toute la Zélande sous la domination du comte de Hainaut qui resta possesseur de la Hollande.

BATAILLE DE MONS-EN-PUELLE.

Pendant le cours des évènemens que nous venons de retracer rapidement, la trève conclue entre les Français et les Flamands était expirée, le comte Gui avait été reprendre ses fers, et Philippine de Flandre, innocente et funeste cause de tant de guerres, était morte de chagrin dans sa prison.

Philippe qui avait rassemblé une armée de soixante mille hommes et cru devoir prendre l'oriflamme pour réprimer la rébellion des Flamands, était entré en Flandre et prenait position dans les plaines de Lille, lorsqu'il apprit la victoire que Grimaldi venait de remporter en Hollande sur ses ennemis. Le comte de Namur, et Philippe, son frère, comte de Thiette, célèbre par ses exploits en Italie, où il avait fait la guerre sous Charles de Valois, s'avancèrent à sa rencontre avec des forces nombreuses. On cherchait de part et d'autre à lasser l'ennemi par des marches et des contre-marches; mais les Flamands, impatientés de tant de lenteurs, vinrent camper, en présence de l'armée française, près de Mons-en-Puelle, entre Lille et Douai, et se retranchèrent à la manière des anciens Germains, c'est-à-dire, qu'ils se tinrent barricadés derrière leurs charriots, dans l'espoir que le roi irait les y attaquer. Le désastre de Courtrai avait donné de la prudence aux Français. En revanche, l'ardeur des Flamands était devenue extrême. Persuadés qu'on les craignait et qu'ils n'avaient qu'à se montrer pour vaincre, ils demandèrent qu'on les menât immédiatement à l'ennemi.

Forcé de livrer bataille malgré lui, le comte de Namur forma ses troupes indisciplinées, et attaqua les positions des Français le 18 août 1304 à six heures du matin. Pleins d'une confiance aveugle, les Flamands s'élancèrent sur l'ennemi et semèrent d'abord la confusion dans ses rangs. Ils ne purent cependant pas l'enfoncer. Inférieurs en nombre, mais égaux sous le rapport du courage et de la vaillance, ils assaillirent les Français si souvent et avec tant d'audace, que ceux-ci furent obligés de faire des efforts inouis pour résister à leurs chocs impétueux. Cette action terrible ressembla beaucoup moins à une bataille qu'à une affreuse boucherie. Partout on se ruait l'un contre l'autre, partout on s'attaquait à coups de haches, de massues, de lances, d'épées; partout on recevait ou l'on donnait la mort, et partout la terre était abreuvée de sang, et couverte de morts et de mourans sans que la victoire ait pu se fixer. La nuit vint enfin mettre un terme à cette horrible mêlée, et séparer les deux armées qui rentrèrent dans leur camp accablées de fatigue.

Au moment où elles espéraient jouir d'un repos justement mérité, un détachement flamand qui s'était éloigné du camp, fut surpris par des cavaliers français et taillé en pièces. Furieux de cet échec, les Flamands poussent des cris de rage, s'emparent de leurs armes, abandonnent pêle-mêle leur position, et se jettent tête baissée au milieu des soldats de Philippe-le-Bel, qui ne s'attendaient pas à cette attaque imprévue. Ceux-ci coururent aux armes, mais avec tant de confusion, que les premiers qui entreprirent de s'opposer aux efforts des Flamands furent tués ou contraints de prendre la fuite. Guillaume de Juiliers profitant du désordre où se trouvaient les Français, se mit à la tête d'une poignée de braves, s'élança dans le camp ennemi et pénétra jusqu'à la tente du roi. C'était fait de ce prince, ennemi mortel des Flamands, s'il eût été reconnu. Heureusement pour lui, les armes qu'il portait ce jour-là n'avaient rien qui pût le faire distinguer. Il soutint avec beaucoup de valeur les premières charges des Belges, et donna le tems à ses gens de venir à son secours. Le nombre de Français qui se ralliaient, grossissait à chaque instant, mais celui des Flamands augmentait à vue d'œil. On combattait sans ordre, sans ensemble, et la victoire allait se déclarer pour les nôtres quand la gendarmerie française vint changer la face du combat et forcer les Flamands à se retirer.

Affaiblies par tant de pertes, les deux armées opérèrent leur retraite au même instant. Le comte de Namur ramena la sienne dans Lille, mais tandis que les Français se retiraient sur Douai, Philippe-de-Thiette qui les suivait avec un corps de cavalerie, tomba sur leur arrière-garde, la mit en déroute, atteignit le roi, le blessa, et mit en pièces le fameux oriflamme, après avoir tué Anselme de Chevreuse qui le portait. Revenus de leur première frayeur, les Français revinrent à la charge, tuèrent un grand nombre de Belges et forcèrent le reste à prendre la fuite.

Après cette action, qui couta la vie à dix mille Français, à quatorze mille Belges, et dans laquelle le duc de Bourgogne, le comte d'Auxerre et Guillaume de Juliers périrent, l'armée française rebroussa chemin, et vint assiéger Lille. Philippe-de-Thiette s'y était jeté pour la défendre, tandis que le comte de Namur marchait en Flandre pour y refaire son armée considérablement affaiblie.

Vers le vingt du mois de septembre, le comte de Thiette, qui avait consommé la plus grande partie de ses munitions, convint avec Philippe-le-Bel qu'il lui remettrait la place le 1er octobre suivant, si elle n'était secourue avant cette époque. Le roi ne pouvant croire que le comte de Namur pût mettre une nouvelle armée sur pied en si peu de tems, se voyait déjà maître de Lille ; mais il fut trompé dans son attente. Les peuples de la Flandre résolus de sauver cette place importante, coururent aux armes avec une ardeur incroyable ; alors, comme avant la bataille de Courtrai, on vit les habitans des campagnes quitter la bêche et la houe, et les artisans abandonner leurs ateliers pour venir se ranger sous les étendards du régent.

Avant le jour fixé pour la reddition de la place, l'armée flamande, belle et nombreuse, se présenta dans les plaines de Lille. A l'aspect de cette multitude d'ennemis qui apparaissait à ses regards comme par enchantement, le roi étonné ne put s'empêcher de demander à ceux qui l'entouraient si « cette guerre n'aurait pas » de fin, et s'il pleuvait des Flamands. » De quelque part qu'ils fussent venus, il est certain que le comte de Namur était en état de combattre les Français, et peut-être avec avantage, malgré les retranchemens dont le roi avait fait environner son camp, si, au moment où les deux armées allaient en venir aux mains, le duc de Brabant et le comte de Savoye n'eussent évité l'effusion du sang en interposant leur médiation. Ils s'employèrent si efficacement à rapprocher les esprits, qu'en peu de jours une trêve fut conclue entre les puissances belligérantes et ensuite changée en traité de paix, où il fut convenu que les Flamands conserveraient leur liberté et leurs privilèges, que le comte Gui conserverait son comté de Flandre; que les prisonniers, de part et d'autre, seraient délivrés sans rançon ; que les Flamands payeraient au roi une somme à fixer par des arbitres, pour les frais de la guerre, et que les villes de Lille et de Douai seraient remises aux Français jusqu'à ce que cette somme fût soldée.

TRAITÉ D'ATHIES-SUR-ORANGE.

Le comte Gui, âgé de plus de quatre-vingts ans, mourut à Compiégne dans le courant de Mars 1305, avant que le traité conclu devant Lille n'eût reçu son entière exécution, et Philippe-le-Bel, qui avait l'habitude de se jouer de la foi des sermens et que ses peuples ont flétri en lui donnant le nom de faux-monnoyeur, profita de cet événement pour fausser sa parole, et imposer les conditions les plus dures à Robert de Béthune, fils ainé du comte Gui, pour racheter sa liberté.

Forcé de se soumettre aux exigences de son déloyal ennemi, Robert nomma quatre arbitres qui, de concert avec ceux du Roi, se réunirent à Athies-sur-Orange au mois de Juin 1305, et conclurent un nouveau traité dans lequel il fut stipulé:

1° Que les Flamands payeraient au roi une rente annuelle et perpétuelle de vingt mille livres.

2. Qu'ils lui payeraient également, dans un terme de quatre ans, une somme de quatre cent mille livres.

3. Que le comté de Flandre fournirait à la couronne de France six cents hommes d'armes bien équipés, lesquels devraient servir le roi à leur frais, et partout où il lui plairait de les envoyer, pendant une année.

4. Que le roi pourrait condamner trois mille Flamands, en réparation de leurs méfaits, à aller faire la guerre audelà des mers.

5. Qu'avant l'espace de deux ans, les Flamands détruiraient les fortifications des villes de Gand, Bruges, Ypres, Lille et Douai.

6. Que les nobles et les communes de Flandre ne pourraient se soustraire à l'obéissance du roi, et de ses successeurs, s'allier ni prêter aucun secours à ses ennemis.

7. Qu'en cas de contravention à ce dernier article,

le comté de Flandre serait confisqué au profit de la couronne.

8. Que jusqu'à l'accomplissement de ces conditions, les villes de Douai, Lille, Béthune et les châteaux de Cassel et de Courtray seraient gardés par les Français.

9. Que si toutes ces clauses n'étaient ponctuellement exécutées en tems et lieu, le comte payerait une amende de soixante livres au roi, lequel se réservait en outre le droit d'infliger aux Flamands des censures ecclésiastiques, ou de les ajourner à son parlement.

10. Enfin, qu'au moyen de toutes ces conditions, le comte Robert, Gui et Guillaume, ses frères, ainsi que tous les seigneurs flamands seraient rendus à la liberté, et que la dépouille mortelle du vieux comte serait remise à sa famille.

Ce traité honteux fut ratifié par le comte Robert, par ses frères, et par les députés des villes, à l'exception de ceux de Bruges qui s'y refusèrent positivement; mais dès qu'il fut connu dans le pays, le peuple fit éclater des menaces violentes contre les députés qui l'avaient conclu, les villes désavouèrent leurs députés en déclarant qu'elles ne voulaient reconnaître que le traité de 1304, et la majeure partie de la population s'écria qu'elle préférait trouver une mort glorieuse dans les combats que de vivre sous le joug des Français.

RÉVOLTE CONTRE LES NOBLES.

Pendant que les peuples de la Flandre s'illustraient en combattant la tyrannie de Philippe-le-Bel, et qu'ils faisaient des efforts inouis pour conserver leur indépendance, les habitans des principales villes du Brabant se révoltaient contre la Noblesse, qui était seule admise aux fonctions publiques, et dont l'orgueil et l'insolence n'avaient plus de bornes.

Depuis long-tems déjà le peuple se plaignait de l'injustice toujours croissante des Nobles, et supportait impatiemment leurs joug et leurs vexations. Les Anversois furent les premiers qui osèrent se soulever contre leurs oppresseurs ; ils succombèrent, et les chefs de la sédition périrent par la main du bourreau.

Les habitans de Malines, animés des mêmes sentimens que leurs voisins, imitèrent leur exemple. Ils attaquèrent les familles patriciennes et détruisirent leurs propriétés. Dès que le duc Jean fut instruit de ce mouvement insurrectionnel il y courut dans l'espoir de l'étouffer dans sa naissance, mais les bourgeois irrités lui refusèrent l'entrée de leur villes. Le duc ne voulant pas laisser impuni l'affront qu'il venait de recevoir, rassembla des troupes et vint bloquer Malines. Il espérait éviter l'effusion du sang en n'en faisant pas le siège, et il applaudit à la résolution qu'il avait prise quand, quelques jours avant les fêtes de pâques, il vit arriver dans son camp tout le clergé de cette place qui venait lui demander une suspension d'armes. Il y consentit ; mais quel fut son étonnement lorsqu'au mépris de la trève, il vit les Malinois sortir de leur ville et attaquer la position occupée par ceux d'Anvers et de Lierre, qui se reposaient sur la foi jurée. Le duc qui se trouvait en deçà de la Dyle et qui avait négligé de jeter un pont sur cette rivière pour lier ses communications avec les troupes qui s'y trouvaient, fut obligé de faire un détour pour venir au secours des siens, et il n'arriva que pour être témoin de leur déroute. Cette action déloyale réhaussa le courage des assiégés, et courrouça tellement le duc, qu'il donna immédiatement l'ordre de commencer le siége de la place. La disette s'y fit bientôt sentir, et la ville ne put être ravitaillée que par des bateaux qui suivaient la cours de la Dyle pendant la nuit, et allaient chercher des vivres sur les bords de l'Escaut. Une flotille sortie d'Anvers ayant atteint et détruit celle des insurgés près de Rupelmonde, la ville fut obligée de capituler.

A mesure que l'insurrection était étouffée dans une ville, elle éclatait dans une autre. Également acharnés contre les nobles, les habitans de Bois-le-duc les dépouillèrent de leurs emplois qu'ils donnèrent à des hommes du peuple. Jean-de-Cuyck, chevalier brabançon, marcha contre eux, mais il fut tué dans un combat qu'il livra aux révoltés et sa troupe totalement dispersée. Cette ville se soumit peu de tems après, et le duc, toujours indulgent, se contenta de réintégrer les magistrats déposés, et de faire payer une faible amende aux habitans (1305).

La fièvre insurrectionelle gagna Bruxelles. Au moment où l'on y pensait le moins, les corps de métiers se soulèvent pendant l'absence du duc Jean et n'ont aucun égard aux représentations de la duchesse. Soudain, toutes les corporations prennent les armes, chassent ou massacrent les nobles, pillent et détruisent leurs maisons, et menacent même la duchesse qui n'a que le tems de se sauver à Tervueren. Le duc voulant enfin écraser l'hydre de la rebéllion, rassemble des troupes à Vilvorde, et vient camper dans les vastes prairies qui sont situées sur la rive droite de la Senne. Le 1er mai 1306, les Bouchers, les Tisserands, les Boulangers, les Cordonniers, les Drapiers, suivis de toute la populace, sortirent de la ville par la porte de Lacken, et se précipitèrent comme un torrent impétueux sur les avant-postes du duc. Ceux-ci se replièrent devant les flots de la multitude et se réunirent au gros de l'armée qui s'ébranla bientôt, et chargea les mutins avec tant de vigueur qu'un seul instant suffit pour les mettre dans une déroute complète. Alors, le duc profitant de l'épouvante dont ils étaient saisis, les poursuivit la lance dans les reins et entra pêle-mêle avec eux dans sa capitale.

Dès que l'insurrection fut vaincue, il réintégra les magistrats cassés par le peuple, lui enleva tous ses priviléges, et rendit aux sept familles privilégiées le droit qu'elles s'étaient arrogé d'administrer la ville, de lever des contributions et de rendre la justice. Ces mesures sévères qui ne tendaient qu'à augmenter la tyrannie des nobles, appaisèrent un instant les troubles qui agitaient le Brabant, mais elles ne firent qu'augmenter la haine que le peuple ressentait pour ses oppresseurs.

LES JUIFS.

PHILIPPE-LE-BEL qui, mû par une basse cupidité, venait de dépouiller les Templiers, et qui, quelques années plus tard, fit brûler vif Jacques Molay, grand maître de cet ordre célèbre, avec cinquante quatre des siens, Philippe-le-Bel avait chassé les Juifs de la France et leur avait défendu d'y rentrer sous peine de confiscation et de mort. Les israélites étant alors les fermiers des impôts, et par conséquent haïs par le peuple, on crut faire acte méritoire en les traquant comme des bêtes fauves, en les massacrant, et en s'emparant de leurs biens (1307).

Quelques prêtres fanatiques, abusant de l'influence qu'ils avaient sur le peuple, avaient arraché de leurs foyers une foule d'hommes sans nom et sans mœurs, a qui ils avaient persuadé que Dieu leur promettait la conquête de la terre sainte, quand ils auraient massacré tous les Juifs dispersés en Europe ; fiers de cette mission atroce, ces hommes avaient pris la Croix et parcouru la France, l'Allemagne, le Hainaut, la Flandre et la Hollande, en égorgeant les enfans d'israël qui n'avaient pu se soustraire à la rage de ces hordes d'assassins. La plupart d'entre eux s'étant réfugiés dans le Brabant, ils s'unirent à ceux qui étaient établis dans le pays, pour implorer la protection du duc Jean. Celui-ci, prévoyant le profit qu'il pourrait en tirer, les accueillit favorablement, et leur donna le château de Genappe pour asile (1309).

A peine s'y étaient-ils réfugiés que l'on vit fondre sur le Brabant les hordes vagabondes de ceux qui croyaient conquérir le royaume de Jérusalem. Ils s'unirent aux mécontens de la Belgique, et coururent bientôt comme des forcénés assiéger le château de Genappe qui recelait et leurs ennemis et des richesses immenses.

Les Juifs se défendirent avec le courage qui naît du désespoir, et le duc Jean fit sommer les guerriers nomades qui les assiégeaient, d'évacuer sur le champ les terres du Brabant ; mais ceux-ci répondirent insolemment que Dieu les avait chargés d'une mission divine, et qu'ils ne recevaient des ordres que de lui. Irrité de ce refus, le duc marcha contre eux, les attaqua, les battit, en tua un grand nombre, et dispersa le reste.

Dans l'espoir de prévenir le retour de soulèvemens populaires semblables à ceux qui avaient ensanglanté la Belgique, Jean II convoqua à Cortemberg les seigneurs et les députés des villes, devant lesquels il promulgua un code de lois connu sous le nom de lois de Cortemberg. Le duc y déclare : « que les ducs de
» Brabant ne pourront imposer ni droits ni taxes sur
» le peuple, si ce n'est pour la levée des troupes, le
» mariage ou la rançon des ducs ; que les Brabançons,
» pauvres ou riches, seront égaux devant la loi ; que
» les villes conserveront leurs immunités, leurs fran-
» chises ; qu'un conseil composé de quatre hommes
» nobles et de dix roturiers, se réunira toutes les trois
» semaines à Cortemberg pour examiner tous les griefs
» et rendre les arrêts nécessaires à la chose publique ;
» que si le duc, ou ses successeurs, refusait de se sou-
» mettre à l'un de ces arrêts, les sujets seraient déliés
» du serment d'obéissance. Enfin, par cet acte daté
» du 27 septembre 1312, le duc déclare traître et
» indigne de remplir aucune fonction celui qui oserait
» y porter atteinte. »

Jean II mourut à Tervueren le 27 Octobre 1312, et sa dépouille mortelle fut déposée dans l'église de Sainte-Gudule, à Bruxelles.

GOUVERNEMENT DE JEAN III.

ROBERT DE BÉTHUNE.

Jean III avait à peine atteint l'âge de treize ans quand son père mourut. Le comte d'Évreux, son oncle, Gérard comte de Juliers, Berthold seigneur de Malines et quelques membres du conseil de Cortemberg prirent les rênes du gouvernement. Les prodigalités de Jean II, les guerres ruineuses qu'il avoit soutenues, avaient tellement obéré le trésor de l'état que les administrations des villes et des communes furent obligées de s'imposer elles-mêmes pour solder les nombreux créanciers du duc. Elles comblèrent le déficit, mais elles ne voulurent rien avoir de commun avec la noblesse qui ne prit aucune part à cet acte patriotique (1312).

La mésintelligence qui régnait entre les Français et les Flamands ayant convaincu Philippe-le-Bel qu'il ne parviendrait jamais à vaincre l'obstination de ces derniers, il avait modifié l'article 4 du traité d'Athies, et consentit à ce que les Brugeois rachetassent par une somme de trois cent mille livres, l'envoi au-delà des mers de trois mille Flamands ; mais ceux-ci avaient rejeté cette proposition en déclarant qu'ils désavouaient ce traité. Le roi, qui avait à cœur d'en finir avec ce peuple obstiné, ouvrit des conférences à Paris pour y conclure une paix définitive. Le comte Robert s'y rendit avec ses frères, et toutes les villes de Flandre y envoyèrent des députés revêtus des pouvoirs du peuple.

JEAN III.

A l'ouverture du congrès, les plénipotentiaires du roi demandèrent à ceux de Flandre s'ils voulaient se soumettre à l'obéissance de Philippe-le-Bel, et ceux-ci leur répondirent qu'ils ne demandaient pas mieux, si, toutefois, il ne leur imposait que des conditions équitables et conformes au traité de 1304. Les agens du roi ne voulant prendre pour base des négociations que le traité d'Athies, qui, disaient-ils, avait été signé par Robert de Béthune, les députés Flamands s'y opposèrent formellement, et se retirèrent.

Dès que le comte de Flandre fut rentré dans ses états, il ne ménagea ni les prières ni les menaces pour engager les Flamands à ratifier le traité de l'an 1305; il leur dit que telle était la volonté du roi, que s'ils se soumettaient, ce dernier le modifierait beaucoup, et que dans tous les cas une paix désavantageuse leur serait plus favorable qu'une guerre qui ne pourrait manquer de leur devenir funeste. Séduites par les paroles du comte, les villes de Gand et d'Ypres se soumirent, mais les Brugeois s'y refusèrent positivement. « Laisser au roi le pouvoir d'envoyer trois mille hommes au delà des mers, disaient Pierre de Coninck et Jean Breydel, c'est proscrire trois mille de nos concitoyens, et nous ne le ferons jamais. » Enfin un nouveau traité beaucoup plus avantageux fut conclu à Paris en 1309, et on y stipula que les fortifications de Bruges, seulement, seraient démolies, et que les villes de Douai, de Lille et de Béthune resteraient à la France jusqu'à parfait remboursement du capital d'une rente de dix mille livres.

Vers l'an 1313, le roi Philippe somma Robert de lui prêter foi et hommage pour son comté de Flandre; il y consentit, mais sous la condition qu'on lui restituerait immédiatement Douai, Lille et Béthune, libres par le remboursement que les Flamands avaient fait de la rente. Le roi s'y étant refusé, Robert lui déclara qu'il ne consentirait jamais au démembrement de ses états, et qu'il préférait perdre sa souveraineté que de régner sur les débris de l'héritage de ses pères. Après ce refus énergique, il quitta brusquement Paris et revint en Flandre se préparer à la guerre. Irrité de l'obstination de son vassal, Philippe le cita devant la cour des pairs, et sur la non comparution du comte, il déclara la Flandre confisquée.

Robert de Béthune n'attendit pas que le roi vînt l'attaquer ; il rassembla des troupes et courut assiéger Lille ; mais les Français le forcèrent à se retirer et à conclure une trève d'un an. En dépit de cette trève, Philippe-le-Bel prescrivit au comte de Flandre de faire démanteler les fortifications de Gand, de Bruges et d'Ypres dans un délai déterminé. Il s'y refusa, et le roi s'en vengea en séquestrant les biens de Louis de Nevers, fils ainé de Robert, et en le faisant arrêter.

Dès que la trève fut expirée, le comte de Flandre ravagea les états du comte de Hainaut, allié des Français. Louis-le-Hutin, qui avait succédé à Philippe-le-Bel vint à son secours, et pendant qu'il perdait un tems précieux en restant en position sur le bord de la Lys, entre Lille et Courtrai, Guillaume de Hainaut s'empara des îles de la Zélande, du Pays de Waës et incendia Kieldrecht, Burcht, Zwindrecht et Ruppelmonde. Forcé d'observer l'armée française avec un corps nombreux, et de s'opposer aux efforts du comte de Hainaut, Robert se trouvait dans une position très précaire quand les élémens vinrent à son secours. Tout à coup le ciel se couvrit de nuages, la terre fut inondée de pluie pendant plusieurs jours, et les Français ne purent faire transporter des vivres dans leur camp qu'ils avaient eu la maladresse d'asseoir dans un terrain bas. Dans ces circonstances pénibles, le roi fut contraint d'ordonner la retraite et d'incendier ses tentes, ses équipages, ses effets de campement, afin qu'ils ne devinssent pas la proie de ses ennemis. En se retirant, il fit emporter par ses soldats le trésor de l'armée et les effets les plus précieux; mais les Flamands qui les poursuivaient l'épée dans les reins, et qui connaissaient tous les sentiers, tous les chemins praticables, leur tendirent embuscades sur embuscades, les battirent en toutes les rencontres, en massacrèrent une multitude et s'emparèrent de leurs richesses. Tout, jusqu'à la vaisselle du roi, devint la proie de leur avidité (1315).

Les peuples de la Flandre, fatigués de tant de guerres et de tant de calamités, forcèrent leur comte d'entrer en négociations avec les Français. Contraint de de céder à la nécessité, il envoya des députés à Paris, lesquels y conclurent un traité de paix dont la principale clause fut la réunion à la France de Lille, de Douai et de Béthune (1316). Cette paix froissant les intérêts de Robert, il parvint sans peine à faire crier les Flamands à l'injustice, et à leur faire reprendre les armes. Sous le prétexte ridicule que les hostilités n'avaient cessé que sur terre, il fit équiper un grand nombre de vaisseaux qui allèrent croiser sur les côtes de France, et qui capturèrent ou pillèrent plusieurs navires français. Philippe-le-Long, qui avait succédé à Louis-le-Hutin, fut tellement courroucé de cet acte déloyal, qu'il chassa de son royaume tous les seigneurs français qui soutenaient le parti du comte de Flandre, et fit démolir leurs maisons.

GUERRE ENTRE DINANT ET BOUVIGNES.

Divisée en plusieurs états indépendants qui l'étaient à leur tour en comtés, en baronies, en seigneuries, en châtellenies, la Belgique avait dans son sein un germe de discorde qui la tenait dans un état de guerre perpétuel. Elle respirait en paix depuis quelques années, quand l'antipathie de deux villes voisines vint rallumer encore le flambeau de la destruction.

Les bourgeois de Dinant et de Bouvignes nourrissaient les uns contre les autres une animosité que le voisinage et un même commerce rendaient tous les jours plus vive. Elle avait éclaté dès le règne du comte Gui pour quelque argent que ceux de Bouvignes prétendaient leur être dû par la ville de Dinant. Depuis ce tems là, cette animosité, accrue par les mauvais procédés des Dinantais, était devenue une haine implacable.

De pareilles dispositions ne pouvaient annoncer qu'une guerre que la première occasion ferait éclater. Elle commença de la part des Dinantais. Bouvignes est à leurs portes. Un jour qu'ils surent que la plus grande partie des habitans en était sortie, et que ceux qui restaient n'étaient point sur leurs gardes, ils se jetèrent sur les faubourgs, pillèrent les meilleures maisons, et tuèrent, sans distinction d'âge ni de sexe, tout ce qui se présenta. Les plaintes auraient été inutiles ; on prit à Bouvignes le parti de dissimuler, en attendant de rendre aux Dinantais tout le mal qu'on en avait reçu. Le comte de Namur informé de la manière dont on avait traité ses sujets, et ne voulant pas rompre avec les Liégeois pour une querelle qu'on pouvait regarder comme particulière, se contenta d'appuyer secrètement la vengeance qu'on méditait à Bouvignes. Il y envoya quelques gens de guerre, et il attendit le dénouement de cette affaire sans paraître y prendre part.

Ce dénouement ne se fit pas attendre. Fortifiés par le secours qu'ils avaient reçu, ceux de Bouvignes sortirent un jour de leur place et se dirigèrent vers le bois de Fréyr, traversé par la route qui conduit de Dinant à Hastière. Là, une partie de la troupe s'embusqua, tandis que l'autre feignit d'insulter le faubourg de Saint-Médard. Dès que les habitans de Dinant aperçurent leurs voisins, ils firent sortir de leur ville un détachement qui courut défendre le faubourg menacé. Ceux de Bouvignes se retirèrent en toute hâte vers le bois; les Dinantais, trompés par ces fausses démonstrations, aveuglés par la haine, se précipitèrent sur leurs traces et furent bientôt engagés dans le bois. Alors, leurs ennemis font volte-face, et se mettent en défense pendant que ceux des leurs qui étaient en embuscade, prennent les Dinantais en queue et en flanc, et les enveloppent. Le combat ne fut pas long contre des gens en désordre et déjà hors d'haleine. Tous ceux qui firent quelque résistance furent immédiatement massacrés, et les prisonniers le furent après, de manière qu'il n'en échappa pas un pour aller raconter cette mésaventure à Dinant (1317).

La nouvelle de cette action, portée à Liége, y fit un vacarme effroyable. Sans examiner qui des Dinantais ou de leurs voisins avaient été les aggresseurs, ni si la conduite de ceux-là n'avait pas autorisé la vengeance qu'on venait d'exercer contre eux, on y résolut tout de suite de faire la guerre au comte de Namur, et l'on prit cette importante décision dans une de ces assemblées tumultuaires, où la fougue d'une populace aveugle décidait, en ce tems-là, des plus grands intérêts.

Les hostilités suivirent de près une aussi brusque résolution. Les Liégeois se répandirent dans le comté de Namur et y mirent tout à feu et à sang, quelques représentations que pût faire le comte Jean. Celles du duc de Brabant furent plus efficaces. Il pria, il menaça, et il obtint enfin qu'on ferait une trève pour deux ans, pendant laquelle on examinerait les griefs de part et d'autre (1318).

Les Dinantais ne purent se résoudre à suspendre si long-tems les effets de leur vengeance. Ne pouvant engager leurs ennemis à un combat parce que le comte avait défendu à ceux de Bouvignes de rien faire qui pût aigrir les esprits et mettre obstacle à la conclusion de la paix, ils s'avisèrent d'élever sur une île de la Meuse, devant Bouvignes, une tour qu'ils appelèrent Montorgueil, d'où ils jetaient sur cette ville des matières enflammées, et écrasaient à coups de pierres tous ceux qui se montraient dans les rues. C'était là une infraction de la trève, et d'autant plus manifeste, que la partie de l'île sur laquelle la tour était située appartenait au comte de Namur. Jean premier crut que ces deux circonstances l'autorisaient à la ruiner. Il envoya du monde pour l'attaquer, et les hostilités recommencèrent (1319).

Adolphe de la Marck, évêque de Liége, marcha lui-même au secours des Dinantais avec les comtes de Berg et de la Marck, résolu de faire le siége de Bouvignes et de détruire cette place. Les assiégeans n'oublièrent aucuns des moyens connus pour s'en emparer; mais, de leur côté, les bourgeois mirent tout en œuvre pour se défendre. On battit les murailles avec toutes sortes de machines, et notamment avec une que l'on appelait le Chat, dont les historiens du tems attribuent l'invention à un chanoine liégeois nommé Henri de Petershem. Il est à croire que ce chanoine l'avait seulement perfectionnée, car cette machine était connue long-tems avant ce siége (1320).

Quoi qu'il en soit, les assiégés parvinrent à faire une large brèche aux remparts, mais le lendemain lorsqu'ils voulurent donner l'assaut, ils aperçurent la brèche si bien réparée qu'ils reconnurent qu'il y aurait de la témérité à tenter l'attaque. Cet évènement auquel l'évêque ne s'attendait pas, le détermina à lever le siége, après y avoir inutilement employé quarante-un jours. Les Liégeois se repentirent bientôt de cette dernière résolution; car à peine furent-ils éloignés de deux lieues du camp qu'ils venaient de quitter, qu'ils apprirent qu'un de leurs corps venait de battre complètement les troupes du comte de Namur à Burdine (1321).

Ce prince était entré dans la Hesbaye aussitôt après l'investissement de Bouvignes. Hors d'état de s'opposer au siége, il comptait déconcerter ses ennemis par une vigoureuse diversion, et les forcer d'abandonner leur entreprise. La plupart des troupes liégeoises se trouvant dans les environs de Dinant, la Hesbaye, ouverte et sans défense, éprouva en peu de jours toutes les horreurs de la guerre; mais les Namurois, à qui rien ne résistait, trouvèrent leur perte dans ce qui devait faire leur confiance. Ils méprisaient un corps ennemi qui surveillait leurs mouvemens et ne pensaient pas qu'il osât les attaquer. Cette folle présomption les fit surprendre auprès de Burdine, et battre par Jacques de Lens et Amèle de Bovignistier, braves capitaines liégeois, qui avaient à peine cinq cents hommes sous leurs ordres. Le désastre du comte Jean arriva le jour même de la levée du siége de Bouvignes. L'évêque en apprit la nouvelle trop tard pour pouvoir en profiter.

Quand le comte de Namur fut instruit de la retraite des Liégeois, il craignit moins un ennemi qui savait tirer si peu d'avantage de sa supériorité, et il résolut de continuer la guerre avec le comte de Luxembourg qu'il venait d'attirer dans son parti. Cette alliance le mit à même de ravager le pays de Liége jusqu'aux portes de la capitale, et d'attaquer Ciney qu'il croyait sans défense ; mais les bourgeois, prévenus de son approche, coururent aux armes et attaquèrent si violemment les Namurois, qu'ils les forcèrent à s'éloigner de leur ville, et faillirent même s'emparer du comte qui, renversé de cheval, n'échappa à la mort que par le généreux dévouement d'un de ses chevaliers, qui perdit la vie en sauvant celle de son maître.

Les Dinantais toujours animés, toujours belliqueux, profitèrent de la retraite du comte pour ravager le comté de Luxembourg, et assiéger le château de Poilvache (*Castrum Bohemorum*), situé sur la rive droite de la Meuse, au sommet d'un rocher escarpé. Ceux de Bouvignes tentèrent vainement de secourir cette forteresse que l'on croit avoir été bâtie par les Bohémiens ; elle fut attaquée si vivement qu'elle dut enfin succomber à des assauts réitérés. Cet avantage, joint aux courses que les habitans de Huy firent du côté de la Méhaigne où ils brulèrent Wasseige, rendit les deux partis plus traitables, et les fit enfin consentir à la paix dont on avait grand besoin de part et d'autre (1322). On ignore quelles en furent les conditions ; mais ce qu'il y a de certain, c'est que la tour de Montorgueil ne fut détruite que long-tems après, et qu'elle entraîna dans sa ruine celle de la ville de Dinant.

LOUIS DE NÉVERS.

Pendant qu'une querelle de deux villes rivales désolait ainsi deux florissantes provinces, l'orgueil et l'entêtement d'une des premières villes de Flandre portait de nouveau ce pays à la révolte.

Louis, comte de Névers, petit fils de Robert de Béthune, était devenu comte de Flandre par la mort de son aïeul. Le comte de Namur n'avait pas peu contribué à son élévation, au sujet de laquelle les lois du pays avaient fait naître quelques difficultés en faveur de Robert de Cassel, second fils du comte défunt. Le crédit de Jean premier à la cour de France, l'avait mis en état de rendre des services importans à Louis de Névers qui, pour lui en marquer sa reconnaissance, lui avait donné la seigneurie de l'Écluse et de l'Eau, c'est à dire du port.

Les habitans de Bruges n'avaient pu voir de bon œil que leur comte eût fait ce présent à un prince qui, en quelque façon, leur était étranger. Ils s'embarrassaient peu qu'on lui eût donné la seigneurie de l'Écluse, mais il n'en était pas de même de celle du port, d'où leur commerce dépendait entièrement. En effet, ce port étant le seul par où les Brugeois pouvaient envoyer et recevoir leurs marchandises, ils avaient à craindre, ou que le comte de Namur les chargeât d'impôts, ou qu'il permît à ses sujets de faire le commerce conjointement avec eux, ce qui aurait porté atteinte aux privilèges de leur ville. Dans cette occurrence, ils prirent le parti de faire à leur comte des représentations, et ils le pressèrent si fortement de se souvenir que le commerce par mer leur appartenait, à l'exclusion de ceux de l'Écluse, que Louis de Névers malgré l'envie qu'il avait d'obliger le comte Jean, ne put se dispenser de lui en écrire, en lui faisant apercevoir tout ce qu'on avait à craindre d'un peuple puissant, et d'autant plus irrité qu'il était froissé dans ses intérêts.

Si le comte de Namur avait réfléchi aux suites que l'obstination des Brugeois pouvait avoir, il serait entré de suite en arrangement avec eux, mais ce prince, piqué de la hauteur et des menaces de ce peuple orgueilleux, refusa d'entrer sur ce point en accommodement, et répondit au comte de Flandre qu'il saurait bien, malgré les efforts et la puissance de ses ennemis, se maintenir en possession de l'Écluse et défendre ses droits. La hauteur de cette réponse s'accorda mal avec les événemens qui la suivirent. Dès qu'elle fut connue à Bruges, on y jugea qu'il n'y avait pas de tems à perdre, et que si l'on voulait sauver le commerce, il fallait s'assurer immédiatement du seul endroit d'où il dépendait.

Les Flamands étaient alors aussi vifs à exécuter une résolution que prompts à la prendre. Dès le jour même ils coururent aux armes et jurèrent la ruine de l'Écluse. A la nouvelle de ce soulèvement, le comte de Flandre, qui se trouvait à Courtrai, se rendit de suite à Bruges dans l'espoir de calmer l'effervescence populaire. Il mit tout en œuvre pour arrêter la fureur des Brugeois ; mais ceux-ci, aussi peu touchés de ses prières, que peu intimidés de ses menaces, déclarèrent qu'ils ne poseraient les armes que quand leur souverain aurait révoqué la donation qu'il avait faite. Voyant qu'il hésitait, ils s'emparèrent de sa personne, et le forcèrent à marcher avec eux contre l'Écluse qu'ils voulaient prendre et détruire (**1323**).

Le comte Jean qui s'était renfermé dans cette place résista dabord aux attaques réitérées de ce peuple fougueux ; mais peu de jours après la ville fut enlevée d'assaut, et les habitans massacrés. Le comte de Namur qui étoit tombé au pouvoir des vainqueurs eût été mis à mort lui-même, si Louis de Névers n'eût parvenu à fléchir une populace irritée, qui le fit renfermer à Bruges, et qui déclara qu'elle ne le relâcherait que quand il aurait renoncé à la donation que le comte de Flandre lui avait faite.

Le comte Jean, sans s'épouvanter du péril qui le menaçait, refusa d'écouter les propositions des Brugeois, et ne pensa qu'à se tirer de leurs mains comme le comte de Flandre avait eu le bonheur de le faire. Aidé par Jean de l'Épine, gentilhomme flamand, il pratiqua une ouverture à sa prison, se sauva et alla s'embarquer près de l'Écluse sur un navire que le parti qui le protégeait tenait à sa disposition.

Le désir de se venger de l'affront qu'il venait de recevoir détermina le comte Jean à aller joindre Louis de Névers à Paris, à l'effet d'y prendre des mesures pour dompter un peuple qui semblait ne vouloir plus reconnaître de maître, et qui portait dans les campagnes le ravage et la dévastation. Le roi, mécontent lui-même des Flamands, se prêta sans peine aux vues des deux comtes, et bientôt ils parurent en Flandre à la tête d'une forte armée. L'approche de ces troupes fit rentrer les factieux dans le devoir ; ils envoyèrent des députés à leur souverain, et obtinrent de l'abbé de Vezelai, favori du comte, pour une somme de soixante mille livres, pardon de leurs méfaits (1324).

Le comte de Flandre croyant avoir rétabli la paix dans ses états, en laissa le gouvernement à Philippe d'Axelle, et partit pour Paris ; mais dès qu'il se fut éloigné, les Brugeois se liguèrent avec les villes de Furnes, de Nieuport, de Berg, de Dunkerke, et de Cassel, et reprirent les armes. Sous la conduite de Siger Jansone, et de Lambert Bouin, ils parcoururent toute la Flandre occidentale, massacrèrent les nobles, pillèrent leurs maisons, et répandirent partout la terreur et la mort. Revenu en Flandre, le comte avait mis Ardenbourg et Ghistelle en état de défense, mais Jansone et Bouin assiégèrent ces deux places, les enlevèrent, et conduisirent à Bruges, chargés de fers, tous les nobles que le sort des armes fit tomber en leur pouvoir.

Dès ce moment l'insolencee des Brugeois n'eut plus de bornes. Nicolas Zannekin, né à Lampernisse, près de Furnes, ayant été chassé de cette dernière ville par les nobles, les habitans de Bruges lui donnèrent le droit de bourgeoisie dans leur cité, et ils en firent leur chef. Dès que cet homme aussi brave qu'audacieux eut prit le commandement des forces des insurgés, il les organisa, chassa les nobles de la plupart des villes de la Flandre occidentale, nomma des commandans dans toutes les places, et administra le pays comme s'il en avait été le souverain.

Dans l'espoir de mettre fin aux horreurs dont les nobles et les plébéiens se rendaient coupables tour à tour, le comte de Flandre marcha contre les Brugeois, qu'il atteignit près d'Assenède; mais battu et mis en fuite, il fut contraint de s'humilier et d'offrir aux rébelles de remettre la décision de leurs différens à l'arbitrage de Robert de Cassel, son oncle, qui soutenait le parti du peuple, et à des députés des villes de Gand et d'Ypres. Les Brugeois y consentirent et l'on décida d'un commun accord que les conférences auraient lieu à l'abbaye des Dunes. Les arbitres s'y rendirent et y trouvèrent en arrivant Zannekin et Jansone à la tête de leurs bandes. L'aspect de ces hommes farouches effraya tellement les députés qu'ils s'éloignèrent immédiatement.

Les comtes de Flandre et de Namur voyant que l'insurrection faisait des progrès effrayans, voulurent ramener les esprits par la voie de la négociation. Ils se rendirent à Courtrai, suivis de quatre cents chevaliers, et ils invitèrent les habitans de Bruges à y envoyer six députés. Ils y vinrent; mais comme le comte s'aperçut bientôt que c'était moins pour traiter de la paix que pour tâcher d'attirer à leur parti la bourgeoisie de Courtrai, le comte les fit arrêter. Cette sévérité de la part d'un prince accoutumé à mollir eut des suites terribles. Cinq mille des plus mutins d'entre les Brugeois prirent les armes et se mirent aussitôt en chemin pour faire relâcher les prisonniers de gré ou de force. Si le comte de Flandre avait pu compter sur la fidélité de ceux de Courtrai, la noblesse qu'il avait avec lui était plus que suffisante pour tenir tête à ces cinq mille factieux: mais on avait à se défier également des bourgeois de Courtrai et de ceux de Bruges avec qui ils paraissaient être en relation (1325).

Un de ces événemens que la prudence humaine ne

saurait prévenir, rendit même les Courtraisiens plus implacables ennemis du comte Louis que ne l'étaient les Brugeois. Comme il y avait tout lieu de craindre que ces derniers, malgré l'exiguité de leurs forces, ne voulussent entreprendre d'assiéger Courtrai, le comte de Namur suggéra à celui de Flandre de brûler un des faubourgs de la ville par où l'on pouvait présumer qu'elle serait attaquée. Ce préliminaire de défense paraissait indispensable. Tout ce qu'on crut devoir faire pour ménager la bourgeoisie, fut de prendre des précautions contre les désordres ordinaires en ces sortes d'occasions. Tout cela n'empêcha pas que le feu ne se communiquât à la ville, et n'en consumât la plus grande partie. La populace furieuse attribua cet accident à un dessein formé, et s'assembla tumultuairement pour délibérer sur ce qu'il y avait à faire dans ces conjonctures. On n'entendait sortir de la bouche du peuple que des plaintes amères et des projets de vengeance. Le comte apprenant qu'il s'agissait de le livrer à ses ennemis, jugea à propos de ne point attendre l'issue d'un conseil où la fureur allait présider ; et montant sur le champ à cheval avec sa noblesse, il se mit en devoir de gagner l'une des portes de la ville pour en sortir. Il n'eut pas fait deux cents pas qu'il fut enveloppé et arrêté avec six des principaux de sa suite. Le comte de Namur, à qui on en voulait plus encore qu'au comte de Flandre, fut plus heureux et s'échappa en passant sur le corps de ceux qui voulaient l'arrêter. Il en fut quitte pour une légère blessure, mais il en coûta la vie à la plupart des nobles qui s'étaient renfermés dans Courtrai. Presque tous, après s'être vaillamment défendus, furent immolés au ressentiment de ces forcénés. On n'en réserva que quelques-uns des plus considérables, qu'on livra le lendemain aux Brugeois, aussi bien que le comte. Ces derniers traitèrent ce malheureux prince avec le mépris le plus insultant. Ils le conduisirent en triomphe dans leur ville, et l'emprisonnèrent ; puis en sa présence même, « ils firent meurtrir et decoper par pièces » l'un après l'autre, dit Oudegherst, tous les gentils-» hommes qu'ils avoient prins avec ledict comte, » au » nombre desquels, ajoute le même auteur, « fut pa-» reillement occis le maistre d'escolle (le précepteur) » du dict comte Louys, lequel en fut extrèmement » desplaisant. » Ce fut en vain que le comte éleva la voix en faveur de ces victimes de la fureur populaire ; les féroces Brugeois assouvirent leur rage sur leurs corps palpitans, qu'ils mirent en lambeaux et qu'ils trainèrent de rue en rue.

Après cet horrible massacre, toutes les villes de la Flandre épousèrent le parti des révoltés, à l'exception de celles de Gand et d'Audenarde qui restèrent fidèles à leur souverain. Mais le roi de France, irrité de l'insolence des Flamands, se déclara hautement le protecteur du comte, et donna l'ordre aux Brugeois de le mettre en liberté, sous peine d'encourir son indignation. Ces menaces n'aboutirent qu'à faire prendre aux mutins la résolution de se donner un chef plus accrédité que ceux qu'ils avaient. Ils offrirent à Robert de Cassel, oncle de Louis de Névers, la régence de la Flandre, et celui-ci l'accepta dans l'espoir d'en obtenir la souveraineté.

D'un autre côté, les villes de Gand et d'Audenarde, proclamèrent le comte de Namur régent du pays, et les troubles ne firent qu'augmenter ; car les deux partis se croyaient en droit de tout oser parce qu'ils avaient chacun un prince de la maison de Flandre à leur tête. Ils en vinrent aux mains dans les plaines de Nivelles, et les Gantois furent défaits. Robert de Cassel, profitant de sa victoire, vint assiéger Gand, et il se serait sans doute emparé de cette place importante, si des ambassadeurs du roi de France n'avaient fait suspendre les hostilités en entrant en négociation avec les Brugeois. Un traité en fut la suite, et l'on convint que les Gantois se réuniraient à ceux de Bruges, sous la condition que le comte Louis serait délivré dans l'espace de quatorze jours. Robert leva le siège, mais alors les Gantois refusèrent de faire cause commune avec leurs ennemis, si, au préalable, ils ne mettaient le comte en liberté.

Dans cet état de choses, les deux partis se préparèrent à la guerre. Le comte de Namur se présenta devant Grammont à l'effet d'y jeter des troupes. Les bourgeois lui en ouvrirent les portes; mais se défiant de leur fidélité, il ne jugea pas à propos de s'engager au milieu d'un peuple suspect, et chargea le comte de Gavre d'y conduire des gens de guerre. Dès que les habitans de Grammont aperçurent ce seigneur, magnifiquement vêtu, ils le prirent pour le comte Jean, dont ils avaient juré la perte, le laissèrent entrer dans leur ville, en fermèrent les portes et le massacrèrent, ainsi que la plupart des troupes de sa suite.

Déterminés à soutenir la cause de leur comte, les Gantois chassèrent de leur cité trois mille tisserands qui étaient d'intelligence avec les Brugeois, organisèrent une milice armée dont ils donnèrent le commandement à Siger et à Hector Villain. Pendant que Robert de Cassel assiégeait Audenarde, Ratger, un des chefs des révoltés vint investir Gand, mais les rigueurs de l'hiver le forcèrent bientôt à s'en éloigner. Les hostilités recommencèrent peu après, et les Gantois soumirent le pays de Waes après avoir battu un parti de Brugeois près d'Audenarde.

Furieux de l'échec reçu par les siens, Ratger marcha sur Assenède à la tête d'une troupe nombreuse, et incendia cette place, à la vue d'un corps de Gantois, commandé par Villain, qui venait pour la défendre. Les deux troupes se rangèrent en bataille, mais au moment où Ratger prenait ses dispositions pour attaquer l'ennemi, un lièvre épouvanté par les cris des soldats traversa les rangs des Brugeois. Leur chef vit dans cet incident un présage sinistre de sa perte, et la superstition troubla tellement ses esprits qu'il fut glacé d'effroi et qu'il communiqua aux siens la terreur qui l'agitait. On en vint aux mains ; les Brugeois furent défaits et dispersés, et le crédule Ratger tué avec sept à huit cents hommes de sa troupe.

Les Brugeois humiliés par plusieurs défaites, parurent alors revenir de leur opiniatreté. Ils rendirent la liberté au comte Louis et demandèrent la paix qui fut conclue à Arques, près de Saint Omer (8 février 1326), à des conditions assez dures pour les rébelles que l'on condamna à payer deux cent mille livres au roi de France ; cent mille au comte de Flandre, et soixante six mille au comte de Namur, en dédommagement de la ruine de l'Écluse. Les habitans de Bruges, d'Ypres et de Courtrai furent contraints de fonder un couvent de Chartreux dans cette dernière ville, et trois cents Brugeois durent aller faire des pélerinages à St. Jacques en Galice, à St. Gilles en Provence, et à Notre-Dame de Roquemadour. Ainsi finissaient toutes les révoltes des Flamands sans qu'ils en devinssent pour cela plus traitables. La ville de Grammont, qui ne fut point comprise dans cette paix, obtint cependant son pardon quelque tems après, à des conditions qui, tout humiliantes qu'elles étaient, durent lui paraître encore bien douces.

BATAILLE DE CASSEL.

Quoique la paix d'Arques eût été jurée et ratifiée par les députés des villes de Flandre, avec toutes les solennités usitées en pareille occasion, les Brugeois recommencèrent bientôt leurs mutineries. Livrés à un Jean Peyt, homme sans probité et sans honneur, ils s'abandonnèrent aux plus grands excès, parcoururent les campagnes et massacrèrent tous les prêtres et tous les nobles dont ils purent se saisir. Ceux de Furnes surprirent cet homme horrible près de Hondschotte et en délivrèrent l'humanité; mais les Brugeois vengèrent sa mort en tuant une foule d'honnêtes gens, et en assassinant un grand nombre de partisans du comte de Flandre qui se fiaient à la foi du traité. S'ils se flattaient que la mort de Charles-le-Bel, roi de France, serait une circonstance favorable à leurs desseins, ils se trompèrent, car son successeur les ménagea moins que n'aurait fait ce prince.

Après la cérémonie de son sacre, Philippe de Valois leva une puissante armée, et, en attendant qu'elle fût concentrée, il chargea les comtes de Flandre et de Namur de surveiller les rives de l'Escaut et de la Lis. Robert de Cassel, qui s'était réconcilié avec son souverain, fut chargé de la garde de St. Omer et des places maritimes.

L'armée française, à laquelle s'étaient réunis les comtes de Flandre, de Namur, et de Hainaut, se rassembla à Arras dans le commencement d'août 1328, passa la Lis et alla camper sous Cassel, où Zannekin s'était retranché avec un corps de révoltés. Les troupes de Zannekin n'étaient pas aussi nombreuses que celles des Français, car une partie de l'armée des insurgés avait pris position du côté de Tournay, afin d'arrêter les courses qu'on eût pu faire dans la Flandre, où il ne restait que des femmes et des enfans; mais se fiant à leur courage et à la bonté de leurs retranchemens, elles se riaient des efforts de leurs ennemis, au point qu'elles avaient fait peindre sur une énorme bannière, un coq au-dessous duquel on lisait : « Quand ce cocq chantera, le » roy *trouvé* cy entrera. » Quelle que fût la confiance des Flamands, la division de leur armée permettait au roi de France (qu'ils appelaient ridiculement *trouvé* parce qu'il n'était pas né sur le trône), de faire agir ses masses contre l'une ou l'autre de ces divisions, et de les écraser successivement.

Les Français ne voyant dans le corps commandé par Zannekin qu'une poignée de rébelles, paraissaient le dédaigner en attendant qu'ils pussent l'anéantir. Vains et présomptueux, ils négligeaient la garde du camp, et s'abandonnaient à une imprudente sécurité qui faillit leur être fatale. Ce défaut de vigilance n'échappa point aux regards pénétrans de l'intrépide chef des Brugeois, qui conçut le hardi projet d'en profiter, et d'enlever le roi au milieu des siens. La nature du pays, coupé par tout de haies et de chemins creux, lui donnant une grande facilité pour l'exécution de ce projet, il se mit à la tête de l'élite de ses troupes, prescrivit aux autres de sortir de leurs retranchemens, de suivre en silence les chemins qu'il leur indiqua, et de tomber inopinément sur le camp de l'ennemi.

Tout était tranquille dans l'armée française. Les chefs et les soldats, dispersés et sans armes, ne pensaient à rien moins qu'à combattre, et reposaient à l'ombre des haies et des arbres pendant la chaleur du jour. En voyant arriver la troupe de Zannekin, on crut d'abord que c'était un détachement qui, sorti pour aller à la découverte, rentrait dans le camp. Mais quand on la vit assommer ceux qui se trouvaient sur son passage, on changea bientôt de sentiment, et la terreur succéda à la confiance.

Cependant les rebelles avançaient toujours, et se dirigeaient vers le quartier du roi. Déjà ils avaient massacré quelques gardes de ce prince, et déjà ils faisaient main basse sur ceux qui l'entouraient, quand Robert de Cassel, qui rentrait au camp suivi d'un corps de cavalerie, vint les arrêter dans leurs course impétueuse. Cette circonstance, à laquelle Zannekin ne s'attendait pas, déconcerta les mesures qu'il avait prises et sauva le roi. Pendant que Robert s'opposait aux efforts des Flamands avec une poignée de braves, l'armée française, revenue de sa stupeur, prenait les armes, et se rangeait en bataille. Le comte de Hainaut fut un des premiers en état de combattre ; il vint se joindre à la troupe de Robert de Cassel prête à succomber, et tout le monde fut bientôt en état de faire tête à l'ennemi.

Quoique la partie ne fût plus égale, les Flamands enveloppés se battirent en désespérés, et firent long-tems balancer la victoire. Décidés à vendre chèrement leur vie, ils se précipitaient au milieu de leurs ennemis et en faisaient un carnage épouvantable. La mort de Zannekin, tué sur ces entrefaites par les gens du comte de Hainaut, put seule leur inspirer de la terreur et leur faire perdre courage. Alors, ils ne pensèrent plus qu'à fuir. Profitant de leur supériorité numérique, les Français les assaillirent de toutes parts et les anéantirent. Treize mille Flamands restèrent sans vie sur le champ de bataille ; la ville de Cassel fut prise, et toute la population, sans distinction d'âge ni de sexe, passée au fil de l'épée.

Après cette défaite, Ypres ouvrit ses portes à la première sommation. En moins d'un mois la Flandre fut entièrement soumise, et les Brugeois forcés de fournir de nombreux otages à Louis de Névers.

Dès que le comte Louis eut recouvré ses états, il écouta trop aveuglément, peut-être, les conseils du roi de France. Des échafauds furent dressés par ses ordres dans toutes les villes de la Flandre ; Lambert Bouin, Jean Dudzeele, Goswin de Hondschotte, Siger Jansone eurent la tête tranchée, et cinq cents de leurs adhérens périrent par la main du bourreau dans l'espace de trois mois. Un des principaux chefs des Flamands, nommé Guillaume Lechanu, « craindant semblablement pour sa
» peau, dit le naïf Oudegherst, se retira vers le duc
» de Brabant, lequel il sollicita grandement pour mener
» guerre au comte Louys son seigneur, l'asseurant de
» bonne trouppe de Flamens, d'argent, armures, che-
» vaux et aultres choses nécessaires pour supporter les
» frais et charges d'une guerre. » Le duc qui craignait les Français, et qui, par conséquent, n'osait entreprendre cette guerre sans y être autorisé par le roi, chargea Lechanu d'aller lui expliquer ses projets. C'était l'envoyer à la mort. En effet, ce monarque irrité de tant d'obstination, le fit arrêter et livrer à la justice. Il fut condamné, mutilé, exposé sur une roue, et trainé

mourant de rue en rue jusqu'à la potence où ses restes, suspendus, inspirèrent une terreur salutaire aux faibles qui songeaient à renverser la tyrannie de la noblesse et du clergé.

Le comte parcourut ensuite toute la Flandre, frappa des contributions sur toutes les villes rebelles, condamna celle de Bruges à une amende de cent mille livres, à une rente annuelle de trois mille autres livres, et il exigea que toute la population de cette place vînt lui demander pardon, à genoux à mi-chemin de Maele à Bruges. Il couronna ces actes de rigueur en enlevant aux Brugeois tous leurs privilèges, et en les assujétissant à des lois sévères.

COALITION CONTRE LE BRABANT.

Pendant que Jean II, comte de Namur, qui avait succédé à son père mort en 1330, combattait en Allemagne et en Italie sous les étendards de Jean de Luxembourg, roi de Bohême, le fameux Robert d'Artois, banni de France par Philippe de Valois, se retira dans le comté de Namur que sa sœur gouvernait en l'absence du comte Jean.

Au lieu de chercher à calmer la colère de Philippe, Robert intrigua contre la France, et, de concert avec Gauthier de Juppleu, avoué de Huy, Collignon, mayeur de Namur, il eut recours au *Voust*, à la *manie* (1) pour

(1) Le Voust, ou la Manie, rentrait dans le domaine de la sorcellerie. On se procurait une petite statue de cire dans laquelle, après des céré-

faire périr le roi et la reine. La cour de France, informée de ce qui se passait à Namur, en fut épouvantée, et prit des mesures avec l'évêque de Liége, entièrement dévoué à cette couronne, pour obliger Robert à sortir du pays. Pour éviter la guerre, la comtesse Marie fut obligée d'ordonner l'éloignement de son frère qui alla chercher un asile à la cour du duc de Brabant.

On l'y reçut avec les sentimens qu'inspire la générosité, mais sans consulter assez ceux que dicte la politique. Robert ne fut pas long-tems tranquille dans les états du duc. Quoiqu'on l'eût éloigné de Bruxelles, en lui assignant pour demeure la ville de Louvain et ensuite le château d'Argenteau, on n'en fut pas moins piqué en France lorsque l'on sut que Jean III donnait une retraite dans ses états à un prince banni du royaume, et regardé comme l'ennemi personnel du roi. On en fit porter des plaintes amères au duc, et l'on alla jusqu'à le faire sommer de remettre Robert en mains sûres pour être conduit à Paris. Le duc Jean ne pouvant déférer à cette sommation sans se déshonorer, répondit par un refus. Par là, il acheva d'irriter ce prince vindicatif et il attira sur son pays une guerre cruelle, que lui firent la plupart des princes, ses voisins, gagnés par Philippe-de-Valois, à qui il en couta des sommes immenses pour se venger du duc (1331).

Tous ceux que le duc Jean avait mécontentés saisi-

---

monies grotesques et avoir prononcé des mots barbares, on enfonçait une aiguille dans la persuasion que l'effet de cette piqûre se faisait sentir jusque dans le corps de la personne que la figure de cire représentait. On ressent autant de pitié que de dégoût en voyant la cour de France agitée par les terreurs qu'inspire une aussi grossière superstition. Il est vrai qu'en fait de crédulité et d'ignorance, cette cour l'a long-tems disputé au peuple. Ces deux extrémités de l'ordre social, dit Mr Arnault, sont à un égal éloignement du foyer des lumières qui sont le partage de la classe moyenne.

rent cette occasion pour l'attaquer. Il reçut tout à la fois des déclarations de guerre de Jean de Luxembourg, roi de Bohême, qui réclamait le duché de Limbourg; de Waleram de Juiliers, archevêque de Cologne; d'Adolphe, évêque de Liége; de Guillaume, comte de Hainaut et de Hollande ; de Rainaud, comte de Gueldre et de Zutphen; de Guillaume, comte de Juiliers; de Baudouin, archevêque de Trèves; de Louis, comte de Looz et de Chini ; de Thierry, comte de Clèves, et de Jean II, comte de Namur. Toutes les forces de ces princes auxquels le comte d'Eu, connétable de France, se joignit avec un corps de troupes françaises, s'assemblèrent à Fexhe, près de Liége en l'an 1332, et se divisèrent en trois corps pour pénétrer dans le Brabant.

Menacé par un si grand nombre d'ennemis, le duc ne perdit pas courage. Il trouva dans son énergie, et dans le généreux dévouement des Brabançons, les moyens d'opposer une puissante armée à celle des princes confédérés. Il fit approvisionner ses meilleures places, mit une forte garnison dans celle de Leau, et alla fièrement attendre l'ennemi dans une bonne position qu'il choisit près d'Heylissem.

Le comte de Hainaut, chargé d'années et d'infirmités, qui n'était entré dans cette ligue que parce qu'il y avait été forcé, se fit transporter en litière au camp du duc de Brabant, dans l'espoir d'éviter l'effusion du sang. Il le trouva disposé à faire la paix; mais il n'en fut pas de même des confédérés qui s'y refusèrent obstinément, et qui, malgré la supériorité de leurs forces, évitaient un engagement sérieux et se contentaient de parcourir le Brabant le fer et la flamme à la main. Touché de tant de calamités, le duc Jean fit sommer ses ennemis de mettre un terme à leurs massacres et à leurs dévastations, et de vider leurs différends dans une bataille rangée. Aussi lâches que cruels, ils refusèrent de combattre, et violèrent les lois de l'honneur et de l'humanité en continuant le cours de leurs dévastations. Le comte de Hainaut parvint pourtant à leur faire conclure une trêve de six semaines.

Cependant le comte d'Artois avait abandonné la Belgique de son propre mouvement, et s'était retiré en Angleterre. Étonné de la grandeur d'âme, de la valeur et de la générosité du duc Jean, qui avait préféré s'exposer à une ruine totale plutôt que de violer les lois de l'hospitalité, le roi de France, calmé d'ailleurs par le départ de Robert, désira avoir une entrevue avec son généreux ennemi. Ces deux princes se virent à Compiègne, où ils conclurent une alliance offensive et défensive, sous la condition que le duc épouserait la princesse Marie, fille du roi.

La trêve que l'on venait de conclure avec le duc de Brabant avait bien pu arrêter un instant le feu de la guerre, mais la plupart des princes confédérés étaient trop aigris pour se réconcilier de bonne foi avec lui, et presque tous songeaient à reprendre les armes à la première occasion.

Un évènement arrivé immédiatement après la conclusion de la trêve, leur permit de mettre leur projet à exécution. Le comte de Flandre avait acheté la seigneurie de Malines qui appartenait partie à l'évêque de Liége, et partie au jeune comte de Gueldre, du chef de Sophie Berthold, sa femme. Le duc de Brabant jaloux de voir un prince si puissant s'établir au milieu des ses états, avait pris le parti d'empêcher de tout son pouvoir la consommation de cet achat. La plupart des bourgeois de Malines pensaient à cet égard comme le duc. Ils n'aimaient pas les Flamands qu'ils traitaient d'étrangers, tandis, qu'unis avec les Brabançons, dont ils dépendaient pour leur commerce, ils les regardaient comme des frères et des compatriotes. Le duc Jean les entretenait dans ces sentimens favorables à ses vues, et trouvait d'autant plus de facilité à s'en faire écouter, que la partie de Malines qui appartenait au comte de Gueldre ressortissait du Brabant.

Les députés du comte de Flandre étant venus, dans ces circonstances, pour prendre possession de la seigneurie de Malines, les bourgeois les maltraitèrent et les chassèrent de leur ville. Satisfait de ce début, le duc se rendit sur les lieux, loua la conduite des habitans, et les assura de sa protection. Une pareille démarche ne pouvait manquer d'être suivie d'une rupture entre les Flamands et les Brabançons.

En effet, le comte de Flandre, irrité de cet incident, se prépara à la guerre, et envoya aux princes qui l'avaient récemment faite au duc, des ambassadeurs pour les engager à s'unir à lui contre leur ennemi commun. Le roi de Bohême, les archevêques de Trèves et de Cologne, l'évêque de Liége, les comtes de Hainaut, de Namur, de Looz, de Juiliers, de Gueldre et de Clèves se rendirent facilement aux sollicitations du comte de Flandre. Tous ces princes se réunirent à Valenciennes d'où ils déclarèrent la guerre au duc Jean. Les hostilités commencèrent peu de tems après (1334).

Pendant que le comte de Flandre entrait dans le Brabant par Termonde, qu'il brûlait Lippeloo et l'abbaye d'Afflighem, le roi de Bohême se jetait sur le Limbourg; le comte de Gueldre prenait Thielt, et les Liégeois s'emparaient de Landen, qu'ils livraient aux flammes. Le duc Jean n'avait que deux alliés, le duc de

Bar qui se trouvait déjà à Bruxelles, et le roi de France qui envoyait au secours des Brabançons une armée dont il avait confié le commandement au roi de Navarre. En attendant l'arrivée de ce puissant auxiliaire le duc de Bar s'établit à Vilvorde à l'effet de couvrir Bruxelles, et Jean III alla ravager les environs d'Alost. Un corps de cavalerie flamande s'étant avancé jusques aux portes de Bruxelles, fut surpris par le duc de Bar qui lui tua beaucoup de monde et fit cent cinquante prisonniers. Ce succès, quoique léger, fit perdre aux Flamands le désir de pénétrer dans le Brabant.

Revenu à Bruxelles, le duc Jean confia la défense des frontières du Brabant, du côté de la Flandre, à tous ses barons, puis, suivi du duc de Bar et de quatre mille chevaliers, il courut faciliter l'entrée du pays au roi de Navarre, qui lui était vivement disputée par le comte de Hainaut. Persuadé que le comte de Flandre n'oserait rien tenter sur le duché de Brabant, défendu par une armée française, il s'avança à marches forcées dans le Limbourg, et arriva devant Rolduc au moment où cette place venait de capituler. Il présenta la bataille à ses ennemis dans les plaines de Rolduc, mais ceux-ci la refusèrent et feignirent d'entrer en négociations. Apprenant bientôt qu'ils avaient rompu les ponts de la Meuse, et que les Liégeois se mettaient en mesure de lui couper la retraite, il prit brusquement la route de Maestricht, ravagea le comté de Looz et rentra dans ses états.

Dès qu'il eut rejoint le roi de Navarre, il voulut marcher de suite à l'ennemi, et porter la guerre dans les comtés de Clèves et de Juiliers; mais Philippe de Valois qui voulait éviter l'effusion du sang, obtint une suspension d'armes et engagea le duc et les princes confédérés à le choisir pour arbitre de leurs différents. Ils y consentirent et la paix fut arrêtée à des conditions que tout le monde accepta. Il y fut stipulé qu'en attendant que le roi pût s'assurer du droit des parties concernant la seigneurie de Malines, et prononcer un jugement arbitral, on mettrait dans cette ville une garnison française, commandée par le sieur de Péquigny. (2 août 1334). Ce prince différant trop long-temps au gré du comte de Flandre et du duc de Brabant de porter son jugement, ils le prévinrent par un traité particulier qu'ils firent entre eux. Ce traité fut un acheminement à la vente que fit, quelques années après, le comte de Flandre au duc de ses droits sur cette Seigneurie.

JACQUES D'ARTEVELDE.

Après la mort du roi de France Charles-le-Bel, Philippe de Valois et Édouard III, roi d'Angleterre s'étaient disputés la régence du royaume qui était un acheminement au trône, si la veuve du feu roi n'accouchait pas d'un enfant mâle. Édouard avait allégué comme un droit incontestable à la couronne de France, qu'il était fils d'Isabelle, sœur du dernier roi, tandis que son compétiteur n'en était que le cousin germain. Le prince français, de son côté, avait prétendu que la mère d'Édouard ne pouvait lui transmettre un droit qu'elle n'avait pas elle-même, puisque la loi salique s'y opposait formellement. A la suite de ces discussions, les pairs et les barons français s'étaient prononcés en faveur de Philippe qui avait pris la régence et ensuite la couronne, dès que la reine, en mettant au monde une fille, lui en eut donné le droit.

Les intrigues de Robert d'Artois, qui s'était retiré en Angleterre, réveillèrent dans l'âme d'Édouard le désir de régner sur la France. Mais comme il reculait devant ce hardi projet, Robert résolut de l'y forcer en blessant son amour propre. Un jour que ce dernier était à la chasse, son émérillon prit un héron, oiseau faible et craintif, emblème de la lâcheté. Robert retourne à Londres, fait rôtir le héron, le met entre deux plats d'argent, entre dans la salle où le roi avait rassemblé sa cour, et s'avance vers les chevaliers en disant : « Ouvrez les rangs, laissez passer les preux que l'amour » a surpris. Le héron est le plus couard des oiseaux; » je donnerai le héron au plus poltron d'entre vous; à » mon avis, c'est Édouard, déshérité du noble pays » de France, dont il était l'héritier légitime, mais le » cœur lui a failli, et, pour sa lâcheté, il mourra privé » de son royaume. » Édouard, furieux, jura sur le héron qu'avant six mois il défierait le roi de Saint Denis, et Robert d'Artois, profitant de ce moment d'entousiasme, appela les paladins d'Édouard à faire à leur tour des vœux sacrés sur l'oiseau. Vingt chevaliers, la main gantelée étendue sur le héron, jurèrent de porter le fer et la flamme en France. Tel fut le *vœu du héron* qui couta tant de sang à la France, à l'Angleterre et à la Belgique (1336).

Avant d'entreprendre une guerre qui paraissait devoir être aussi longue que sanglante, Édouard chargea l'évêque de Lincoln et deux chevaliers bannerets de venir sonder les dispositions des princes belges, et de les engager à se réunir à l'Angleterre contre la France.

Après plusieurs, conférences, ces députés parvinrent à attirer dans leur parti le duc de Brabant, les comtes de Hainaut, de Gueldre, de Clèves, de Juiliers, l'archevêque de Cologne, l'évêque de Liége, et le seigneur de Fauquemont. Le comte de Flandre, Louis de Névers, ayant résisté à toutes les séductions des envoyés d'Édouard, celui-ci qui voulait s'assurer l'appui des Flamands, menaça de ruiner leur commerce en défendant à ses sujets de leur fournir des laines. Il mit cette menace à exécution, et en peu de mois, les foulons, les tisserands, les drapiers se trouvèrent sans travail. Les Gantois effrayés se décidèrent en faveur des Anglais, mais Louis de Névers sut si bien manier les esprits qu'il les fit renoncer à leur résolution, et qu'il réussit à envoyer à Avignon des députés de toutes les villes de Flandre qui prêtèrent, entre les mains du souverain pontif, un nouveau serment de fidélité au roi de France.

Ce mauvais succès ne rebuta pas les envoyés du roi d'Angleterre. Convaincus qu'ils ne pourraient détacher Louis de Névers du parti français, ils songèrent à révolutionner la Flandre, et s'adressèrent à cet effet à Jacques van Artevelde, homme célèbre dont la gloire a été flétrie par des écrivains vendus au pouvoir ou soumis au clergé, et par ceux qui les ont copiés trop servilement.

Cet homme, que le comte de Ségur, d'après Froissard, peint comme un être grossier, de basse extraction, comme un tyran sanguinaire, enfin comme un autre Marius; cet homme issu d'une illustre famille de Flandre, avait été élevé à la cour de France en qualité de page, et avait suivi le comte de Valois dans ses voyages en Italie et à Rhodes. De retour dans sa patrie, il avait été effrayé des maux qui pesaient sur elle, et, résolu de secouer le joug de la France et de la noblesse, il s'était fait aggréger à la corporation des brasseurs, dont il avait obtenu le doyenné, afin de s'élever en descendant jusqu'au peuple. Souple, adroit, hardi, entreprenant, doué d'une énergie extraordinaire, d'une élocution facile, il savait entrainer le peuple, s'en faire aimer en se mettant à sa hauteur, et se placer audessus des grands par la force de son génie.

Artevelde, qui avait épousé les ressentimens de Robert d'Artois, et médité le soulèvement de la ville de Gand contre le comte Louis de Névers, s'allia avec le roi Édouard, avec qui il fit un traité de commerce très avantageux pour les villes de Gand, de Bruges et d'Ypres. Toute la Flandre, entraînée par l'exemple de ce tribun populaire, le reconnut pour son chef, et embrassa le parti de l'Angleterre.

PRISE DE L'ÎLE DE CADZANT.

Pendant le cours de ces négociations, Philippe de Valois s'apprêtait à la guerre, et se mettait en mesure de disputer vivement la couronne de France au roi d'Angleterre. De concert avec Louis de Névers, il chargea Gui de Flandre, bâtard de ce dernier, d'aller avec un corps d'élite Flamand, et plusieurs chevaliers, occuper l'île de Cadzant, et défendre le passage de l'Escaut.

Dès qu'Édouard eut connaissance de ces dispositions,

il conçut le projet de faire attaquer l'île, et d'empêcher le bâtard de Flandre de s'y fortifier. Il donna des ordres, et bientôt une flotte cingla vers l'Escaut occidental. Arrivée à la vue de l'île, le 10 novembre 1336, l'escadre anglaise se mit en ligne, et les trompettes donnèrent le signal du combat. L'apparition de cette flotte avait donné l'alarme aux Flamands ; ils s'étaient portés sur les digues et sur les dunes, bannières déployées, et là, ils attendaient fièrement que leurs ennemis vinssent les attaquer. Les archers anglais, montés sur des bâtimens légers, s'approchèrent des côtes, et commencèrent l'attaque en lançant sur les soldats de Gui une grêle de traits et de pierres. Ceux-ci se défendirent courageusement, et s'opposèrent long-tems au débarquement des insulaires ; mais un gros vaisseau s'étant approché du port, les troupes qui étaient à bord accablèrent les Flamands d'une si grande quantité de projectiles, qu'elles les forcèrent à reculer. Alors, le navire s'avance, il jette l'ancre, les barons et les chevaliers anglais s'élancent sur le rivage, tombent sur les Flamands à coups de lance, d'épée et de haches et les contraignent à s'éloigner. Rien ne s'opposant plus au débarquement, les soldats d'Édouard prennent terre, et les navires se placent en observation sur les côtes de l'Océan et dans l'Escaut occidental.

Les Anglais avaient opéré leur débarquement, mais l'île restait à conquérir. Dans cet état de choses, Gui de Flandre réunit toutes ses troupes en un seul corps et s'avance vers l'ennemi qui s'était mis en mesure de bien le recevoir. On s'attaque avec fureur, on se bat corps à corps, on déploie des deux côtés le même acharnement et la même valeur, mais enfin, accablés par le nombre, les Flamands succombent, et laissent vingt-six chevaliers et trois mille des leurs sur le champ de bataille. Maîtres de l'île, les Anglais la pillèrent, la livrèrent aux flammes, et conduisirent dans leur pays le bâtard de Flandre qui avait été blessé pendant l'action. Séduit par les caresses d'Édouard, Gui oublia son père et sa patrie, et se déshonora en prêtant foi et hommage au roi d'Angleterre.

Louis de Névers qui était resté fidèle à la cause de Philippe de Valois, se rendit à Courtrai et de là à Bruges, dans l'espoir de déjouer les intrigues de d'Artevelde, et de ramener le peuple à son autorité. Ses prières ni ses menaces n'ayant pu vaincre l'obstination des Flamands, il fit arrêter un notable de Courtrai, nommé Zegher, et l'envoya à Rupelmonde où il périt sous la hache du bourreau. Cet acte de sévérité irrita tellement les Gantois, qu'ils envoyèrent des troupes à Bruges pour forcer les habitans de cette ville de s'allier avec le roi d'Angleterre. Influencés par les agens de Jacques d'Artevelde, ceux-ci jurèrent de faire cause commune avec les Gantois (1337).

Instruit de ce qui se passait à Bruges, le comte de Flandre y courut avec un corps de cavalerie; mais dès qu'il fut entré dans la ville, le peuple se souleva, fit arme de tout ce qui lui tomba sous la main, et attaqua les troupes du comte. Le combat fut long et terrible. Assaillis par une multitude d'ennemis, la plupart des cavaliers furent massacrés et le reste entraîna le comte Louis dans sa fuite, heureux d'échapper à la fureur de ses sujets.

Dès cet instant, Artevelde fut le souverain de la Flandre. Il rappela les hommes bannis, destitua les magistrats, et fit arrêter plusieurs nobles qu'il retint comme des garans de la conduite des gens de leur caste.

Dans l'espoir qu'il pourrait effrayer les Flamands, le roi de France les fit excommunier par l'évêque de Senlis, mais ils se rirent des foudres de l'église, et quand le comte vint à Gand, ils l'arrêtèrent et le forcèrent de rester. Il ne se tira de leurs mains qu'en portant les couleurs des Anglais, et feignant de se ranger au parti d'Édouard.

Artevelde croyant le moment propice pour attacher les peuples à la cause du roi d'Angleterre, l'engagea à se rendre en Belgique. Ce prince qui avait fait d'immenses préparatifs, quitta les rivages de la grande Brétagne, et arriva à Anvers avec une flotte de trois cent cinquante vaisseaux. Dès qu'il eut foulé le sol de la Belgique, il fit convoquer à Hal une assemblée où se trouvèrent les principaux seigneurs. Il y fut décidé que pour colorer l'aggression des Belges contre la France, Édouard demanderait à l'empereur, Louis de Bavière, le titre de vicaire de l'empire; qu'aussitôt qu'il serait revêtu de cette dignité, il demanderait aux Français la restitution du Cambrésis dont ils s'étaient emparés, et, que s'ils s'y refusaient, on leur déclarerait la guerre (1338).

Édouard se rendit à Cologne quelque tems après la dissolution du congrès de Hal. Là, en présence de quatre grands ducs, de trois archevêques et d'une foule de barons, l'empereur accusa Philippe de Valois d'avoir forfait à l'honneur, et déclara qu'il était exclu de la protection de l'empire. Il donna ensuite à Édouard la charge de vicaire, et exigea, qu'à ce titre, il se prosternât et lui baisât la main; mais le fier Breton irrité lui répondit qu'il était indépendant de tout pouvoir humain, et qu'il ne s'abaisserait devant aucun souverain. Confondu par cette fierté, l'empereur le dispensa de cette cérémonie, et se hâta de s'éloigner de cet hôte incommode. A la demande d'Édouard, l'empereur érigea en duchés les comtés de Gueldre et de Juiliers.

Dans le courant de juin 1339, l'armée alliée se réunit à Malines, et tous les souverains qui avaient embrassé la cause d'Édouard chargèrent l'évêque de Lincoln d'aller porter leur déclaration de guerre au roi de France. Immédiatement après, l'armée se mit en marche, traversa le Brabant et le Hainaut et alla mettre le siège devant Cambrai. Les habitans se défendirent pendant plusieurs mois avec autant de courage que de vaillance; l'hiver approchant, force fut au roi d'Angleterre de se retirer. Les comtes de Hainaut et de Namur accompagnèrent Édouard jusqu'aux rives de l'Escaut, et là ils lui déclarèrent qu'ils l'avaient suivi devant Cambrai parce qu'étant princes de l'empire ils devaient obéissance au vicaire de l'empereur, mais que la guerre n'ayant plus pour objet d'enlever cette place aux Français, ils quittaient son service, et allaient combattre sous les étendards de Philippe de Valois.

Le roi d'Angleterre entra en France, et se mit à ravager le pays sur lequel il voulait régner, manière étrange de s'attirer l'affection des peuples. Cependant Philippe de Valois qui avait réuni une armée de cent mille hommes, vint audevant des alliés et prit position à Virons-Fosse, en face de troupes ennemies, dont il était séparé par un marais. C'est en parlant de cette armée que Froissart dit : » Si vous dis pour certain, » en vérité, qu'on ne vit oncques si belle assemblée de » grands seigneurs et de gens de guerre qu'il y eut là. »

Le monarque anglais envoya un héraut à Philippe, et lui demanda de fixer un jour pour donner bataille.

Il accepta, et l'on convint de combattre le vendredi suivant au lever de l'aurore. Des deux côtés, les princes, les officiers et les soldats se confessèrent et communièrent; puis, après cet acte religieux, Édouard et Philippe parcoururent leurs lignes et les haranguèrent pour enflammer le courage des soldats. On ne se battit pourtant pas, car plusieurs barons français se rappelant que le vendredi était un jour néfaste, à cause de la mort de Jésus Christ, ils représentèrent au roi qu'il y aurait imprudence à livrer bataille un pareil jour. Le lendemain, samedi, la cavalerie était trop fatiguée, le surlendemain elle manquait de fourrages, et enfin, le quatrième jour, Philippe de Valois assembla un conseil de guerre pour aviser de quelle manière on passerait le marais qui séparait les deux armées.

Pendant qu'on délibérait, Philippe reçut une lettre de Robert, roi de Sicile, que l'on regardait comme un grand Astrologue, par laquelle il le conjurait de ne pas combattre à une époque où les astres le menaçaient d'un revers. Un lièvre que les avant-postes français aperçurent mirent fin aux indécisions du roi de France, qui vit dans ce timide animal un sinistre présage. Décidé à ne point livrer bataille Philippe de Valois s'occupa pendant cette journée à créer plusieurs chevaliers, que le peuple français nomma ironiquement les chevaliers du lièvre.

Édouard ne concevant rien à l'inaction des Français, s'imagina qu'ils voulaient ruiner son armée par la disette; il se retira sur Avesnes d'où il licencia ses troupes. Le roi de France en fit autant; mais mécontent des hésitations du comte de Hainaut, il n'écouta que son ressentiment et dévasta les états de ce prince. Le comte, indigné, lui déclara la guerre, et chargea

Thibaut abbé de Crespi de lui porter un cartel, Philippe répondit à cette déclaration. » Le comte de Hai-
» naut, mon neveu, est un fou qui s'expose à faire
» bientôt arder (brûler) tout son pays. » Mais ce fou prouva qu'il était dangereux, car il se vengea cruellement de cette insulte.

FLANDRE ET BRABANT.

Artevelde craignant que la Flandre ne fût exposée à la vengeance du roi de France si ce dernier se réconciliait avec Édouard, engagea les principales villes de ce pays à lui envoyer une députation pour lui proposer la paix, sous la condition qu'il rendrait au comté de Flandre les villes de Lille, de Douai et d'Orchies. Philippe fit un bon accueil à ces députés, et chargea Louis de Névers de se rendre dans ses états afin d'engager les Flamands à se relâcher sur ces prétentions. Ce dernier vint à Gand, mais il ne put vaincre leur obstination.

Un congrès fut convoqué à Bruxelles vers la fin de novembre 1339; tous les souverains de la Belgique s'y rendirent, et Artevelde y parut avec les magistrats des principales villes de Flandre. On y décida qu'Édouard, pour s'assurer du concours des Flamands, les aiderait à reconquérir les villes de Lille, de Douai et d'Orchies; mais comme les députés de Flandre alléguaient qu'ils étaient liés au roi de France par le serment qu'ils avaient prêté entre les mains du pape, Artevelde détruisit cet honorable scrupule en engageant Édouard à prendre le titre de roi de France. Ce prince s'étant rangé à cet avis, les objections des Flamands tombèrent d'elles-mêmes, et ils jurèrent fidélité à leur nouveau souverain.

L'adroit Artevelde pensant qu'il était urgent de s'attacher par des liens plus solides la foi chancelante du duc de Brabant, convoqua un nouveau congrès à Gand, où se trouvèrent le duc Jean, et les députés des villes de Bruxelles, Louvain, Anvers, Bois-le-duc, Nivelles, Tirlemont, Gand, Bruges, Ypres, Courtrai, Alost et Grammont. Louis de Névers s'y rendit également; mais à peine y fut-il arrivé qu'il se vit gardé à vue, et contraint de feindre d'être du même avis que ses sujets, qui obéissaient aveuglément aux ordres d'Artevelde. Le 3 décembre 1339, on y conclut un traité où il fut stipulé :

1° Qu'il y avait alliance perpétuelle entre le duc de Brabant, le comte de Flandre et les villes que nous venons de citer.

2° Qu'ils se prêteraient à leurs propres dépens, un secours mutuel.

3° Qu'aucun des deux princes ne pourrait faire la guerre ni la paix sans le consentement de l'autre.

4° Que les Flamands et les Brabançons seraient placés sous la protection du duc et du comte, et que le commerce serait libre dans les deux états.

5° Qu'ils feraient frapper une monnaie qui aurait cours en Flandre et dans le Brabant.

6° Que s'il s'élevait quelque discussion entre ces princes, elle serait décidée par un conseil formé des députés des villes.

7° Que si l'un de ces princes violait le traité, ses sujets ne lui payeraient plus d'impôts.

8° Que si l'une ou l'autre des villes y contrevenait, les deux princes, aidés des villes, forceraient la ville rébelle à rentrer dans l'ordre.

9° Qu'enfin, des députés s'assembleraient trois fois par année à Gand, à Bruxelles et à Alost, pour décider sur les divers changemens qu'il serait nécessaire d'apporter à ce traité.

Après la ratification de cet acte, Artevelde et le duc de Gueldre se rendirent dans toutes les villes de Flandre, et leur firent prêter serment de fidélité au roi d'Angleterre, en sa qualité de suzerain.

Résolu de pousser la guerre avec vigueur l'année suivante, Édouard retourna dans la grande Brétagne à l'effet d'y faire de nouvelles levées, et laissa à Gand la reine et ses enfans qui devinrent de précieux ôtages pour les Flamands.

» Le comte Louis, dit Oudegherst, nonobstant
» la bonne mine qu'il monstrait, n'estoit un seul
» brin content d'estre ainsi detenu et gouverné à
» l'apétit de ses propres vassaulx, cherchait toujours
» voies à luy possibles pour soy retirer d'entre leurs
» mains. » Ayant fait préparer un festin magnifique, il feignit d'aller chasser au faucon en attendant l'arrivée des invités, et parvint à s'évader et à gagner la France.

Pendant l'hiver de l'an 1339, un corps de troupes françaises qui sortit de Tournai, ravagea le pays jusqu'aux portes de Courtrai, et enleva une immense quantité de bétail. Artevelde qui avait juré d'en tirer vengeance, se concerta avec les comtes de Suffolk et de Salisbury, donna l'ordre de concentrer des troupes au Pont-de-Fer, entre Audenarde et Tournai, dans le but d'aller assiéger cette dernière ville. Les deux comtes partirent d'Ypres avec cinquante lances (¹), et, guidés par un chevalier flamand, nommé Wafflart, ils se dirigèrent vers le Pont-de-fer. Mais le seigneur de Roubais, qui commandait à Lille, instruit de leur approche leur tendit une embuscade et les enleva tous deux. Wafflart qui se tira assez adroitement de la mêlée, se hâta d'informer Artevelde de cet événement; celui-ci, découragé, renonça au siége de Tournai et renvoya ses troupes.

Le roi de France désireux de détacher les Flamands du parti de l'Angleterre, leur fit dire que s'ils voulaient se réunir à lui, il leur ferait la remise de leurs dettes et de leurs obligations; qu'il ferait lever l'interdit qui pesait sur la Flandre, et qu'il leur accorderait la liberté du commerce avec les Anglais et les Français. » Non, répondirent-ils à l'envoyé de Philippe de Va-
» lois, nous sommes libérés de tout ce que nous avons
» pu devoir au roi de France; nous ne voulons com-
» mercer qu'avec les Anglais; déjà leur roi nous a ac-
» cordé tout ce que Philippe nous promet, et nous
» nous en contentons. »

Irrité de la réponse insolente des Flamands, Philippe de Valois, qui s'était reconcilié avec la cour de Rome, fit lancer par le Pape une sentence d'excommunication contre la Flandre; mais Édouard calma la terreur superstitieuse de ces peuples, en assurant qu'il leur enverrait bientôt des prêtres qui desserviraient les autels malgré la défense du Saint Siége. Secondé par cette promesse, Artevelde parvint à retenir les peuples dans la révolte, et, en attendant l'arrivée des Anglais il ravagea le Tournaisis. De quelque part que

---

(1) Chaque lance, ou gendarme, avait sous ses ordres deux archers et un coutelier; et était ainsi composée de quatre hommes.

vinssent les hostilités, le peuple était toujours victime des sanglantes querelles des gouvernans.

CAMPAGNE DE 1340.

Le roi de France désespérant de vaincre l'opiniâtreté des Flamands, entra en campagne au commencement du mois de mai. Son fils Jean, duc de Normandie, rassembla des troupes dans le Cambrésis, entra dans le Hainaut, brûla Haspres et porta la désolation jusqu'aux portes de Chimay.

Le comte de Hainaut, de son côté, courut assiéger Aubenton, place bien palissadée et défendue par de bons retranchemens. Les Français la défendirent courageusement; mais le comte ayant divisé ses troupes en trois corps, l'attaqua avec tant d'impétuosité qu'elle fut enlevée d'assaut, pillée et brûlée. Mauberfontaine, les deux Segnys et plus de quarante villages ou hameaux furent également réduits en cendres.

Forcé par le comte de lever le siège qu'il avait mis devant le château d'Escaudœuvre, le duc de Normandie alla investir Thun-l'Évêque, petite ville située sur la rive gauche de l'Escaut, entre Bouchain et Cambrai, dont les troupes du comte s'étaient emparées par surprise. Quoique les Français fussent sans cesse harcelés par la garnison de Bouchain, ils battirent la place avec des machines de guerre, que l'on nommait *Eingeins* ([1]),et qui lançaient à deux cents pas d'énor-

[1] C'est de là qu'est venu le mot ingénieur. Si l'on en croit Froissart l'artillerie était déjà connue en 1340, car il assure que les Français s'en servirent au siège du Quesnoy.

mes pierres qui abattaient les tours et les toits. Un capitaine anglais, et deux fils naturels du comte de Namur, qui s'étaient jetés dans la ville, s'y défendaient avec tant d'intrépidité, que le duc de Normandie désespérant de s'en rendre maître, réalisa l'idée atroce de lancer dans la place, avec des engins, les membres des animaux qui mouraient dans le camp. Alors, une affreuse contagion détermina la garnison à capituler. Elle promit de se rendre dans un terme de quinze jours si elle n'était secourue avant cette époque.

Cependant les ducs de Brabant et de Gueldre, le comte de Hainaut, et d'Artevelde à la tête de soixante mille Flamands s'avançaient au secours des assiégés. L'armée belge, campée en face de celle des Français qui était plus nombreuse et qui avait l'avantage de la position, présenta vainement la bataille au duc de Normandie, celui-ci s'obstina à rester dans ses retranchemens, et à serrer la place de manière à empêcher l'entrée des secours que l'on serait tenté d'y jeter. Dans cet état de choses, le comte Guillaume chargea Jean de Boissy, prévôt de Valenciennes, de prendre le commandement d'un corps que l'on fit embarquer sur plusieurs bateaux, de remonter le cours de l'Escaut, et de feindre d'attaquer le camp des Français. Boissy obéit; les Français coururent à sa rencontre, et pendant qu'ils cherchaient à s'opposer au débarquement des Belges, la garnison de Thun-l'évêque mit le feu à la place, et parvint à rejoindre l'armée alliée.

Les Belges et les Français n'étant séparés que par l'Escaut, le comte de Hainaut fit de nouveau présenter la bataille au duc de Normandie; mais Philippe de Valois, qui était venu rejoindre son fils, s'y opposa formellement, et fit répondre au comte qu'il combattrait

quand il lui plairait de le faire et qu'il mettrait, en attendant, le Hainaut à feu et à sang. Guillaume s'imaginant que la crainte seule retenait les Français dans leur camp, fit assembler un conseil de guerre à qui il soumit la question de savoir si l'on attaquerait l'ennemi. Le duc de Brabant fut d'un avis contraire : » Nous
» avons promis foi, amour et aide au roi d'Angleterre,
» dit-il; si nous combattions sans lui, et que la fortune
» nous fût contraire, il n'aurait nul confort de nous; je
» vous conseille donc, beau fils, de partir d'ici, car
» vous y séjournez à moult grands frais, et que chacun
» s'en aille en son lieu, car dans dix jours vous verrez
» Édouard. » La plupart des seigneurs ayant été de cet avis, l'armée leva le camp et se dispersa. Artevelde et le comte Guillaume chargèrent seulement quelque cavalerie de surveiller les mouvemens des Français.

BATAILLE NAVALE DE L'ÉCLUSE.

Pendant que Philippe de Valois songeait à assiéger Bouchain, ses succès peu décisifs furent balancés par une défaite sanglante qui eut lieu près du port de l'Écluse. Édouard, qui avait fait des préparatifs immenses, quitta les ports de la grande Brétagne avec une flotte de deux cent quarante vaisseaux, et cingla vers les côtes de Flandre. Arrivé à hauteur de l'Écluse le 23 juin, il trouva le passage de l'Escaut fermé par une escadre française composée de quatre cents navires, et commandée par les amiraux Kiriet et Bahuchet, divisés par une funeste jalousie.

Quoique sa flotte fût beaucoup inférieure à celle des Français, Édouard ne balança pas à livrer le combat. Il prit immédiatement les dispositions nécessaires, envoya sur les derrières plusieurs bâtimens qui avaient à bord des dames anglaises qui venaient à Gand rejoindre la cour de la reine, et donna le signal de l'attaque.

A huit heures du matin, pendant que des navires légers approchaient de l'escadre Française, et que les archers qu'ils avaient à bord lançaient des traits sur les vaisseaux ennemis, le roi d'Angleterre manœuvra de manière à se placer sous le vent, et dès qu'il l'eut en poupe il attaqua vivement la ligne ennemie. Alors une grêle de pierres et de traits sembla vouloir obscurcir le jour; des soldats s'efforcèrent, des deux côtés, de déchirer les voiles de l'ennemi avec de longues faulx, de larges flèches; d'habiles plongeurs cherchèrent à percer sous l'eau les flancs des navires, et tandis que les Français jetaient leurs grappins pour sauter à l'abordage, les Anglais, plus habiles dans leurs manœuvres, poussaient leurs adversaires sur les côtes dans l'espoir de les y faire échouer. Les vaisseaux s'abordèrent; on se battit comme si l'on eût été sur terre; le carnage fut affreux, et la victoire opiniâtrement disputée. Déjà Édouard avait été blessé par une flèche; déjà l'amiral Kiriet était tombé sur son bord, lorsque, vers cinq heures du soir, une escadre flamande parut et vint se ranger du côté des Anglais. Elle décida du sort de la journée. Ranimés par ce renfort inattendu, ces derniers attaquent leurs ennemis avec une nouvelle ardeur; le navire monté par Bahuchet est enlevé; deux cents vaisseaux français sont pris ou coulés, et trente mille hommes de cette nation

BATAILLE NAVALE DE L'ESCAUT.

sont inhumainement massacrés ou noyés. Bahuchet tombé vivant au pouvoir des Anglais ne survécut guère à sa défaite : Édouard eut la férocité de faire pendre ce malheureux guerrier au grand mât de son vaisseau.

Peu de jours après, le roi d'Angleterre fit son entrée à Gand où il fut reçu avec le plus grand enthousiasme. Tous les souverains de la Belgique vinrent le féliciter sur sa victoire, et pas un mot, peut-être, ne fut pro-prononcé en faveur des Flamands qui l'avaient décidée. Quoiqu'il en soit, elle lui coûtait cher, car, au rapport d'Oudegherst, » il perdit en icelle bataille ma-» rine la fleur de sa noblesse anglaise, et bien neuf » mille des plus gentils compagnons de sa trouppe. ».

De Gand, Édouard se rendit à Vilvorde, où un congrès avait été convoqué. Tous les seigneurs belges, Artevelde, les députés des bonnes villes du Brabant, de la Flandre et du Hainaut s'y trouvèrent, et il y fut arrêté que désormais ces trois pays se prêteraient un appui mutuel. On y décida également que l'on commencerait les opérations de la campagne prochaine par le siège de Tournay.

Découragé par la destruction de sa flotte, le roi de France leva le siège de Bouchain et se retira. Le duc de Normandie, accompagné de Louis de Névers, s'approcha du Quesnoy et tenta d'enlever cette place, mais les bourgeois tirèrent sur les Français un si grand nombre de coups de canon et de bombardes qu'ils les forcèrent à se retirer [1].

---

[1] L'invention de la poudre était récente, dit Mr de Ségur; mais comme on ignorait l'art de faire mouvoir les canons, on ne s'en était encore servi que du haut des remparts de quelques villes assiégées.

SIÉGE DE TOURNAY.

Vers la fin de juillet, Édouard se mit à la tête d'un corps de vingt cinq à trente mille Anglais, quitta Gand, passa l'Escaut à Audenarde, et vint camper devant Tournay. Quelques jours après, le duc de Brabant le rejoignit avec vingt mille hommes; le comte de Hainaut lui amena un corps nombreux de cavalerie hollandaise et d'infanterie walonne; les villes d'Ypres, de Poperinghe, de Cassel et de Berg lui envoyèrent leur contingent de troupes, et d'Artevelde parut avec quarante mille Flamands. Toutes ces forces réunies formèrent une armée de plus de cent vingt mille hommes avec laquelle il investit Tournay.

Le roi de France qui se défiait des projets de son ennemi, avait jeté quatre mille hommes de cavalerie et dix mille d'infanterie dans cette place, et mit de fortes garnisons dans celles qui étaient situées sur toute la frontière. Il prit position avec le reste de ses troupes entre Lille et Douai, afin de conjurer l'orage qui le menaçait, et d'être à même de se porter rapidement où les circonstances l'exigeraient.

Vainqueur sur mer, et à la tête d'une armée aussi belle que nombreuse, Édouard se livrant à l'espoir de la plus glorieuse campagne, chargea le comte d'Artois d'aller insulter Saint-Omer. Il y fut et ravagea le pays, mais le duc de Bourgogne le surprit, le battit et tailla ses troupes en pièces. Vaincu et blessé, le funeste auteur de cette guerre fut poursuivi jusqu'à Cassel. Il eut le bonheur d'échapper à ses compatriotes et de s'embarquer pour l'Angleterre. Il y mourut des suites de ses blessures.

Encouragé par l'échec que l'armée venait de recevoir, le roi Philippe se rapprocha de Tournay, et vint camper à deux lieues de cette ville ; mais sachant bien que la couronne de France était le prix destiné au vainqueur, il n'osa risquer une affaire décisive. Édouard que cet état d'incertitude embarrassait, et qui se voyait sans cesse harcelé par l'armée française, envoya proposer à Philippe de vider leur querelle par un combat singulier. Voici la teneur du cartel qu'il lui adressa.

» A Philippe de Valois. — Si desirons moult que
» brief point se prit pour eschaver mortalité de chré-
» tiens. Insi comme la querelle est apparaunte à vous
» et à nous que la discussion de notre chalaunage (de
» notre querelle) se fist entre nos deux corps, laquel-
» le nous vous offrons pour les causes susdites. Com-
» ment que nous pensons bien, la grande noblesse de
» vostre corps, de vos sens aussi et avisement y ac-
» quiescera. Mais en cas que vous ne vourriez cette
» voie que à donc fut mis votre chalaunage pour af-
» finer icelle par bataille de corps, de cent personnes
» des plus suffisantes de votre part, et nous autres tout
» de nos gens liges. Et si vous ne voillez l'une voie ne
» l'autre, que vous nous assigniez certaine journée de-
» vant la cité de Tournay, pour combattre poer con-
» tre poer dedans ces dix jours prochains après la
» date de ces lettres. »

» De Chayn, sur les champs de Tournay, le 26ᵉ
» jour du mois de Juillet 1340, de notre règne en
» France primaire, et en Angleterre quatorzième. »

Philippe répondit que ce cartel étant adressé à Philippe de Valois, et non au roi de France, il ne lui était pas destiné et ne devait aucune réponse ; au reste, ajouta-t-il, » Notre entente cy est, quand bon nous » semblera, de vous jeter hors de notre estat, à l'honneur » de nous et de notre royaume et en profit de » notre peuple, et à ce faire avons ferme espérance en » Jésus Christ dont toute puissance nous vient » (1).

Cependant la garnison de Tournai était exposée à la plus affreuse disette; elle faisait de fréquentes sorties, soutenait des assauts meurtriers, et n'avait pas d'espoir d'être secourue par Philippe qui n'en était éloigné que de deux lieues, par Philippe, à qui l'occasion d'écraser son ennemi se présenta toujours, et qui ne sut jamais en profiter. Livrée à ses propres ressources, elle fut contrainte de faire sortir de la ville toutes les bouches inutiles. Une foule de vieillards, de femmes, d'enfans, trainant à peine leurs corps épuisés par la faim, furent chassés de leurs demeures. Le duc de Brabant aussi généreux que les généraux ennemis étaient inhumains, recueillit toutes ces malheureuses victimes de la guerre et leur procura des secours.

Décidé à faire lever le siége de Tournai, le roi de France vint se jeter sur Bouvines où il établit son camp, mais un corps de Flamands conduit par le sire de Scoinevorst, l'attaqua un jour avec tant d'impétuosité que peu s'en fallut que Philippe ne fût pris. Les Français coururent aux armes et repoussèrent facilement ce faible corps, mais ils ne purent empêcher que la majeure partie de leur camp ne devînt la proie des flammes.

(1) Daniel et Choisi ont défiguré cette réponse en voulant l'enjoliver. Ils font dire à Philippe » qu'il accepte le défi si Édouard veut mettre au jeu le royaume d'Angleterre contre celui de France. » Il n'y a pas un mot de cela dans la réponse de Philippe de Valois, qui est toute entière dans le recueil des actes publics d'Angleterre, Tome II, part. 4, page 80.

Le comte de Hainaut, de son côté, ayant brûlé Marchiennes et Saint Amand, et menaçant de faire en France une terrible diversion, le roi Philippe prit le parti de recourir à l'intervention de sa sœur, Jeanne de Valois, comtesse douairière de Hainaut, et belle-mère d'Édouard, qui avait pris le voile à l'abbaye de Fontenelle. A la sollicitation de son frère cette pieuse princesse sort de son couvent, se présente dans les deux camps, et conjure les deux monarques et les grands qui les entourent de cesser de verser le sang chrétien. On cherche en vain à lui résister; inspirée par le Dieu à qui elle s'est vouée, elle ébranle, elle émeut ceux qui l'écoutent, fait taire la haine et l'orgueil, parvient à faire ouvrir des conférences pacifiques, et à conclure une trêve de deux ans.

MORT DE D'ARTEVELDE.

Après la trêve de Chain, les deux monarques licencièrent leurs armées; Édouard retourna en Angleterre, et Louis de Nevers revint à Gand dans l'espoir de détruire la puissance de d'Artevelde, et de régner en maître. Mais s'apercevant bientôt qu'elle était établie sur des bases trop solides pour pouvoir la renverser de prime-abord, il prit le parti de semer des germes de division entre les diverses villes et les différentes corporations, et d'aller attendre en France le fruit de ses intrigues.

Jean de Steenbeck, bourgeois de Gand, séduit par

les promesses du comte, et jaloux de la puissance de d'Artevelde, chercha à soulever les Flamands contre celui-ci ; cela lui était d'autant plus facile qu'il existait une funeste rivalité pour la fabrication des draps entre les villes du premier et du second ordre, et que déjà celles d'Ypres et de Poperinghe en étaient venues aux mains.

Bientôt les partisans de Steenbeck firent entendre des murmures ; ils se plaignirent que la prospérité avait corrompu les mœurs de d'Artevelle, et ils lui reprochèrent de s'être fait bâtir une maison magnifique au *Paddenhoek* ; comme s'il ne pouvait être permis à ceux qui sont au pouvoir de se mettre à la hauteur du rang qu'ils occupent. Sachant que sa vie était menacée par les partisans du comte, d'Artevelde ne sortit plus que suivi d'une garde, et, soudain, on transforma cette garde en une bande d'assassins qui assommaient en un clin d'œil tous ceux que le tribun rencontrait sur son passage. Quand Steenbeck crut son parti assez fort, il chercha d'Artevelde, le rencontra sur la place publique l'apostropha hautement, et lui reprocha d'avoir violé son serment et ses promesses. Si ce dernier ne sortait qu'accompagné de quatre-vingts à cent assassins comme l'affirment plusieurs historiens, s'il était, comme ils le disent, un tiran sanguinaire, comment se fait-il que Steenbeck n'ait pas payé de sa vie et son insolence et ses impostures ! Artevelde pouvait se débarasser sur le champ d'un ennemi dangereux, et il ne le fit pas. Au contraire, cet homme qui, selon plusieurs écrivains, ne suivait d'autres lois que celles de son caprice, cet homme demanda des juges, et souffrit que les magistrats de Gand, l'incarcérassent avec son calomniateur. Ils furent arrêtés tous deux et l'on instruisit leur procès. Mais bientôt des députations de toutes les villes de Flandre se présentèrent devant Gand bannières déployées, et vinrent réclamer l'élargissement de l'homme célèbre qui s'était élevé au pouvoir par son génie et son patriotisme. Le parti des nobles comprimé dans la capitale par cette manifestation populaire, permit aux Gantois d'ouvrir leurs portes à toutes ces députations et d'aller les recevoir. Un tyran aurait profité de cette circonstance, pour écraser ses ennemis; d'Artevelde, au contraire, attendit tranquillement l'arrêt de ses juges. Il fut bientôt connu; Steenbeck et cinquante de ses complices furent bannis de la Flandre, et le Ruwaert réintégré dans ses hautes fonctions.

Voyant son autorité raffermie, d'Artevlde voulut en profiter pour arracher sa patrie au joug des Français, et la rendre libre et indépendante. A cet effet, il proposa au roi d'Angleterre d'ériger la Flandre en duché et d'en donner la souveraineté au prince de Galles, fils aîné de ce prince. Édouard, qui ne demandait pas mieux, vint en Flandre sur le champ; mais les partisans du comte s'agitèrent de telle manière, qu'ils parvinrent à soulever deux puissantes corporations (celles des tisserands et des foulons) l'une contre l'autre, et à mettre un obstacle insurmontable à l'accomplissement d'un projet si avantageux au commerce des Flamands.

Le lundi 2 Mai 1345, le doyen Gerard Denys, séduit par l'or du comte Louis, vint en armes, à la tête de ses tisserands, se ranger sur le marché au Vendredi. Jean Baka, doyen des foulons, s'y rendit également avec les siens, et ils s'y livrèrent un funeste combat. On chercha vainement à séparer ces furieux; ils méprisèrent les ordres des magistrats, et n'eurent aucun égard à la présence du saint sacrement que les prêtres portèrent sur la place dans l'espoir de mettre fin à cette affreuse boucherie. Jean Baka et quinze cents foulons y perdirent la vie ; on chassa les autres de la ville, et on réduisit dit Oudegherst « le dict mestier des foullons à « neant. » Les Flamands donnèrent à ce jour le nom *Den quaden maendach*, le mauvais Lundi.

Malgré la destruction des foulons, Artevelde n'en poursuivit pas moins son projet. Il alla trouver Édouard à l'Ecluse, et se rendit dans les principales villes de Flandre afin de les engager à prononcer la déchéance de Louis de Névers ; mais pendant qu'il était éloigné de Gand, les partisans du comte le représentèrent au peuple comme un ambitieux vendu à l'Angleterre, et parvinrent à le soulever.

Instruit de ce qui se passait à Gand, d'Artevelde y revint dans l'espoir que les factieux succomberaient sous le poids de son influence. Il rentra dans cette cité le 17 Juillet 1345, à cheval et vers le milieu du jour. Le peuple se porta en foule devant lui, mais cette fois, il vociféra contre le Ruwaert, et l'accompagna jusqu'à la porte de sa maison en l'injuriant et en proférant d'horribles menaces. Dès qu'il fut rentré chez lui, la foule assemblée devant sa porte s'écria : « Il faut le tuer ce scélérat, ce voleur ! » et soudain sa maison fut assaillie et ses domestiques massacrés. Dans cet état de choses, Artevelde met la tête à la croisée et veut haranguer la populace. Ses paroles sont étouffées par les cris d'une multitude de furieux ; craignant pour sa vie, il veut fuir, mais au même instant sa maison est envahie et Gérard Denys, doyen des tisserands lui fend la tête d'un coup de hache.

Tombé sous le fer des assassins, le malheureux d'Artevelde ne fut plus considéré que comme un vil brigand.

On flétrit sa mémoire, on le poursuivit jusque dans la tombe ; on lui imputa des crimes imaginaires, et, sans lui tenir compte du bien qu'il avait fait, on l'accusa de tous les malheurs de la Flandre.

Plus tard, des hommes qui écrivaient sous l'influence de la noblesse et du clergé ont répété ce tissu de calomnies et d'absurdités ; la vérité s'est enfin dégagée des ténèbres qui l'environnaient : Bossuet n'a pas pu s'empêcher de dire que d'Artevelde était *homme de bon conseil;* et Froissard lui-même, l'a justifié, sans s'en douter peut-être, en disant que « povres gens le
» montèrent premièrement, et méchantes gens le tuè-
» rent à la parfin. »

BATAILLE DE CRÉCY.

La fin tragique de d'Artevelde consterna les Flamands, et porta la désolation dans le cœur du roi d'Angleterre. Les villes de Flandre répudièrent toute participation à cet infâme assassinat, et envoyèrent à ce monarque des députés qui furent chargés de lui faire connaître toute l'étendue de la douleur publique.

Aussitôt que Louis de Névers apprit ce funeste événement, il revint en Flandre dans l'espoir de recouvrer son autorité ; mais voyant que l'indignation régnait dans tous les cœurs, il courut se renfermer dans Termonde qui venait de s'attacher à son parti. Les Gantois irrités ne lui laissèrent pas le tems de s'y fortifier; ils coururent aux armes, et, sous la conduite de Guillaume Van Warneweick, ils marchèrent contre la seule place que leur comte possédât en Flandre. Celui-ci ne les attendit pas; il sortit de la ville dès qu'il les vit s'en approcher et se réfugia à Bruxelles, laissant aux habitans le soin de se défendre. Ils soutinrent pendant quelque tems un siége régulier, et le duc de Brabant ayant interposé sa médiation, ils furent admis à capituler. On stipula dans la capitulation que les habitans de Termonde prêteraient serment de fidélité aux villes de Gand, de Bruges et d'Ypres; qu'ils seraient tenus de livrer trente-deux otages; qu'ils feraient aux murs de la ville trois brèches de quarante pieds de largeur; qu'enfin, et c'est ce qu'il y a de plus curieux, qu'ils ne pourraient fabriquer des étoffes que de cinq-quarts de large (1346).

Sur ces entrefaites, le roi d'Angleterre avait débarqué en Normandie avec trente mille hommes, et s'était dirigé sur Caen où il avait anéanti vingt mille Français commandés par le comte d'Eu, connétable de France. Habile à profiter de sa victoire, il enlève une foule de places les unes après les autres, marche sur Paris, et pénètre jusqu'à Saint-Cloud. Là, apprenant que le roi Philippe s'avance avec une armée trois fois plus nombreuse que la sienne, il se retire rapidement et fuit vert les rives de la Somme qu'il trouve gardées par un corps français. Il le culbute, passe cette rivière entre Abbeville et Saint Valery et vient enfin occuper une forte position près de Crécy. Deux jours après, le 26 août 1346, l'armée fraçaise, quatre fois plus nombreuse que la sienne, se présente devant lui. On distingue sous les étendards de Philippe, les comtes de Flandre, de Hainaut, de Namur, et le vieux Jean de Luxembourg, roi de Bohême, pour qui la guerre était un agréable passe-tems. Obligé de combattre,

Édouard ne désespère pas de vaincre une armée de cent mille hommes avec vingt-cinq mille soldats. Il a perdu, dans sa retraite, ses tentes et ses équipages, mais il a six canons, une bonne position, et il est sûr de la valeur anglaise.

L'armée française harassée de fatigue et privée de nourriture, était divisée en deux corps. Le roi voulait attaquer les Anglais, mais ses officiers et Jean de Luxembourg lui ayant représenté que la pluie qui tombait depuis plusieurs jours avait détendu les arcs des archers génois, qu'il avait à sa solde, et rendu impraticables les abords de la position des Anglais, il donna l'ordre d'arrêter la marche de l'armée. Le premier corps obéit; mais le second continue son mouvement, l'arrière garde le suit, et bientôt toute l'armée est en présence de l'ennemi sans s'être préparée au combat et sans avoir pris un instant de repos.

A la vue de l'ennemi, Philippe oublie qu'il commande des forces nombreuses, et ne devient plus qu'un téméraire soldat. Il ordonne aux archers et à son infanterie d'attaquer les Anglais; ils obéissent, mais ceux-ci, dont les armes avaient été couvertes avec soin, les accablent d'une grêle de flèches et les mettent en déroute. Philippe irrité met sa cavalerie en mouvement. Soudain elle s'ébranle, s'élance au galop, renverse en passant l'infanterie, et enfonce la première ligne des Anglais. Le prince de Galles, âgé de quinze ans, et qui avait été créé chevalier avant la bataille, se voit bientôt entouré d'ennemis, et obligé de combattre pour défendre sa vie. Les comtes d'Harcourt et de Warwick, à qui Édouard l'avait confié, craignant pour les jours du jeune prince, chargent un chevalier de courir sur une hauteur où le roi d'Angleterre se tenait avec sa

réserve, et de l'avertir du péril. « Si mon fils n'est ni
» mort ni blessé, dit Édouard à ce chevalier, retournez
» par devers lui et devers ceux qui vous ont envoyé,
» et leur dites de par moi, qu'ils ne m'envoient plus
» quérir d'aujourd'hui pour aventure qui leur advienne,
» tant que mon fils sera en vie; et dites leur que je
» leur mande qu'ils laissent gagner à l'enfant ses épe-
» rons. Je veux, si Dieu l'a ordonné, que la journée
» soit sienne, et que l'honneur lui en demeure, ainsi
» qu'à ceux à qui je l'ai baillé en garde. » A cette réponse, d'Harcourt et Warwick rallient leur monde, redoublent d'efforts et dispersent la cavalerie française. Tout fuit devant les Anglais; Philippe de Valois blessé se sauve en toute hâte, le comte de Flandre est tué; les ducs de Lorraine, de Bourbon, les comtes de Sancerre, de Blois, d'Auxerre, douze cents chevaliers, périssent également dans cette journée, et cinquante drapeaux français tombent au pouvoir de l'ennemi.

On trouva parmi les mort, le vieux Jean de Luxembourg, roi de Bohème. Privé de la vue, il s'était fait conduire au combat, et son cheval était encore attaché à ceux des deux cavaliers qui l'avaient escorté.

On a dit que les six pièces d'artillerie d'Édouard avaient fait merveille, et qu'elles avaient porté la terreur et le désordre dans les rangs des Français. Cette bataille est la première où l'on s'en est servi. Ainsi la guerre antique et la moderne se rencontrèrent aux champs de Crécy.

LOUIS DE MAELE.

Immédiatement après la journée de Crécy, les Flamands envoyèrent des députés à Louis de Maele, fils de Louis de Névers, pour l'inviter à prendre possession de ses états. Il y vint, et fut reçu dans toute la Flandre aux acclamations du peuple. Les principales villes de ce pays tentèrent vainement de l'attacher au parti d'Edouard; il s'y refusa opiniâtrement et déclara qu'il préférait perdre sa souveraineté que de s'allier au meurtrier de son père.

Instruit que le roi de France était entré en négociation avec le duc de Brabant à l'effet de faire épouser Marguerite, seconde fille de ce dernier, au comte de Flandre, Édouard vint à Bruges, et proposa aux Flamands d'unir sa fille Isabelle à Louis de Maele, leur promettant, si ce mariage avait lieu, de leur donner une immense quantité de laine, et de racheter à ses frais les villes de Lille, d'Orchies et de Douai pour les rendre à la Flandre. Gagnés par ces promesses, les Flamands firent connaître leurs intentions au comte, qui déclara positivement qu'il voulait épouser Marguerite de Brabant.

S'imaginant qu'il leur serait facile de vaincre l'obstination du comte, qui n'était âgé que de seize ans, ils lui signifièrent que telle était leur volonté; que dès ce moment il était en état d'arrestation, qu'ils lui donnaient la ville de Gand pour prison, et qu'il n'en sortirait que quand il aurait épousé la fille du roi d'Angleterre. Le jeune comte qui voulait se tirer de la position où ses sujets le retenaient, feignit de condescendre à leurs désirs, et se rendit à Berg-Saint-Winox où la cérémonie des fiançailles eut lieu en présence du roi et de la reine d'Angleterre qui y avaient amené leur fille. La célébration du mariage fut ajournée à une époque très prochaine, mais le comte qui était gardé à vue, et qui ne sortait qu'escorté de vingt ou trente cavaliers, ayant un jour témoigné le désir d'aller voler au héron, sortit de la ville, et, trompant la vigilance de ses gardes, s'enfuit vers la France accompagné de Philippe Van de Walle et de Roland Pouckes. Dès qu'il fut libre il épousa Marguerite de Brabant.

La fuite de Louis de Maele irrita tellement les Gantois qu'ils déposèrent les magistrats nommés par le comte, et en mirent à leurs places d'autres qu'ils savaient opposés à la noblesse et au clergé. Dès que ceux-ci furent élevés au pouvoir, ils créèrent une force armée à l'aide de laquelle ils parcoururent une partie de la Flandre, et imposèrent des contributions sur les biens de ceux qu'ils savaient attachés au souverain. Trois fermes de l'abbaye des Dunes furent brûlées parce que les moines ne purent fournir de suite la somme que l'on exigeait d'eux.

Cependant Édouard continuait à faire des progrès en France. Les Flamands, ses fidèles alliés, l'aidaient de tout leur pouvoir, et déjà, Gille de Rypergherst, tisserand de Gand, avait détruit, près de Cassel, un corps d'armée français, commandé par le duc de Normandie.

La victoire de ce général improvisé permit au roi d'Angleterre de resserrer Calais qu'il assiégeait, et d'empêcher une armée de soixante mille Français d'y jeter des secours. Réduite à la plus affreuse disette, la garnison de cette place demande à capituler : mais Edouard exige qu'elle se rende à discrétion. Rappelé à la modération par le brave Mauny, il consent à la laisser sortir libre si six des plus notables bourgeois viennent, « la tête » nue, les pieds déchaussés, la hart (la corde) au cou, les » clefs de la ville et du chastel dans les mains » se mettre à sa disposition. Eustache de Saint-Pierre, Jean Daire, Pierre et Jacques Wissant, et deux autres bourgeois de Calais se dévouèrent au salut de leurs concitoyens. Ils parurent dans le camp anglais et fléchirent le genou devant Édouard qui, les regardant d'un air sévère, ordonne qu'on les mette à mort. Ces malheureux allaient périr quand Philippine de Hainaut, reine d'Angleterre, accourt, perce la foule, se jette aux pieds du roi, et le supplie de ne pas souiller sa victoire par un acte de férocité. A l'aspect de sa femme en larmes, le cœur d'Édouard s'émeut, et il la relève en disant : » Ah ! » Madame, j'aimasse mieux que vous fussiez autre part » que cy; mais vous me priez si à certes que je ne puis » vous éconduire; ainsi je vous les donne à votre plai- » sir. »

Plus heureuse de son triomphe que de la victoire qu'elle avait remportée quelques mois auparavant sur le roi d'Écosse, elle emmena les captifs, les combla d'honneurs et de largesses et les renvoya chez eux (**1346**).

Édouard satisfait de la conquête de Calais, se montra plus accessible aux négociations, et conclut, peu de tems après, une trêve qui, prolongée à plusieurs reprises, dura jusqu'à la mort de Philippe de Valois.

Cette trêve permit à Louis de Maele de rentrer dans ses états, et d'envoyer dans toutes les villes ses hérauts et ses étendards ; ils furent reçus à Bruges avec enthousiasme, mais les Gantois qui persévéraient dans la rébellion, allèrent ravager le pays d'Alost, et mettre le siége devant cette place. Le comte s'étant mis à la tête des Brugeois les força de s'en éloigner, et ne put pourtant pas parvenir à les faire rentrer dans le devoir. De concert avec les habitans d'Ypres, ils déclarèrent qu'ils ne conclueraient aucun arrangement sans l'intervention du roi d'Angleterre, et force fut au comte d'envoyer des ambassadeurs à ce monarque.

Des députés anglais et flamands se réunirent à Dunkerke en l'an 1348, et la paix y fut conclue le 1er mai. Il fut stipulé dans le traité:

1° Que le roi d'Angleterre fonderait dans l'île de Cadzant un couvent de Chartreux, et qu'il le doterait selon l'avis des villes de Gand, de Bruges et d'Ypres.

2° Qu'il fonderait aussi dans la Flandre un hôpital qui serait administré par des religieuses.

3° Que le comte de Flandre ne porterait jamais les armes contre l'Angleterre aussi longtems qu'elle serait en guerre avec la France.

4° Et qu'enfin, une amnistie pleine et entière serait accordée aux villes de Gand et d'Ypres.

Après la ratification de ce traité, Louis de Maele vint à Gand, où il se croyait en sureté; mais bientôt les tisserands, conduits par Gérard Denys, l'assassin d'Artevelde, et par Jean Vandevelde, prirent les armes et cherchèrent à soulever le peuple contre le comte. Ils n'y réussirent pas. La majeure partie de la population, fatiguée de tant de troubles, marcha contre les mutins, les attaqua et en fit un horrible carnage, dans lequel Denys perdit la vie.

Le comte profita de cet événement pour purger ses états de tous ceux qui se plaisaient à y ramener le désordre et l'anarchie. Plusieurs furent traduits en justice, condamnés à mort, et le reste banni du pays.

LES FLAMANDS A LA COUR DE FRANCE.

Philippe de Valois étant mort en l'an 1350, Jean II, qui avait épousé Bonne de Luxembourg, lui succéda, et le comte de Flandre réclama les villes de Douai, de Lille et d'Orchies. Jean refusa, et, de son côté, Louis de Maele déclara qu'il ne ferait hommage de son comté au nouveau roi, qu'il ne lui prêterait serment de fidélité, qu'il ne le reconnaîtrait enfin pour le suzerain de la Flandre que quand il lui aurait restitué ces trois villes qu'il retenait injustement.

Après avoir réfléchi aux maux qu'une plus longue obstination pourrait attirer sur son pays, le comte de Flandre se décida cependant à la soumission, et se rendit à Paris avec les bourgmestres de Bruges, de Gand et d'Ypres. Le roi leur fit l'accueil le plus cordial, et pour leur donner une marque de sa considération, il invita le comte, les seigneurs de sa suite et les trois bourgmestres à un festin.

Ils s'y rendirent richement vêtus, et couverts de manteaux d'une étoffe précieuse, ornés de superbes broderies; mais les bourgmestres s'étant aperçus que, soit à dessein de les humilier, soit par oubli, on n'avait pas placé de coussins sur les siéges qui leur étaient destinés, ils plièrent leurs manteaux et s'assirent dessus, afin de faire comprendre au roi qu'ils sentaient tout le prix de cette inconvenance.

A l'issue du repas, ils laissèrent leurs manteaux sur leurs siéges, prirent congé du roi et se retirèrent. Le maître des cérémonies s'imaginant que cet oubli provenait de l'embarras où la présence du monarque mettait *ces bons* flamands, les fit rappeler et leur dit ironiquement : » Messeigneurs de Flandre, vous avez » oublié sur vos siéges vos beaux manteaux fourrez ! » A cette interpellation, le bourgmestre de Bruges, Simon d'Aertryke, se retourne et repond fièrement au au courtisan français: » Nous, de Flandre, nous ne » sommes point accoutumés, où nous dînons, de em- » porter avecque nous les coussins. » Cette anecdote, qui fait connaître les mœurs du siècle et la fierté des Flamands, fut bientôt connue dans les bonnes villes de Flandre qui approuvèrent la conduite de leurs magistrats (1351).

Jean III, duc de Brabant, craignant qu'après sa mort il ne s'élevât des difficultés entre les époux de ses filles pour sa succession, et que le duché ne fût morcelé, convoqua les seigneurs et les députés des villes à Louvain, afin de décider cette importante question. Le 8 mars 1355, les députés des cités de Bruxelles, Louvain, Anvers, Bois-le-Duc, Tirlemont, Nivelles, Léau, et ceux de trente autres petites villes, déclarèrent solennellement qu'ils ne souffriraient jamais que le pays fût divisé ; et qu'après la mort du duc régnant, la souveraineté devait être confiée à celui que les lois brabançonnes y appelaient. Ils décidèrent aussi que les filles du duc, exclues de la succession de leur père, seraient apanagées par les soins de son successeur.

Le 24 avril suivant, l'empereur Charles IV approuva le testament du duc Jean lequel appelait Wenceslas, duc de Luxembourg, qui avait épousé la princesse Jeanne, à la souveraineté du Brabant.

Jean III mourut revêtu de l'habit de moine le 5 décembre 1355, et fut inhumé dans l'église de l'Abbaye de Villers.

WENCESLAS.

DÉROUTE DE SCHEUT.

Après la mort de Jean III, Wenceslas fut reconnu duc de Brabant, et inauguré à Louvain avec la princesse Jeanne, sa femme, le 3 Janvier 1356. On remarque que son inauguration, connue sous le nom de Joyeuse-entrée est la première dont il soit fait mention dans l'histoire.

Exclu de la succession du Brabant, le comte de Flandre, c'était Louis de Maele, réclama l'exécution de l'article du testament du duc Jean qui assignait à Marguerite, son épouse, une pension annuelle de dix mille florins. Mais Wenceslas, en dépit du serment qu'il avait prêté à son inauguration, semblait vouloir éluder le payement de cette créance légitime, sous les prétextes les plus frivoles. Irrité de la mauvaise foi de son beau-frère, Louis de Maele exigea qu'il lui payât une somme de quatre-vingt-six mille réaux d'or, pour laquelle il avait cédé la moitié de la ville de Malines au duc Jean. Le nouveau duc s'y étant refusé, le comte de Flandre eut recours à la voie des armes.

Pendant la durée des conférences qu'il avait eues à Malines avec Wenceslas, il avait sondé les dispositions des habitans de cette ville, et se les était attachés en leur promettant de leur rendre les marchés de poisson, de sel et d'avoine qu'ils avaient perdus lors de leur révolte contre le duc Jean. Sûr de leurs dispositions, il mit une bonne garnison dans cette cité, et rassembla des forces imposantes.

L'empereur Charles IV étant venu à Maestricht sur ces entrefaites, Wenceslas, son frère, vint l'y trouver avec la duchesse, et ils y décidèrent l'ordre de succession de leurs états. A la suite de cette entrevue on convint dans un acte, daté de Bruxelles le 20 février 1356, que Wenceslas posséderait viagèrement les duchés de Brabant et de Limbourg ; que le duc ne pourrait en distraire ou aliéner aucune partie sans le consentement de la duchesse ; que si Jeanne mourait sans enfans, les deux duchés reviendraient à Wenceslas ; que si, au contraire Wenceslas mourait le premier sans laisser de postérité, et si Jeanne se remariait, les enfans du second lit seraient ses héritiers, et que, finalement, s'ils mouraient tous les deux sans enfans, la possession de ces duchés passerait à l'empereur Charles, ou au plus proche parent de la maison de Luxembourg.

Les députés brabançons, convoqués à cet effet, approuvèrent cet injuste traité, que la duchesse Jeanne avait souscrit afin de nuire à sa sœur Marguerite qu'elle détestait souverainement. Ainsi la haine d'une femme et la basse servilité des députés du Brabant, dépouillèrent éventuellement l'antique maison de Louvain d'un pays qu'elle gouvernait depuis si longtems.

Dès que Louis de Maele fut instruit du traité de Bruxelles, il ne crut plus devoir garder aucun ménagement. Sachant que Wenceslas, dit Butkens, « s'amusait » avec assez peu de soin, et se laissait mener par les con- » seils de jeunes gens sans expérience, plus adonnés à » leurs plaisirs qu'à ce qui était nécessaire pour la défense » de la patrie, » il profita de l'indolence de son déloyal beau-frère, et porta le fer et le feu dans le Brabant.

A cette nouvelle, la duchesse Jeanne qui se trouvait à Bruxelles, donna l'ordre à ses vassaux, ainsi qu'aux communes du Brabant de prendre les armes et de se concentrer dans la capitale, menacée par les Flamands. Dès que le contingent fourni par la ville de Louvain arriva, sous la conduite de Gérard de Juiliers, comte de Berg, les principaux chefs se réunirent à l'effet de délibérer sur les opérations de la guerre que l'on allait soutenir. Quelques vieux chevaliers opinèrent pour que l'on se tînt sur la défensive en attendant que l'armée fût réunie; mais les jeunes gens, enthousiasmés par l'ardeur de combattre, prétendirent au contraire que se renfermer à l'approche de l'ennemi était le moyen de l'enhardir, et de couvrir le nom Brabançon de honte et d'infamie. Il nous faut, disaient-ils, marcher au devant des Flamands, les attaquer et les vaincre si nous ne voulons flétrir la gloire qui est héréditaire dans nos familles. Cet avis imprudent fut adopté à une forte majorité, et l'on alla de suite prendre le grand étendard du Brabant qui était toujours déposé, en tems de paix, à l'abbaye d'Afflighem, et que les seigneurs d'Assche avaient seuls le droit de porter dans les combats.

L'armée brabançonne sortit de Bruxelles, et se dirigea vers le village de Scheut, où l'armée flamande était en position. A la vue de l'ennemi, le comte de Berg, qui commandait l'avant-garde, n'écoutant que son imprudente ardeur, attaqua les Flamands avec plus de valeur que de sagesse, et parvint à repousser leurs avant-postes. Mais bientôt, assailli à son tour, il fut rejeté en désordre sur les siens. Quoique inférieurs en nombre, les Brabançons soutinrent bravement les efforts de leurs ennemis, et firent preuve d'héroïcité, jusqu'à ce que le seigneur d'Assche, qui portait l'étandard du duc, eut abandonné lâchement cette noble bannière pour fuir plus à son aise. Alors, les soldats du Brabant crurent tout perdu; ils fléchirent et les Flamands culbutèrent toute leur ligne. Cette action commencée sous d'heureux auspices ne fut plus qu'une épouvantable déroute. La plupart des Brabançons, épouvantés, furent précipités dans la Senne ou dans les marais voisins, et le reste se retira en désordre vers Bruxelles, si vivement poursuivi par les Flamands que ceux-ci y entrèrent pêle-mêle avec les fuyards. La duchesse eut à peine le tems de se sauver à Tervueren, d'où elle parvint cependant à gagner Maestricht, accompagnée seulement par quelques-uns des siens. Le comte de Berg, qui se jeta dans Vilvorde, prit le même jour un détachement de l'armée flamande qui s'approcha imprudemment de cette ville. Cette malheureuse affaire eut lieu le mercredi 17 août 1356, et ce jour, cité dans les annales du Brabant comme un jour de deuil, fut appelé *Den quaeden woensdag*, le mauvais mercredi.

Dès que le comte de Flandre fut maître de Bruxelles, il fit arborer son étendard sur la grande place, en face de l'hôtel de ville, changea les magistrats, y laissa une garnison, s'avança immédiatement sur Tervueren, s'empara du château; et se présenta devant la ville de Louvain qui, stupéfiée ou vendue par des traîtres, lui ouvrit ses portes à la première sommation.

Louis de Maele voulant profiter du moment de terreur inspiré par ses armes, prescrivit aux habitans de Louvain de se réunir sur la place et de lui prêter serment de fidélité. Ils s'y rendirent, et déjà quelques magistrats avaient fait ce serment, quand tout à coup, Guillaume Sadeler, moine de Sainte Gertrude, s'élance au milieu des Louvanistes, et leur crie d'une

voix tonnante : « Qu'allez-vous faire, perfides !.. Est-ce
» ainsi que vous gardez la foi que vous avez jurée à
» vos souverains légitimes? Est-ce ainsi que, contre
» toute justice, contre la foi du serment, contre la
» volonté du ciel vous vous donnez à un injuste usur-
» pateur! Arrêtez, car cette tache ne sera jamais effa-
» cée dans la postérité, et le dieu vengeur des parjures
» punira votre crime par des supplices éternels! » Les
paroles énergiques de cet homme, son audace étonnante, et la vénération qu'inspirait le froc dont il
était couvert, ramenèrent le peuple à d'autres sentimens. Soudain, il eut honte de sa lâche condescendance; il bannit la terreur qui l'agitait, se rappela
l'amour qu'il avait pour ses souverains, la haine qu'il
ressentait pour les Flamands, et se retira sans vouloir
prêter le serment exigé.

Le comte de Flandre n'osant rester plus longtems
dans une ville qui s'était prononcée si ouvertement
contre sa domination, en sortit de suite, et marcha
sur Nivelles, Tirlemont et Léau qui le reconnurent duc
de Brabant.

SOULÈVEMENT DES BRUXELLOIS.

Pendant que Louis de Maelc soumettait le Brabant, Wenceslas, étonné de l'avoir perdu en si peu de jours, appelait aux armes les seigneurs du duché de Limbourg, et les Brabançons qui lui étaient restés fidèles, et s'apprêtait à reconquérir ses états; mais le comte de Namur, Guillaume premier, et Englebert de la Marck,

évêque de Liège, s'étant déclarés pour le comte de Flandre, il lui restait si peu de chances de succès, qu'il désespérait de lui-même, quand Everard T'Serclaes, chevalier brabançon, parvint à force d'audace et de courage à changer la face des choses.

T'Serclaes, qui avait suivi le duc à Maestricht, et qui entretenait des intelligences secrètes dans Bruxelles, sachant que les Flamands y vivaient dans la plus grande sécurité, avait déjà voulu profiter de leur négligence à garder les remparts; mais les troupes de Wenceslas ayant été défaites près de Landen par Lambert d'Oupey, maréchal de Liège, et par Robert et Louis de Dampierre, frères du comte de Namur, il avait été forcé d'ajourner le projet qu'il méditait depuis longtems. Enfin résolu d'arracher sa patrie au joug des Flamands, il s'approche de Bruxelles avec cinquante hommes déterminés à vaincre ou à périr, et profite des ombres de la nuit pour se glisser au pied des remparts. Arrivé là, il y fait placer des échelles, les escalade, pénètre dans une rue qui depuis lors fut appelée rue d'Assaut, et disperse sa petite troupe qui parcourt bientôt les rues aux cris répétés de «Brabant au grand duc!» Alors les Bourgeois qui étaient prévenus de l'arrivée de T'Serclaes sortent de leurs maisons, se réunissent à lui, et, tous ensemble, ils attaquent l'hôtel de ville, s'en emparent, détruisent l'étendard de Flandre, arborent celui du Brabant, et massacrent impitoyablement tous les Flamands qui leur tombent sous la main.

Toutes les villes du Brabant, à l'exception de celles de Malines et d'Anvers, imitèrent l'exemple de la capitale; elles chassèrent les Flamands de leurs murs, et rentrèrent sous la domination de Wenceslas, qui s'avança dans la province d'Anvers occupée par Louis de Maele, et prit position à Sandvliet. Les Flamands, qui croyaient l'y surprendre, vinrent l'y attaquer; mais les Brabançons les reçurent avec tant de vigueur qu'ils les forcèrent à la retraite. Si l'on en croit quelques auteurs, le duc ne dut cette victoire qu'à trente deux mortiers (1) qui firent un ravage affreux dans l'armée ennemie.

La guerre continua pendant l'hiver de 1356 à 1357; le duc entra dans le comté de Namur, et brûla les villages de Thynes, de Waseige, de Branchon, et menaça la capitale ; mais en revanche, Louis de Maele réduisit en cendres ceux d'Anderlecht, de Lembeke, de Gaesbeke, de Lombeke, et d'Afflighem.

Le comte de Hainaut touché des malheurs des peuples, qui supportaient seuls toutes les horreurs de cette guerre affreuse, interposa sa médiation, et parvint à engager Wenceslas et Louis de Maele à entrer en négociation. Les plénipotentiaires de ces deux princes se réunirent à Ath, et conclurent le 4 Juin 1357, un traité de paix où il fut stipulé :

1º Que le comte de Flandre rétablirait les moines dans l'Abbaye d'Afflighem dont il s'était emparé.

2º Que les Brabançons seraient déliés du serment qu'ils lui avaient prêté; mais sous la condition que les villes de Bruxelles, Louvain, Nivelles, et Tirlemont lui fourniraient tous les ans vingt cinq hommes qui

---

(1) Nous rapportons cette assertion sans y avoir la moindre confiance ; car il il est notoire que c'est au siège de Wachtendonck, en 1588, que l'on fit pour la première fois usage des bombes. Un habitant de Venloo qui voulait faire un essai d'artifice à l'amusement du duc de Clèves à qui cette ville donnait une fête, trouva, sans le chercher, cet instrument de mort et d'incendie. La première bombe mit, en retombant, le feu à Venloo, dont la plus grande partie fut consumée. — Nous croyons donc qu'au lieu de mortier, le duc de Brabant ne possédait que des canons. Edouard s'en était servi à la bataille de Crécy. D'ailleurs le nom de *donderbussen*, que les Flamands leur donnaient, le prouve assez, puisqu'il vient de *donder*, tonnerre, et *bussen*, tuyau.

serviraient le comte à leur frais pendant six semaines; sans qu'ils pussent pourtant être forcés de combattre contre leur duc.

3° Que la ville de Malines serait donnée à la Flandre à perpétuité, comme une juste indemnité pour les frais de la guerre.

4° Que le duc céderait au comte la ville d'Anvers, avec ses dépendances, comme fief du Brabant, en remplacement de la dot qu'il devait payer à la comtesse Marguerite.

5° Que les Anversois reconnaîtraient le comte pour leur seigneur, sans préjudice aux droits, privilèges, immunités qu'ils tenaient des ducs de Brabant, mais que le duc en serait le suzerain, et qu'il conserverait le titre de marquis d'Anvers.

6° Qu'enfin, le comte conserverait, autant qu'il le voudrait, le titre de duc de Brabant qu'il avait pris pendant la guerre.

Après la ratification de ce traité honteux pour Wenceslas, Louis de Maele prit possession de la ville d'Anvers, et se conduisit à son égard plutôt en tyran qu'en souverain. Il lui ôta son marché d'avoine, de sel et de poissons, fit arrêter et exiler dans plusieurs villes de Flandre deux cent cinquante bourgeois, lui enleva tous ses privilèges en dépit du traité d'Ath, et y remit les lois féodales en vigueur.

TROUBLES DANS LOUVAIN.

Louvain était dans ce tems la ville la plus grande, la plus commerçante, la plus riche, la plus populeuse du Brabant. Dès l'an 1350 on y comptait quatre mille métiers de drapiers, et l'on avait été forcé d'en étendre l'enceinte. Ce degré d'opulence rendit les Louvanistes plus fiers, plus hardis. Ils murmurèrent contre la tyrannie des nobles, et ils se dirent bientôt avec raison, que si la nature les avait doués des mêmes sentimens, des mêmes facultés, ils avaient droit de partager avec eux les emplois publics.

Pierre Courterel, mayeur de Louvain, entretenait la haine que la roture ressentait pour la noblesse, et se disposait à saisir un instant propice pour secouer un joug ausi lourd qu'il était humiliant. Un faible incident lui permit de tenter l'exécution du projet qu'il méditait depuis longtems.

Un marchand qui faisait transporter des poissons à Louvain, ayant sa charette embourbée, vit un cheval dans un pâturage voisin ; il le prit, s'en servit pour se tirer de la boue, et le reconduisit ensuite où il l'avait trouvé. Courterel, fit arrêter cet homme et le traduisit devant le tribunal des échevins sous la prévention de vol d'un cheval. Ce tribunal ne voyant dans l'action commise par le prévenu aucun délit prévu par la loi, le déchargea de l'accusation, et ordonna qu'il fût mis en liberté, mais le mayeur refusa de le relâcher. Irrités de voir leur autorité méconnue, les échevins se réunirent immédiatement et prononcèrent une sentence de destitution contre le mayeur.

L'acte arbitraire que les échevins avaient commis en destituant le mayeur, servit merveilleusement ce dernier qui, de concert avec Schoonvorst, favori du duc, accusa les nobles de vouloir empiéter sur l'autorité souveraine. Si vous ne permettez au peuple de s'élever contre leur tyrannie, dirent-ils à Wenceslas, vous perdrez bientôt toute espèce d'autorité dans Louvain; permettez que les bourgeois agissent librement, et sans que vous preniez la peine de réprimer leur insolence, vous les verrez rentrer dans le devoir. Séduit par les intrigues de ces deux hommes, le duc leur permit confidentiellement d'agir, et partit pour le Luxembourg, afin de cacher sa participation à cet acte violent.

Dès que Wenceslas fut éloigné, Courterel rassembla le peuple de Louvain sur la place, lui peignit l'orgueil, la dureté et la tyrannie des nobles; le mépris qu'ils avaient pour les hommes qu'ils ne croyaient pas pétris du même limon qu'eux; lui rappela qu'il était chargé d'impôts tandis que les classes privilégiées en étaient exemptes; lui dit qu'il fallait secouer leur joug ou se décider à vivre esclave; et que s'il avait le courage de s'armer pour la défense de ses droits, le duc ne tarderait pas à seconder ses généreux efforts.

Enflammées par le discours de leur mayeur, toutes les corporations courent aux armes et vont immédiatement assiéger l'hôtel-de-ville où les échevins s'étaient renfermés. Sommés d'ouvrir les portes et de rendre leurs comptes, ces derniers obéissent; mais à l'instant même le peuple se précipite sur eux, les charge de chaînes, et les renferme à la citadelle avec cent quarante huit des leurs. Menacés de mort, ils transigent avec Courterel qui leur permet de sortir de la ville moyennant une forte rançon, qu'il fait à l'instant dépo-

dans la caisse du duc. Réintégré dans ses fonctions, le mayeur crée un conseil communal composé de quatre nobles et de trois roturiers, et dirige dès ce moment l'administration à son gré.

La duchesse, qui était restée à Tervueren, craignant les suites de ce soulèvement, somma les habitans de Louvain de réintégrer les magistrats déposés. Ils refusèrent, et comme ils s'attendaient à ce que le duc vint en armes pour les réduire à l'obéissance, ils s'imposèrent volontairement, et firent des préparatifs de défense. Revenu à Bruxelles, Wenceslas assembla des troupes, se présenta devant Louvain, et les bourgeois consternés demandèrent à se soumettre.

Ensuite d'un traité conclu le 19 octobre 1361, quatre échevins furent choisis parmi les nobles, trois parmi les roturiers, et onze conseillers dans les deux ordres.

Cette paix forcée fut de courte durée. La noblesse qui se crut lésée du moment où le peuple partagea le pouvoir, gagna le duc à force d'argent, et le décida à prendre les armes de nouveau pour forcer les Louvanistes à cesser ce qu'elle appelait un système d'oppression. On conclut un nouveau traité en vertu duquel les Louvanistes payèrent à Wenceslas une somme de trente six mille moutons d'or pour être autorisés à élire trois magistrats pris dans la classe du peuple.

Courterel persuadé qu'il ne pourrait se maintenir à Louvain, s'expatria avec plusieurs des siens. Ajourné au tribunal du duc, il fut déclaré traître à la patrie avec quarante deux autres bourgeois, et sa tête fut mise à prix ; ce qui ne l'empêcha pourtant pas de rentrer dans sa patrie quelques années après, et d'y achever tranquillement le reste d'une vie si longtems agitée.

Les Bruxellois voulurent aussi faire leur révolution. Ils s'armèrent contre la noblesse; mais vaincus par elle, plusieurs furent massacrés, et quantité d'autres périrent par la main du bourreau.

LES LINFARS.

Renauld, duc de Gueldre, avait laissé en mourant deux fils, Renauld et Édouard, qui se partagèrent ses états et se firent une guerre cruelle. Le premier ayant besoin d'argent avait engagé au comte de Mœrs, les châteaux de Gangelt, de Vucht et de Millen, situés dans la seigneurie de Fauquemont, qui appartenait au duc de Brabant. Mais le comte craignant que Renauld ne succombât dans la guerre qu'il soutenait contre son frère, le somma de lui rendre l'argent qu'il lui avait prêté et de reprendre ses châteaux. Renauld n'ayant tenu aucun compte de cette sommation, le comte de Mœrs les vendit à Wenceslas pour une somme pareille à celle qu'il avait déboursée.

Alors, deux partis puissans, dirigés par Bronchorst et Heeckeren, divisaient la Gueldre et se faisaient une guerre acharnée. Les deux frères s'étant jetés dans chacun de ces partis, se rencontrèrent dans les environs de Thiel, et s'y livrèrent un combat sanglant dans lequel Renauld fut vaincu, fait prisonnier et renfermé dans le château de Nieubeke, où il languit pendant neuf années.

La duchesse Marie, sa femme, se réfugia à la cour du duc de Brabant, son beau frère, et implora son secours. Wenceslas chercha à réconcilier les deux frères, et ne pouvant vaincre l'obstination d'Édouard, il entra dans la Gueldre avec une puissante armée, ravagea le pays et s'empara de Bommelewerde. Forcé de se retirer devant des forces plus nombreuses que les siennes, il évacua le pays qui demeura momentanément sous la domination usurpatrice d'Edouard (1364).

Pendant que la Belgique était déchirée par des troubles sans cesse renaissans, et par des guerres d'autant plus sanglantes qu'elles étaient enfantées par la haine, et qu'elles n'avaient souvent que le pillage pour but, une horde de brigands, connus sous le nom de Linfars, qui était celui de l'homme qui la commandait, quitta les bords du Rhin, se répandit dans nos provinces et porta partout l'horreur et le trépas. L'empereur Charles IV voulant mettre un terme aux dévastations des Linfars, chargea tous les seigneurs de la Belgique de former une association pour purger le pays des brigands qui l'infestaient. Cette association prit le nom de *Land-fried* (paix du pays) et le duc de Brabant en fut le chef.

Wenceslas ayant également reçu le titre de vicaire de l'empire, rassembla des troupes, poursuivit les Linfars jusque dans leurs retraites, et assiégea la forteresse de Hemersbach, leur principal repaire. Ils y soutinrent un siége long et meurtrier, et furent enfin forcés de se rendre; quatorze de leurs chefs furent pendus et le reste des prisonniers plongé dans les cachots. Rassemblés dans le Luxembourg, et disciplinés comme une armée régulière, ils attaquaient les villes et les villages et dévastaient ces malheureuses contrées. Wenceslas y courut, les attaqua, les battit, les dispersa, et en tua un grand nombre.

Le duc de Juiliers, les villes de Cologne et d'Aix-la-chapelle s'unirent en 1369, et promirent solennellement d'unir leurs efforts pour anéantir le reste des Linfars; mais les marchands belges, que des affaires de commerce appelaient en Allemagne, s'aperçurent bientôt qu'au lieu de faire la chasse aux brigands, le duc de Juiliers leur donnait asile et protection; qu'il leur fournissait des armes et des chevaux, et qu'il leur avait même confié la garde de plusieurs châteaux. Ils s'en plaignirent au chef de la Land-fried, qui envoya au duc une députation pour l'engager à se conformer strictement au traité d'union, et à chasser de ses états des hommes qui se faisaient un jeu du meurtre et du pillage. Wenceslas ayant appris qu'il avait éconduit ses députés, déclara que ne voulant pas s'exposer à être taxé de lâche ou de perfide, » il mon-
» trerait à son joli cousin de Juiliers, et à ses aidans,
» que la besogne le touchait de près.

BATAILLE DE BASTWILLER.

Décidé à punir le duc de Juiliers de sa déloyauté, Wenceslas prescrivit à tous ceux qui faisaient partie de la Land-Fried de lui envoyer leurs contingens, et bientôt une foule de gens de guerre venant de Flandre, du Hainaut, de Namur, et du Brabant arrivèrent à Bruxelles. Ceux de France, de Lorraine et de Bourgogne s'étaient également mis en route; mais le duc croyant son armée assez forte, ne crut pas devoir les attendre. Il déclara la guerre au duc de Juiliers et partit immédiatement pour Maestricht où Lambert d'Oupey vint le joindre avec un corps de Liégeois.

Il quitta Maestricht le 20 août 1371, entra sur le territoire ennemi, brûla quelques villages, et alla prendre position le 21 dans la plaine de Bastwiller, où l'armée ennemie était campée. Le 22, au point du jour, Wenceslas divisa ses forces en deux corps. Il prit le commandement du premier, et confia celui du second à Robert, frère du comte de Namur. Après avoir pris quelques dispositions, il alla tranquillement entendre la messe, ce qui fait supposer qu'il ne voulait pas commencer le combat avant l'arrivée d'un corps de quatre cents lances que le comte de Grancey lui amenait de Bourgogne.

Au moment où il s'y attendait le moins, un cri perçant, parti de l'armée brabançonne, annonce à Wenceslas l'approche de l'ennemi. En effet, les ducs de Gueldre et de Juiliers s'étaient avancés, sans être vus, couverts par un terrain inégal, et déjà les avant-postes fuyaient devant eux. Wenceslas prend ses armes, et, suivi de quatre écuyers, il court se mettre à la tête des siens; mais s'apercevant bientôt que sa cavalerie était encombrée par une foule de valets que les cavaliers bruxellois avaient à leur suite, et qui portaient attachés à leurs selles « des bouteilles de vin, des pâtés » de saumons, de truites et d'anguilles enveloppés dans » des petites serviettes bien blanches », il ordonna à ses écuyers de chasser les valets à coups d'épée et de lances, et de les renvoyer sur les derrières.

Dès que les troupes du duc furent dégagées de ces hommes inutiles, elles se mirent en défense, et repoussèrent vigoureusement les charges réitérées de l'ennemi. On combattit des deux côtés avec une égale fureur, et l'on fit des prodiges de valeur. Henri de Cuyck, seigneur d'Hoogstraten, suivi de quelques braves, enfonça un corps ennemi, s'empara de l'étendard du duc de Gueldre, tua soixante sept hommes de sa main, et tomba percé de coups au milieu de ceux qu'il avait immolés. La perte de ce vaillant chevalier entraîna celle des Brabançons. En un instant, ils sont culbutés, mis en déroute, et vivement poursuivis par les vainqueurs qui en font un affreux massacre.

Le duc de Gueldre périt dans la mêlée; mais Wenceslas, Louis, Robert, et Guillaume de Namur; Waleram, comte de Saint Pol; Jean, fils aîné du seigneur de Bréda, et deux cent soixante dix chevaliers furent faits prisonniers. Le duc de Juliers les donna aux seigneurs qui étaient venus à son secours, et retint Wenceslas qu'il conduisit lui-même à Nideggen.

Dès que la duchesse fut instruite de la captivité de son mari, elle traita de sa rançon avec le duc de Juliers; mais celui-ci exigea des sommes si considérables, qu'elle prit le parti d'aller à Coblents implorer le secours de l'empereur Charles IV, qui lui promit de travailler sans relâche à la délivrance du duc. « Pour » la saison prochaine, lui dit-il, vous sentirez de vifs » effets de ma promesse. »

L'empereur tint parole. Il offrit au duc de Juliers l'investiture du duché de Gueldre et du comté de Zutphen pour son fils Guillaume, s'il voulait rendre Wenceslas à la liberté. Le duc s'y étant refusé, il se rendit à Aix-la-Chapelle, et enjoignit aux seigneurs qui relevaient de l'empire de venir le joindre avec cinquante chevaux chacun, sous peine de voir leurs terres confisquées. Aussitôt qu'ils furent réunis dans l'ancienne capitale de l'empire des Francs, il décida « qu'on

» entrerait sur la terre du duc de Juiliers et qu'elle serait
» détruite pour réparation du grand outrage qu'il lui
» avait fait en prenant les armes contre son frère et son
» vicaire. » Mais sur les représentations qui lui furent
faites par les seigneurs et par les évêques, il somma le
duc de se rendre à Aix-la-Chapelle pour y entendre la
sentence qui serait prononcée contre lui.

Le duc de Juiliers conjura l'orage qui le menaçait
en élargissant Wenceslas, et en se rendant immédiatement à Aix-la-Chapelle. Là, il se présenta devant
l'empereur, mit un genou à terre et lui dit : « Je crois,
» mon très redouté seigneur, que vous avez mal talent
» contre moi pour la cause de votre frère de Brabant
» que j'ai tenu trop longtems en prison. Je viens à ce
» sujet me remettre entièrement à votre volonté et à la
» disposition de votre conseil, vous priant d'en or-
» donner comme vous trouverez équitablement conve-
» nir. » Alors le roi de Bohème prit la parole : « Duc
» de Juiliers, lui dit-il, vous avez été montré bien ou-
» trageux, en tenant si longtems notre oncle en prison;
» et sans l'intercession du duc Albert, votre cousin,
» cette conduite vous serait plus durement reprochée.
» Mais parlez de sorte que vous n'ayez pas sujet de re-
» nouveler notre mal talent; car il vous en coûterait
» trop. » Toujours agenouillé aux pieds de Charles IV,
le duc repartit : » Je reconnais que j'ai bravé votre
» puissance en prenant les armes contre mon cousin,
» votre frère de Brabant, vicaire du saint empire; et si
» la journée d'armes m'a été favorable par l'aventure
» de la fortune, et que votre frère soit devenu mon
» prisonnier, je vous le rends libre, et qu'il vous plaise
» que ni l'un ni l'autre ne m'en témoigniez jamais ni
» haine ni mécontentement. » — « Ce que votre cou-

» sin de Juiliers vient de vous témoigner doit vous
» suffire », dirent les prélats et les seigneurs. — « Je
» le veux », répartit l'empereur; alors, relevant le
duc, il l'embrassa, et, satisfait de sa soumission, il
donna à son fils l'investiture du duché de Gueldre, et
arrêta le mariage de ce dernier avec Catherine de Hainaut, veuve du duc de Gueldre.

Après de longues discussions entre le duc de Brabant, les villes, et le clergé qui ne voulaient payer aucun impôt, les communes de Brabant s'imposèrent elles-mêmes pour une somme de neuf cent mille moutons d'or (1), afin de faire face aux frais de la guerre.

JEAN HYONS.

Marguerite de Flandre, fille de Louis de Maele et de Marguerite de Brabant, devant posséder après la mort de son père les comtés de Flandre et d'Artois ainsi que les villes d'Anvers et de Malines, et ayant des droits incontestables au duché de Brabant, malgré le traité du 20 février 1356, qui était entaché de nullité parce qu'il était en opposition manifeste avec les lois du pays; Marguerite de Flandre avait été recherchée en mariage par le roi d'Angleterre pour son fils Edmond, et par Jean II, roi de France, pour son fils Philippe.

Toujours attachés à l'Angleterre, les Flamands avaient, suivant leur coutume, soutenu les intérêts d'Édouard, et le comte, dans la crainte de leur déplaire,

---

(1) Le mouton d'or peut être évalué à 1 franc 50 centimes; mais ceux qui étaient frappés à Vilvorde ne valaient qu'environ 90 centimes.

s'était décidé en sa faveur. Mais le roi Jean, dans l'espoir de détruire un projet qui aurait pu devenir fatal à la France, avait donné à son fils le duché de Bourgogne, promis la restitution des villes de Lille, de Douai et d'Orchies, et le mariage de Philippe-le-Hardi et de Marguerite, avait été célébré à Gand le 19 juin 1368 (¹). Cependant, cette restitution n'était rien moins que réelle; car Charles V, successeur de Jean II, avait extorqué de Philippe-le-Hardi, la promesse formelle qu'il rendrait ces trois places à la France, lorsqu'il possèderait la Flandre.

A l'aide de leurs privilèges, les villes de cette province, peuplées et puissantes, étaient devenues le siège d'un grand commerce. La richesse et la liberté des habitans les avaient rendus fiers et jaloux de leurs droits. Divisés en divers corps de métiers qui, chacun, avaient leurs magistrats, leur justice et leur bannière, ils ne reconnaissaient aucune autre juridiction que celle de ces magistrats, et le souverain ne pouvait établir des impôts sans le consentement des *Quatre Membres de Flandre*, c'est-à-dire, les régences des villes de Gand, d'Ypres, de Bruges, et du territoire de cette dernière cité que l'on nommait le Franc.

Louis de Maele étant environné d'un luxe inconnu dans les cours des autres souverains, avait souvent

---

(1) Marguerite d'Artois, mère de Louis de Maele, vint trouver ce dernier à Malines, pour l'engager à donner la main de sa fille au fils de Jean IV. Voyant qu'il résistait à ses instances, elle l'accabla de reproches, et lui dit en se découvrant le sein : » Écoute, je te parle comme mère et comme comtesse d'Artois, et je te conjure de terminer cette alliance selon l'intention de ta mère et de ton roi. Si tu t'y refuses, je coupe cette mamelle qui n'a jamais allaité que toi, et je la jette aux chiens. Je déclare encore que si tu persistes dans ton obstination, je te déshérite de mon comté d'Artois. » Ces paroles énergiques firent décider le comte en faveur de la France.

besoin d'argent, et quoique les Flamands eussent déjà payé ses dettes à plusieurs reprises, il sollicitait encore la même faveur. Ses demandes ayant été rejetées par les Gantois, il permit aux Brugeois de creuser un canal pour réunir la Lis à la Verze, dans l'espoir d'en tirer quelqu'argent (1378).

Le comte avait mis dans ses intérêts un nommé Jean Hyons, doyen des bateliers, qui avait beaucoup d'influence sur le peuple. Cet homme froidement réfléchi, hardi et entreprenant, essaya de faire approuver un impôt que Louis de Maele voulait établir ; mais malgré son habileté, il lui fut impossible d'obtenir l'assentiment des autres corporations. Mathieu Ghisbert, bourgeois de Gand, s'y étant employé plus efficacement, supplanta le doyen dans la faveur du comte. Dès que ce dernier en fut instruit, il résolut de s'en venger. Soudain il s'établit le défenseur des franchises de la cité ; il fait entrevoir au peuple tous les sujets de mécontentement que pouvait donner l'autorité du comte, lui parle de violations de privilèges, de craintes pour le commerce, et lui dit que le canal de Bruges éloignera les bateaux de Gand. Alors les Gantois poussent des cris de fureur ; ils rétablissent la confrérie des Chaperons blancs, et toutes les personnes qui aimaient le trouble en firent partie. Sûr de son autorité et de l'approbation de tous, il sortit de la ville avec les Chaperons blancs, et courut disperser les Brugeois qui travaillaient au canal.

Sur ces entrefaites, le grand bailli fit arrêter et incarcérer un bourgeois de Gand. Jean Hyons et ses partisans crièrent au scandale : » C'est porter atteinte » à nos privilèges, dirent-ils ; c'est ainsi que se bri- » sent petit à petit, et s'affaiblissent nos franchises

» qui, du tems passé, étaient si nobles, prisées si
» haut, et avec cela si bien gardées que nul n'osait
» les enfreindre et que le plus noble chevalier de
» Flandre se tenait, pour lors, tout glorieux d'être
» bourgeois de Gand. » Les magistrats reclamèrent
» le prisonnier, mais le bailli, hautain et présomp-
» tueux, se contenta de répondre : » que de paro-
» les pour un marchand ! il serait dix fois plus riche,
» que je ne le mettrais pas hors de prison, si mon
» seigneur de Flandre ne l'ordonnait. »

La folle conduite de cet homme obstiné satisfit Jean Hyons qui sut en tirer parti.» Nous ne pouvons affai-
» blir en rien l'héritage de monseigneur de Flandre,
» dit-il au peuple assemblé ; car raison et justice s'y
» opposent. Nous ne pouvons non plus nous mettre
» mal avec lui et nous attirer son indignation : on
» doit toujours être bien avec son seigneur. Monsei-
» gneur de Flandre est notre bon seigneur, un très-
» noble prince, fort illustre et redouté ; il nous a tou-
» jours tenus en grande paix et prospérité. Mais il est
» à présent mal conseillé contre nous et contre les
» franchises de la bonne ville de Gand. Il faut donc
» lui députer des hommes sages et avisés, sachant
» bien parler, qui lui remontreront hardiment tous
» nos griefs ; ils lui diront qu'il ne pense pas, lui et
» ses gens, qu'au besoin nous ne puissions résister si
» nous le voulons. — Il dit bien ! Il dit bien ! » —s'écria le Peuple ; et soudain des députés furent chargés d'aller trouver le comte, qui se tenait au château de Maele, afin de l'engager à redresser les griefs que l'on reprochait à son administration.

Le comte Louis qui craignait d'exaspérer ses su-jets, fit un bon accueil aux députés, leur accorda

toutes leurs demandes, et leur promit de défendre aux Brugeois la continuation des travaux commencés, sous la condition que la confrérie des Chaperons blancs serait dissoute. Ce n'était pas l'affaire de Jean Hyons. Il réunit le peuple, lui rappela les services que cette confrérie avait rendus à la liberté, et lui dit que les Chaperons blancs garderaient mieux les franchises de la cité que les Chaperons rouges (les nobles). » Ils se
» sont fait craindre, ajouta-t-il, et si l'ordonnance de
» monseigneur, qui veut les dissoudre, s'exécute,
» je ne donnerais pas trois deniers de toutes vos liber-
» tés. » — Il dit vrai, et nous conseille bien ! » s'écrièrent les Gantois ; et les Chaperons blancs restèrent ce qu'ils étaient.

Le comte n'ayant rien obtenu par la douceur voulut employer la force. Sûr de l'appui de Mathieu Ghisbert et de ses partisans, il chargea Roger Van Oultrenick, son bailli, d'entrer à Gand avec l'étendard de Flandre, à la tête de deux cents chevaux, afin d'enlever Jean Hyons. Le bailli obéit, mais l'intrépide Gantois s'était prémuni contre les attaques du comte ; ses Chaperons, prévenus à tems, se réunirent devant sa maison, coururent au devant des Chaperons rouges, les attaquèrent, les dispersèrent, tuèrent le bailli, et traînèrent dans la fange l'étendard du comte. Après ce combat, les maisons de Ghisbert et de ses partisans furent détruites.

Les Chaperons blancs commandèrent dans la ville pendant l'an 1379 ; mais l'année suivante, plusieurs bourgeois qui désiraient y rétablir la tranquillité, résolurent d'envoyer des députés au comte Louis pour lui demander pardon de la mort de son bailli, le prier de les admettre en grâce, et de déclarer que personne

ne serait poursuivi à ce sujet. Douze notables se rendirent près du comte, et déjà ils avaient obtenu ce qu'ils demandaient, quand ce dernier apprit que Jean Hyons et les Chaperons blancs venaient de piller et de détruire le château qu'il avait fait bâtir récemment à Wondeleghem. A cette nouvelle Louis de Maele entra dans un transport furieux. « Mauvaises gens, dit-il
» tout pâle de colère aux députés, vous me priez l'épée
» à la main ; je vous avais accordé toutes vos deman-
» des, et voici que les vôtres ont brûlé le château que
» j'aimais le mieux. Sachez que si je ne vous avais pas
» donné un sauf-conduit, je vous ferais à tous trancher
» la tête. Sortez de ma présence, et dites à vos mé-
» chantes gens de Gand, que jamais ils n'auront la
» paix ; que je n'entendrai parler d'aucun traité jus-
» qu'à ce que je les aie à merci, pour faire couper la
» tête à ceux que je voudrai » (1380).

Cette réponse étant une véritable déclaration de guerre, Jean Hyons s'en réjouit, et se mit en mesure de la soutenir. Le comte voulant enfin en finir avec les rébelles, se rendit à Lille, prescrivit à tous les chevaliers de la Flandre de venir l'y joindre, et les chargea de la défense de ses forteresses. Sans examiner qui avait tort ou raison, les villes de Flandre s'unirent aux Gantois dans la crainte de perdre leurs libertés s'ils étaient domptés par le comte. Jean Hyons, profitant de ce moment d'enthousiasme, se présenta devant Bruges à la tête de dix mille hommes, et fit sommer cette ville de faire cause commune avec le reste de la Flandre. Les échevins et les bourgeois les plus riches s'y refusèrent ; mais le peuple ayant manifesté son opinion d'une manière effrayante, ils furent contraints d'ouvrir leurs portes aux Gantois et d'aller au devant de leur chef qui entra en ville aux acclamations de la multitude, tenant un bâton blanc à la main (1380).

Jean Hyons perdit la vie au milieu de ses succès. Après avoir forcé les Brugeois à s'allier à ceux de Gand, il se rendit à Dam où il donna un repas aux dames les plus distinguées de la ville. Il fut saisi de violentes douleurs en sortant de table, et mourut empoisonné. Son corps fut transporté à Gand, et le clergé lui rendit les mêmes honneurs qu'aux souverains de la Flandre.

LA PAIX A DEUX FACES.

La mort de Jean Hyons, de ce champion de la liberté, désola les Flamands ; mais ne les découragea pas. Décidés à en tirer vengeance, les Gantois résolurent de se donner quatre chefs, et de leur confier l'autorité suprême. Ils mirent immédiatement ce projet à exécution, et ils élurent Jean Bolle, Razon Herzèle, Jean Prunel, et Pierre Dubois, tous de la corporation des tisserands.

Aussitôt que ces chefs improvisés furent élevés au pouvoir, ils réunirent chacun trois mille hommes, se dirigèrent sur Courtrai, sur Thourout, sur Roulers, et, de gré ou de force, décidèrent les habitans à faire cause commune avec les Gantois. Ils se présentèrent ensuite devant Ypres où Louis de Maele avait mis une garnison de chevaliers ; là, ils trouvèrent plus de résistance ; les gens du comte tinrent ferme, mais le peuple se souleva. «Ouvrez à nos bons amis et voisins de Gand, leur dirent » les gens des petits métiers ». — Nous n'en ferons rien,

» répondirent les chevaliers, et garderons le comman-
» dement du comte de Flandre. » Alors les têtes s'échauf-
fèrent, les habitans coururent aux armes, et se ruèrent
sur les nobles en s'écriant : « A la mort ! vous ne serez
» pas seigneurs dans notre ville. » Les chevaliers soutinrent le choc courageusement ; mais ils ne purent résister à la multitude qui en tua plusieurs, mit le reste en
fuite, et ouvrit les portes aux Gantois.

Audenarde, Alost et Termonde étant les seules villes
de la Flandre qui tinssent encore pour le comte, une
armée de soixante mille hommes alla assiéger la première
de ces places, contenue par une forte garnison. Sachant
que leur souverain s'était renfermé dans Termonde, les
rébelles chargèrent en même tems un corps de vingt
mille hommes, commandé par Herzèle, d'attaquer cette
cité pendant la nuit et de l'enlever. Il se mit en marche,
parut devant Termonde au moment où l'on s'y attendait le moins, et chercha à escalader les remparts ; mais
la garnison ayant pris les armes, force lui fut de se retirer
et de regagner Audenarde.

Le comte Louis prévoyant bien qu'il ne pourrait empêcher les insurgés de s'emparer de cette dernière place,
eut recours à l'intervention de son gendre, le duc de
Bourgogne. Sur ses instances réitérées, celui-ci entra en
conférence avec les Flamands qui consentirent à entrer
en négociation. Des députés se réunirent à Pont-à-
Rhosne, entre Audenarde et Tournai, et le comte et le
duc s'y rendirent ; mais ceux des Quatre Membres de
Flandre montrèrent tant de fierté, le prirent sur un ton
si hautain, que les deux princes furent contraints d'é-
puiser toutes les ressources de la politesse, de l'astuce
et de la séduction pour vaincre leur opiniâtreté. Alors,
le comte admit à sa table les députés flamands et les

chefs élus par le peuple ; il parut devant eux gai, affable, populaire, les flatta outre mesure, leur promit monts et merveilles et parvint enfin à les ramener à des sentimens pacifiques. Un traité de paix fut conclu le 5 décembre 1379; mais le peuple, qui connut bientôt toutes les séductions employées par Louis de Maele, ne fut pas dupe de sa feinte modération. « Son cœur désavoue ce » que sa main a signé, disait-il, et c'est une *paix à deux* » *faces* qu'il violera à la première occasion. »

Malgré la promesse solennelle qu'il en avait faite ; le comte ne pouvait se résoudre à venir à Gand. Irrités de ce manque de foi, les bourgeois lui envoyèrent des députés auxquels ils dirent, que s'ils ne le ramenaient avec eux, ils ne rentreraient plus en ville. Les notables trouvèrent leur prince à Deynze et lui dirent tant de belles choses, qu'il consentit enfin à les suivre.

Il entra dans sa capitale le lendemain ; les habitans vinrent audevant de lui et lui témoignèrent « respect » et amour » ; mais il était sombre, soucieux, et les regardait à peine. Quand les échevins lui portèrent des présens de la part de la ville, et l'assurèrent du dévoûment des Gantois, il leur répondit : « En » bonne paix, il ne doit y avoir que paix; cependant il faut que les Chaperons blancs soyent dissous, et que la mort de mon bailli soit vengée. — » Nous le voulons bien, monseigneur, répondirent » les Échevins ; mais le peuple est si réjoui de vous » voir que vous le persuaderez beaucoup mieux que » nous ; venez demain sur la place, parlez lui, et il » vous accordera tout ce que vous voudrez. » En s'exprimant ainsi, les échevins outrageaient la vérité, et ils ne donnaient ce conseil au comte que pour mettre leur personne à l'abri de la fureur populaire.

Quoiqu'il en soit, le comte parut sur la place publique le lendemain, entouré de ses chevaliers, des échevins, et des notables. En la traversant il vit les Chaperons en armes, et, soudain il fut saisi d'un sentiment de tristesse. Il harangua le peuple, lui parla de ses devoirs, de la prospérité dont il jouissait, lui déclara qu'il lui pardonnait ses méfaits, et finit par exiger la dissolution de la confrérie des Chaperons blancs. A peine eut-il prononcé ces derniers mots que des murmures s'élevèrent de toutes parts. Alors il pria chacun de se retirer tranquillement. Le peuple s'écoula, mais les Chaperons blancs restèrent, et quand le prince passa devant eux, ils sourirent insolemment, et ne lui firent aucun salut.

Il quitta Gand quelques jours après, se rendit à Paris, et ensuite à Bruges où il fixa sa résidence à la sollicitation des habitans de cette ville.

NOUVELLE RÉVOLTE DES GANTOIS.

Sur ces entrefaites, une foule de partisans du comte, et les parens du bailli Van Oultrenyek, sous le prétexte de venger la mort de ce dernier, enlevèrent quarante bateaux chargés de marchandises qui naviguaient sur l'Escaut, coupèrent les mains aux bateliers, leur crevèrent les yeux, et les envoyèrent à Gand dans ce pitoyable état. A l'aspect de ces malheureux, les Gantois poussèrent des cris de fureur, et voulurent se venger d'un acte de barbarie qu'ils attribuaient au comte. Soudain, Jean Prunel se met à la tête de cinquante mille Chaperons, se dirige sur Audenarde, enlève cette place d'un coup de main, et la fait démanteler.

Dès que le comte en fut instruit, il envoya des députés aux Gantois pour leur reprocher d'avoir violé la foi jurée en attaquant Audenarde, mais ceux-ci désavouèrent l'entreprise de Prunel, et appaisèrent la colère du comte en bannissant ce chef de leur ville. Ce malheureux s'étant retiré à Ath, fut livré par le comte de Hainaut à Louis de Maele qui le fit périr sur la roue. La mort de Prunel exaspéra les Gantois, « c'est nous s'écrièrent-ils, qui l'avons tué, prenons garde à nous. » Alors le tisserand Pierre Dubois l'un des quatre chefs des Chaperons blancs, s'écria : » Nous ne serons pas en » sureté tant qu'il y aura une maison ou un château de » gentilhomme ; car c'est de là qu'on peut nous détruire. » — Il dit vrai ! il dit vrai ! « repartit le peuple. Sûr de l'approbation de tous, Dubois sort de la ville avec les Chaperons, et se répand dans les campagnes, pillant et détruisant toutes les demeures des nobles. Louis de Haze, bâtard du comte, en tira d'horribles représailles ; il parcourut une partie de la Flandre, et tua tout ce qui lui tomba sous la main, sans distinction d'age ni de sexe ; mais il expia cruellement ces horreurs, car sa troupe fut assaillie près de Poperinghe par les habitans d'Ypres et totalement massacrée.

On ne vit bientôt plus en Flandre que de sinistres échafauds sur lesquels le comte faisait mourir ses sujets. A Bruges il fit trancher la tête à plus de cinq cents personnes, et ces horribles exécutions, au lieu d'effrayer les Flamands, les rendaient plus audacieux et plus entreprenans. Les Gantois irrités tentèrent un coup de main sur Bruges même. Repoussés avec perte, ils se rabattirent sur Termonde, enlevèrent cette place et la pillèrent. De là ils coururent à Dixmude sous la conduite de Bolle, mais atteints par les troupes du comte, ils furent défaits et ils laissèrent cinq mille hommes sur le champ de bataille, Bolle rentra à Gand avec les débris des Chaperons. Accusé de trahison, il fut arrêté et son corps mis en lambeaux par le peuple.

Après cette victoire, Ypres et Courtrai se soumirent, et le comte, irrité de ce que les habitans de ces deux villes avaient ouvert leurs portes à ceux de Gand, en fit périr plus de sept cents.

Renforcé par des troupes venues du comté de Namur, le comte Louis alla mettre le siège devant Gand. L'entreprise était difficile, car la ville était si grande qu'il eût fallu au moins deux cent mille hommes pour l'environner. En cette circonstance les Gantois mirent quatre-vingt mille hommes sous les armes, et comme les Liégeois et les Brabançons les considéraient comme des gens qui faisaient de généreux efforts pour se soustraire à la tyrannie de la noblesse, ils leur envoyèrent des vivres en abondance et les encouragèrent à combattre pour la défense de leurs libertés.

Fiers de l'approbation de tous les peuples de la Belgique, les Gantois soutinrent le siège avec vigueur. Ils détachèrent trois corps de Chaperons qui enlevèrent successivement Alost, Termonde et Grammont, et détruisirent une troupe de Brugeois qui osa les attaquer. La rigueur de la saison suspendit les hostilités, le comte mit une forte garnison dans Audenarde et se retira à Bruges.

Au printems de 1381, la guerre se ralluma avec plus

de fureur, et les Gantois débutèrent par détruire un corps de six cents chevaliers. Le comte ayant confié une armée de vingt à vingt-cinq mille hommes à Gauthier d'Enghien, jeune et vaillant chevalier, ce dernier marcha sur Nyvel occupé par six mille Gantois que commandaient Razon Herzèle et Jean de Lannoi. Celui-ci voulait se retirer devant des forces aussi supérieures, mais son intrépide collègue s'y refusa. Ils attaquèrent l'armée du comte, le 13 mai, se battirent un contre quatre, et se distinguèrent par des prodiges de valeur. Cette poignée de braves balança longtems la victoire, mais Herzèle ayant été tué, elle perdit courage et fut enfoncée. Jean de Lannoi se réfugia dans l'église avec un bon nombre des siens, et s'y défendit vigoureusement. Alors, le comte y fit mettre le feu, et ceux qui s'y étaient retirés périrent dans les flammes ou furent inhumainement massacrés. De Lannoi qui s'était sauvé dans le clocher, implora la pitié de ses ennemis, et périt en se précipitant dans la rue. Après ce succès le comte fit mettre le feu au village, et mourir dans les flammes les Gantois qui étaient en son pouvoir. Leurs concitoyens s'en vengèrent cruellement. Un détachement de Chaperons, échappé au désastre de Nyvel, ayant ramené à Gand vingt-six prisonniers de l'armée du comte, le peuple furieux s'en empara et les assomma à coups de bâtons et de marteaux.

Toutes les villes de la Flandre s'étant soumises à l'autorité du comte Louis, à l'exception de celles de Gand et de Grammont, il ordonna à Gauthier d'Enghien d'aller détruire cette dernière afin d'effrayer et de contenir les autres. Gauthier n'exécuta que trop fidèlement cette atroce mission. Il investit la ville, y fit mettre le feu et périr cinq mille personnes dans les flammes.

Après cette affreuse exécution, Gauthier d'Enghien se rendit près du comte Louis qui le félicita et lui dit : » Beau fils, vous avez donné là une grande preuve de » courage; continuez et vous deviendrez célèbre dans » les siècles futurs. » Le comte a dit vrai; Gauthier a acquis la célébrité des brigands.

Animés du désir de venger les massacres de Grammont, les Gantois tendirent une embuscade à Gauthier d'Enghien, le 18 juillet 1381. Environné par les Chaperons, il se retourne vers les siens et leur dit : « Il » est trop tard pour s'en tirer ; il ne nous reste qu'à » vendre chèrement notre vie. » Alors les chevaliers firent le signe de la croix, se recommandèrent à Dieu et à saint Georges, puis combattirent de leur mieux jusqu'au moment où ils tombèrent percés de coups. La perte de ce jeune chevalier affligea vivement le comte. Il racheta son corps aux Gantois, et on l'entendit s'écrier dans sa douleur amère : « Gauthier, Gau- » thier, mon fils, il est vite arrivé malheur à votre » jeunesse! mais je veux que chacun sache que jamais » les gens de Gand n'auront la paix de moi, jusqu'à » ce qu'ils aient payé ceci tant que sera assez. » Découragé par la catastrophe arrivée à son favori, Louis de Maele quitta les environs de Gand, et regagna Bruges.

PHILIPPE D'ARTEVELDE.

Cependant la guerre continuait à désoler la Flandre. Les riches bourgeois de Gand fatigués de la tyrannie des Chaperons blancs, et de contribuer sans cesse pour la défense des franchises, parlèrent hautement de se réconcilier avec le comte. Quand Pierre Dubois les vit fléchir, il conçut l'idée de ranimer leur énergie en plaçant au pouvoir un homme dont le nom était célèbre dans les annales de la Flandre. C'était Philippe, le fils de ce fameux Jacques d'Artevelde qui avait gouverné le pays pendant sept ans, qui s'était lié avec des rois et des princes, et dont les Flamands vénéraient la mémoire.

Un soir, Dubois vint trouver Philippe, qui vivait riche et tranquille, et lui dit : » Si vous voulez suivre
» mon conseil, je vous ferai le plus grand de toute la
» Flandre. — Et comment cela? répondit Philippe. —
» Nous avons maintenant très grand besoin de choisir
» un souverain capitaine de grand renom. Vous aurez
» le gouvernement et l'administration de la ville de
» Gand, vous ressusciterez en ce pays votre père
» Jacques d'Artevelde qui fut, de son vivant, grandement aimé et craint en Flandre. Il m'est facile
» de vous mettre en sa place; mais vous vous gouvernerez par mon conseil jusqu'à ce que vous vous
» soyez mis au fait; ce qui ne tardera guère. — Pierre,
» repartit Philippe, vous m'offrez là une grande affaire; je vous crois, et vous promets que si vous
» me placez en si haut lieu, je ne ferai rien sans
» votre conseil. — Ah ça, ajouta Pierre, saurez-vous
» bien être hautain et cruel; car les Flamands veulent
» être ainsi menés. — Je ferai ce qu'il faudra, dit
» d'Artevelde. » Après ce court entretien ils se separèrent, et, le lendemain, Pierre Dubois fit entrevoir au peuple que l'on avait tant fait de mal au comte, qu'une paix ne pouvait qu'être funeste aux Gantois, que la

guerre était leur salut, et qu'à l'imitation des Romains, ils devaient confier le pouvoir souverain à un homme habile jusqu'à ce que le moment de crise où l'on se trouvait fût passé. Alors, leur rappelant la gloire et les services de Jacques d'Artevelde, il cita le nom de son fils Philippe. Cette seule inspiration suffit aux Gantois qui s'écrièrent: » Nous n'en voulons pas d'au-
» tre, qu'on aille le chercher. — Non, leur dit Pierre
» Dubois, allons plutôt le trouver et nous expliquer
» avec lui. »

Alors toutes les corporations ayant en tête leurs doyens et leurs capitaines se rendirent chez Philippe d'Artevelde, et lui dirent que la bonne ville de Gand ayant besoin d'un souverain capitaine, au nom duquel on pût se rallier tant au dedans qu'au dehors, les bourgeois l'avaient préféré à tout autre à cause de la mémoire de son père. Philippe feignit d'abord de refuser ce dangereux honneur; mais paraissant ensuite vaincu par les instances de ses concitoyens, il céda, fut conduit en triomphe sur la place publique, où il prêta le serment exigé, et reçut celui des magistrats et du peuple.

Dès qu'il fut élevé au pouvoir, il signala sa sévérité en faisant trancher la tête à douze bourgeois qui avaient participé à l'assassinat de son père, et il eut l'art de faire considérer cette vengeance personnelle comme un acte de justice nécessaire à la sureté publique. Le désordre qui existait dans l'administration exigeant des soins particuliers, il créa de nouveaux doyens, nomma quatre tribuns, et un chef qui fut chargé de protéger les convois de vivres qui arrivaient de la Hollande et de la Zélande, et de surveiller les côtes. Il organisa un corps de troupes connu sous le nom de

Reizers à la tête duquel il mit François Ackerman, et le chargea de parcourir le pays et d'approvisionner la ville; il publia enfin un code de lois dans lequel il fut défendu aux ouvriers d'abandonner leurs travaux pour se mêler d'intérêts politiques. Il y fut stipulé que quiconque serait convaincu de meurtre aurait la tête tranchée; que toutes les querelles particulières seraient suspendues jusqu'à la paix; que quiconque quitterait le combat sans avoir été blessé serait condamné à la réclusion; que les pauvres comme les riches pourraient assister aux assemblées publiques, et qu'ils y auraient voix délibérative, et qu'enfin les comptes de la ville seraient réglés tous les mois et rendus publics.

Le duc de Brabant, le comte de Hainaut et l'évêque de Liége, touchés des malheurs qui pesaient sur la Flandre, interposèrent leur médiation et ouvrirent un congrès à Harlebeek. Les députés de toutes les villes de Flandre s'y rendirent, et Simon Bette et Gilbert Gruter y représentèrent celle de Gand. Mais avant d'entrer en négociations, le comte exigea que les Gantois lui livrassent deux cents ôtages à son choix. Les députés souscrivirent aux volontés de leur souverain, et vinrent à Gand rendre compte de leur mission au peuple assemblé. « Comment avez-vous pu, leur dit Pierre Dubois, » traiter à de si honteuses conditions pour la ville ? Il » vaudrait mieux qu'elle fût ruinée que déshonorée et » trahie. On voit bien que ce n'est ni vous ni vos amis qui » seront dans les deux cents prisonniers. Vous avez fait » votre affaire, nous allons faire la nôtre. » Il dit, et soudain Bette et Gruter sont poignardés aux cris répétés de trahison ! trahison ! Alors Pierre Dubois faisant brandir son poignard teint de sang, s'écrie d'une voix forte:

« Non la guerre n'est pas finie ; le sang de Jean Hyons n'est pas vengé, et nous ne souffrirons pas que ces opulens patriciens fassent la paix aux dépens du peuple. »

Plus outré que jamais, Louis de Maele ravagea le territoire de Gand, et s'entendit avec tous les seigneurs et princes voisins, afin que toutes relations de commerce fussent suspendues avec la ville rébelle. Alors, elle fut réduite à la disette. D'Artevelde fit faire une égale répartition de grains, et venir des munitions de la Zélande, mais ces mesures ne suffirent pas à l'entretien d'une nombreuse population. Dans ces fâcheuses circonstances, il éloigna de la ville toutes les bouches inutiles. Ackerman conduisit devant Bruxelles douze mille malheureux, exténués de faim et de misère, à qui les Brabançons donnèrent une généreuse hospitalité, en dépit de la colère du comte de Flandre, qui au lieu d'être le père de ses sujets, en était devenu le bourreau.

Chargé des ordres de d'Artevelde, Ackerman se rendit ensuite à Liége à l'effet d'y solliciter des secours ; ce ne fut pas en vain. Les Liégeois qui admiraient les généreux efforts que faisaient les Gantois pour la cause de la liberté, leur donnèrent six cents charriots chargés de grains et de farine, que le commandant des Reizers parvint à faire entrer à Gand. Ce secours inespéré ranima le courage des Gantois et augmenta la fureur du comte. Ne consultant que les inspirations d'une aveugle colère, il détruisit complètement tout le pays de Waes et les environs d'Alost, d'où les insurgés pouvaient encore espérer de tirer quelque subsistance ; mais il ne tarda point d'apprendre à ses dépens que les armes du désespoir sont souvent les plus funestes.

PRISE DE BRUGES.

Les vivres ramenés à Gand par François Ackerman furent bientôt consommés, et le peuple en proie de nouveau à toutes les horreurs de la famine. Voulant profiter de la détresse de la ville pour la réduire, Louis de Maele avait donné l'ordre aux Flamands de prendre les armes et de se concentrer à Bruges le 1er Mai 1382; mais d'Artevelde, touché des malheurs de la population de Gand, avait fait prier le duc de Brabant, le comte de Hainaut et l'évêque de Liège de s'employer à la réconciliation du Prince et de ses sujets.

Le lieu des conférences fut fixé à Tournay. L'évêque de Liége, les députés du Brabant et des villes de Flandre s'y rendirent, et d'Artevelde y parut avec douze magistrats de Gand. Mais le comte Louis, résistant aux instances des médiateurs, refusa positivement d'entrer en conférences. Dans cet état de choses, on lui députa à Bruges des seigneurs du Brabant, de Liége et de Hainaut. Il les reçut sèchement, et leur dit qu'il enverrait sa réponse. Elle fut dure: il exigeait que les habitans de Gand, depuis l'âge de quinze ans jusqu'à soixante, vinssent pieds nuds, en chemise et la corde au cou, à moitié chemin de Gand à Bruges, lui demander merci et se remettre à sa discrétion.

Le bailli du Hainaut fit connaître aux députés de Gand les exigences du comte. » Vous êtes en grand » péril, leur dit-il, mais je vous conseille d'accepter » ces conditions et de vous en rapporter à l'indulgence » du comte. » D'Artevelde qui en connaissait toute la portée, lui répondit qu'il le remerciait de son bon

PRISE DE BRUGES.

conseil, et qu'il ne pouvait accepter des offres aussi généreuses sans y être autorisé par ceux de la ville.
» Nous allons leur faire part de cette réponse, ajouta-
» t-il, et s'ils y consentent, il ne tiendra pas à nous
» que le comte soit obéi. »

De retour à Gand, la population se porta en foule devant lui. Il la réunit sur le marché au vendredi, et là il lui fit connaître ce que le comte exigeait. Alors des cris de désespoir se firent entendre de toutes parts, et le bruit des sanglots couvrit sa voix. Dès que ce premier trouble fut calmé, d'Artevelde demanda un instant de silence et reprit : » Il faut prendre une prompte
» résolution. Vous savez que nous n'avons plus de
» vivres, et qu'il y a ici trente mille hommes qui, de-
» puis quinze jours, n'ont pas mangé un morceau de
» pain. Or il y a trois partis à prendre : le premier,
» de nous enfermer dans la ville, d'aller tous confesser
» nos péchés, de nous jeter à genoux dans les églises
» et les monastères, et là, d'attendre la mort comme
» des martyrs, à qui l'on a refusé toute miséricorde.
» Dieu du moins aura pitié de nos âmes, et le monde
» dira que nous sommes morts en braves gens. Le se-
» cond est de s'en aller tous, hommes, femmes, en-
» fans, pieds nuds et la corde au cou, sur la route
» de Bruges, crier merci à monseigneur de Flandre.
» Il n'a pas le cœur assez dur, ni assez obstiné pour
» n'avoir pas pitié de son peuple, quand il le verra
» en cet état. Moi, tout le premier, je lui présenterai
» ma tête pour l'apaiser. Enfin, le dernier parti est
» de choisir cinq ou six mille hommes des mieux ar-
» més et des plus vaillans de la ville, et de les en-
» voyer attaquer sur le champ le comte à Bruges.
» Si nous mourons, ce sera au moins honorablement;

» Dieu prendra pitié de nous, et le monde dira que
» nous avons bravement défendu notre cause. Si au
» contraire nous sommes victorieux, et que Dieu nous
» fasse la même grâce qu'aux Machabées qui détrui-
» sirent la nombreuse armée des Syriens, alors nous
» serons le plus glorieux peuple qu'on ait connu de-
» puis les Romains. Choisissez, et quel que soit le
» parti que vous preniez, je déclare que vous me ver-
» rez à votre tête marcher à la gloire ou à la mort. »
A peine a-t-il achevé ces mots que tous les Gantois
s'écrièrent : « Nous mettons toute notre confiance en
» vous, cher seigneur, conseillez-nous. — » Hé bien!
» répondit Artevelde, je prends le parti qui convient
» à des hommes de cœur; allons à Bruges les armes
» à la main. — Nous le voulons! nous le voulons!
» crièrent-ils — Dans ce cas, retournez chez vous,
» répartit Artevelde, préparez vos armures, nous
» partirons demain. »

On fit des préparatifs pendant le reste de la journée;
on choisit cinq mille citoyens les plus courageux et les
plus robustes; on chargea deux cents voitures de bombardes et de couleuvrines, on mit sur cinq chariots
tout le pain et le vin qui restait dans la ville, et le lendemain au point du jour les habitans accompagnèrent
hors des portes cette poignée de braves en leur disant :
» Allez et revenez victorieux, car dès que nous vous
» saurons morts ou battus, nous mettrons le feu à la
» ville et nous nous détruirons. — Soyez tranquilles et
» priez Dieu pour nous, répondirent les hommes armés,
» il nous aidera car nous avons confiance dans sa justice
» et dans sa miséricorde. »

Conduits par Artevelde et par Ackerman, les Gantois
arrivèrent à une lieue de Bruges deux jours après, et

prirent position dans la plaine de Beverohlt. Ils y passèrent la nuit, et, le lendemain 4 mai 1382, jour où l'on célébrait en cette ville la fête du saint Sang, on les vit, retranchés derrière leurs charriots, assister à la messe dite en sept endroits différens par des moines, se confesser et communier, et écouter religieusement le sermon que ces moines avaient reçu l'ordre de prêcher afin de soutenir leur courage. Après leur avoir rappelé la délivrance miraculeuse des Israëlites asservis par Pharaon, les prédicateurs leur dirent :
« De même que les enfans d'Israël, bonnes gens, vous
» êtes tenus en servitude par le comte de Flandre. Vos
» ennemis sont en grand nombre et ne craignent
» guères votre puissance. N'en soyez pas inquiets. Dieu,
» qui peut tout, aura pitié de vous. Ne pensez pas à
» ce que vous avez laissé derrière vous; car si vous
» êtes vaincus il ne vous reste aucun espoir. Vendez
» votre vie vaillamment, et s'il vous faut mourir,
» mourez avec honneur. Ne vous ébahissez point si
» vous voyez sortir de Bruges de grandes troupes
» contre vous. Souvenez-vous que la victoire n'est
» pas aux gros bataillons, mais à ceux que Dieu favo-
» rise, et l'on a vu par sa grâce, comme par exemple
» les Machabées, des gens de bonne volonté, se con-
» fiant à lui, défaire un grand peuple. Songez aussi
» que vous avez le bon droit et la justice pour vous;
» que cela vous soutienne et vous encourage. »

Après la messe, d'Artevelde rassembla ses gens et les harangua. Aussi habile dans son langage que ferme dans ses projets et courageux dans l'action, il leur rappela toutes les injustices qu'ils avaient à reprocher à leur comte; leur fit un détail des malheureux qu'il avait fait périr dans les flammes ou sur l'échafaud;

leur dit qu'après s'être soulevés pour la défense de leurs franchises, ils avaient voulu se soumettre, qu'il les avait repoussés sans miséricorde par des conditions trop cruelles. « Maintenant, ajouta-t-il, voilà toutes » nos provisions : après celles-là, si vous voulez » manger, il faut les aller chercher à Bruges. Parta- » geons-les cordialement et en bons frères. » Puis il leur fit distribuer un peu de pain et de vin. Se sentant alors pleins de courage et de force, ils se disposèrent au combat. D'Artevelde les mit en ordre de bataille, couvrit son front avec des charriots, derrière lesquels il plaça sa nombreuse artillerie.

Dès que le comte vit cette petite troupe de Gantois, on l'entendit s'écrier : « Ah ! qu'ils sont fous et insolens! » Leur malice les conduit à leur ruine. Pour le coup » voici la fin de la guerre. Il faut s'en aller combattre » ces méchantes gens. Encore sont-ils vaillans de mieux » aimer périr par l'épée que par la faim. » Cependant il délibéra longtems avant de se décider au combat. Dans l'après-dinée, il sortit de la ville avec ses chevaliers, ses gens d'armes et la milice de Bruges, de manière que son armée s'élevait à près de trente mille hommes. Dès que les Brugeois, qui formaient l'avant-garde de l'armée du comte se furent approchés des Gantois, ceux-ci démasquèrent leurs canons, et bientôt trois cents pièces d'artillerie vomirent des boulets et des pierres sur les troupes du comte. D'Artevelde voyant qu'il avait jeté le découragement et l'indécision dans les rangs de l'ennemi, forma ses braves en colonne, et le chargea aux cris répétés de Gand et victoire !... La milice de Bruges ne put résister à ce choc impétueux; ébranlée, elle jette ses armes, fuit en désordre, passe sur le corps au reste de l'armée, et entraîne les chevaliers. Une terreur panique s'est emparée de tous les esprits, et le comte lui-même renversé de cheval, parvint avec beaucoup de peine à se tirer de la presse et du péril.

Il courut aux portes de la ville et se mit en devoir de les fermer; mais ce fut en vain, les terribles Gantois y entrèrent pêle-mêle avec les fuyards, tuant et massacrant tout ce qui opposait quelque résistance. Louis de Maele espérant encore de vaincre, rassembla ses chevaliers et voulut s'emparer de la grand'place, à la lueur des torches qu'il avait fait allumer, car la nuit était arrivée. Il ne réussit point dans ce projet; les Gantois s'en étaient emparés, et déjà les corporations des maréchaux-ferrants, des tisserands et des drapiers s'étaient joints à leurs *frères* et *amis* de Gand. » N'allez pas plus avant, monseigneur, lui crie un de » ses chevaliers; les Gantois sont maîtres de toute la » ville, ils vous cherchent et de perfides Brugeois leur » servent de guides. » En effet, d'Artevelde avait ordonné que l'on s'emparât du comte et qu'on ne lui fît aucun mal.

Dans cette pénible extrémité, le comte fit éteindre les torches, se jeta dans une ruelle, se désarma promptement, se couvrit de la houpelande d'un de ses domestiques, et erra de rue en rue jusqu'à minuit sans trouver un refuge, et traqué par les Gantois. Enfin, vers cette heure il se trouva dans une petite rue obscure devant la demeure d'une pauvre femme. Il entra dans cette maison sale et enfumée où il n'y avait qu'une salle basse et un grenier où l'on montait par une mauvaise échelle. « Bonne femme, sauve-moi, dit-il en en- » trant : je suis ton seigneur le comte de Flandre; mes » ennemis me cherchent, cache-moi je te recompenserai.

« — Ah! je vous connais, répartit la vieille femme, j'ai
» souvent reçu l'aumone à votre porte. Montez vite au
» grenier et cachez-vous dans le lit où mes enfans sont
» couchés. » Le comte ne se fit pas prier; il franchi tl'é-
chelle en deux sauts et se blottit entre la paillasse et le
matelas. Il était tems, les soldats d'Ackerman étaient à
la porte. » Nous avons vu entrer un homme ici, dirent-
» ils à la vieille. — Par ma foi répondit-elle, vous vous
» trompez grandement. J'ai ouvert ma porte pour jeter
» de l'eau dans la rue et je l'ai refermée. Au reste, cher-
» chez, voici mon lit et celui de mes enfans est en haut.
En achevant ces mots, elle continua à jouer auprès
du feu avec un sien fils. Un soldat prit la lumière,
fureta partout, et ne vit que les enfans dormant sur
le grabat. « Allons, dit-il à ses camarades, partons, nous
» perdons notre temps; la bonne mère a dit vrai; il
» n'y a que des enfans. »

Dès qu'ils furent partis, le comte abandonna cet asile,
parvint à gagner les remparts, à franchir les fossés à
l'aide d'une petite barque, et à s'éloigner de la ville. Suivant l'habitude des princes, dit Froissard, il ne connaissait ni voies ni chemins, et errait au hasard par monts
et par vaux. Il entendit du bruit, vit un homme s'approcher dans l'obscurité et se cacha dans les broussailles;
mais le reconnaissant pour un de ses chevaliers à qui il
avait fait épouser une de ses bâtardes, il l'appela, voya-
gea à pied le reste de la nuit, parvint à trouver un
cheval chez un paysan et à gagner Lille où il arriva sans
selle ni harnais, couvert des habits de son domestique.

Tandis que le comte fuyait abandonné après avoir
perdu trois mille des siens, les Gantois unis aux tisserands et aux drapiers, se répandaient dans les rues de

Bruges et massacraient impitoyablement les verriers, les bouchers, les poissonniers et les corroyeurs restés fidèles à leur souverain. Douze cents de ces malheureux furent les victimes de la vengeance et de la colère des insurgés. Mais Artevelde rétablit l'ordre en défendant, sous peine de mort, toute violence et tout larcin, et en veillant à ce qu'aucun dommage ne fût fait aux marchands étrangers. Le château de Maele fut pillé et tous les meubles du comte transportés à Gand.

Après cette victoire, toutes les villes de Flandre se soumirent à l'exception de celles d'Audenarde, de Deynze et de Termonde; d'Artevelde prit le titre de régent, et les Flamands lui donnèrent celui de sauveur et de père de la patrie. Dès cet instant, il fit peindre sur sa bannière trois bonnets phrygiens, emblèmes de la liberté, et il parut en ville couvert de broderies et revêtu d'un manteau rouge, insignes de la souveraineté.

SIÉGE D'AUDENARDE.

Immédiatement après la prise de Bruges, d'Artevelde s'était présenté devant Audenarde, et avait sommé les habitans de lui en ouvrir les portes, mais les chevaliers qui défendaient cette place lui ayant répondu qu'ils s'inquiétaient fort peu de ses menaces et de ses sommations, et qu'ils garderaient jusqu'à la mort l'héritage du comte, il avait été forcé de se retirer. Louis de Maele avait profité de cet instant pour renforcer la garnison, et pour confier le commandement de cette ville importante alors à Daniel Hallewyn, qui avait pris sur le champ des mesures énergiques pour la conserver au comte.

S'apercevant que le comte Louis faisait dépendre le sort de la Flandre de la conservation d'Audenarde; Artevelde se décida à en faire le siége. Dans ce but, il donna ordre aux Flamands de prendre les armes et de se concentrer devant cette ville le 19 juin 1382. Il fit, en attendant, des préparatifs immenses. Au jour fixé, cent mille hommes s'y trouvèrent réunis, et la nombreuse artillerie qui avait décidé la victoire de Bruges y fut transportée.

Il fit d'abord cerner la ville, et dans la crainte que l'on y introduisît des vivres par l'Escaut, il intercepta la navigation du côté de la France, en y plaçant une triple rangée de poutres. Une machine propre à lancer des pierres dans la ville, et une énorme pièce d'artillerie fut placée sur une montagne qui dominait la place, « et » tant était effroyable le bruit de cette bombarde, dit » Froissard, que quand elle décliquait on l'entendait de » jour à une distance de cinq lieues, et de dix pendant » la nuit. » Malgré la vigueur de l'attaque, les assiégés ne se déconcertèrent pas, ils firent sorties sur sorties, détruisirent les travaux des assiégeans, et se défendirent avec autant de courage que de bonheur.

D'Artevelde détacha un corps nombreux sous la conduite de François Ackerman, qui se présenta devant Termonde. Sommée de se rendre, la garnison répondit que les clefs de la place étaient à Audenarde, et que les Gantois pouvaient les y aller prendre. Forcé d'abandonner cette entreprise, Ackerman ravagea le pays, tomba sur Deynze qu'il brûla, et bientôt tous les châteaux, toutes les métairies qui appartenaient à des gens de noble extraction furent pillés et détruits. Ses troupes se répandirent jusque dans les environs de Lille et brûlèrent la ville d'Helchin qui faisait partie du royaume de France.

Chassé de ses états, le comte Louis réclama l'intervention de la France, et s'adressa à cet effet à son gendre, le duc de Bourgogne, qui avait une grande autorité pendant la minorité du roi Charles VI. La révolte des Flamands inquiétait singulièrement les princes et les seigneurs ; car toutes les villes de la Belgique, ainsi que celles de Paris et de Rouen s'intéressaient vivement au sort des Gantois dont ils admiraient le courage et la persévérance; et déjà le duc de Bourgogne avait dit » que si on laissait la canaille gouverner le pays, si l'on » n'y mettait ordre, toute la chevalerie et la seigneurie » pourraient bien être détruites dans la chrétienté. » On voit que les roturiers de tous les pays sentaient leur dignité d'homme blessée par l'arrogance et la tyrannie de la noblesse, et qu'ils n'attendaient qu'une occasion favorable pour secouer son joug odieux.

Le duc de Bourgogne qui avait intérêt à soumettre les Flamands, alla trouver immédiatement le duc de Berry, et lui fit entrevoir combien il importait d'abattre l'orgueil des Gantois, et le danger que leur puissance faisait courir à toute la noblesse. « Nous en parlerons » au roi, répondit le duc, car émouvoir la guerre entre » la France et la Flandre n'est pas peu de chose, et s'il » arrivait malheur, c'est à nous que la faute serait im» putée.» Le roi qui entra dans ce moment, s'enquit de ce qui les agitait de telle manière. « Ah! sire, lui dit » le duc, mon frère de Bourgogne me raconte comme » quoi les Flamands ont chassé de son héritage leur sei» gneur et tous les gentilshommes, et comment un bras» seur de bière, qui a nom Artevelde, assiége le reste des

» chevaliers de Flandre dans Audenarde. Ils ne peuvent
» être secourus que par vous. Voulez-vous aider votre
» cousin de Flandre à reconquérir son héritage que les
» vilains lui ont ôté ? Je le veux répartit le jeune mo-
» narque, allons y de suite, s'il est possible, je voudrais
» partir demain. »

Informé de ce qui se passait à la cour de France, Artevelde écrivit au roi, et le pria très humblement de daigner interposer sa médiation pour le rétablissement de la paix entre le comte de Flandre et ses sujets ; mais au lieu de saisir cette occasion pour terminer la guerre, on tourna cette demande en ridicule, et l'on chargea de fers le courrier qui l'avait apportée. Quand Artevelde le sut, il tourna les yeux vers l'Angleterre et dit à ceux qui l'entouraient : » le duc de Bourgogne
» mène le roi ; il n'en restera pas là, nous avons à pour-
» voir à notre défense, ou du moins à intimider la
» France en lui montrant que nous avons les Anglais
» pour alliés. »

Incontinent, il chargea douze députés d'aller trouver Richard II, roi d'Angleterre, de réclamer des secours de cette puissance, et de demander le remboursement d'une somme de deux cents mille écus que Jacques Artevelde, père de Philippe, et les bonnes villes de Flandre avaient prêtés à Édouard III. Le duc de Lancastre répondit aux députés que le roi ferait connaître sa réponse à Artevelde, et il les congédia. Mais dès qu'ils se furent éloignés, il ne put s'empêcher de se railler de la demande des Flamands, qu'il trouvait trop orgueilleuse et trop insolente. D'ailleurs la cause du comte de Flandre étant commune aux seigneurs de tous les pays, ils avaient les mêmes intérêts à soutenir, aussi la réponse Richard se fit-elle long-tems attendre.

Cependant la cour de France inquiétée par ces négociations, tira de prison le messager d'Artevelde, le renvoya, et chargea quelques prélats de se rendre à Tournai pour y traiter de la paix avec les Flamands. Ils écrivirent à Artevelde, et le traitèrent dans leur lettre sur le même pied que les capitaines d'Ypres et de Bruges. A la réception de leur dépêche, il fit mettre le messager en prison et dit : » Par ma foi, je crois que » ces gens de France se moquent de moi ; ils doivent » bien savoir que j'ai déclaré que je ne traiterais avec » eux qu'après la reddition d'Audenarde. » Il leur répondit pourtant ; il leur déclara qu'il s'était allié avec les Anglais, qu'il ne craignait pas la France et qu'il avait fait emprisonner leur messager par représailles. Cette réponse énergique étonna les envoyés du roi de France, qui quittèrent Tournai de suite et se retirèrent à Péronne où la cour attendait le succès de leurs négociations. Louis de Maele se trouvait alors auprès du roi, à qui il était venu rendre hommage du comté d'Artois dont il venait d'hériter de sa mère. » Votre querelle est la nôtre, lui dit le roi ; «retournez en Artois, car nous y serons bientôt, et nous » verrons nos ennemis. » Le comte partit, et mit en liberté tous les ôtages qu'il avait enlevés aux Flamands, afin de les disposer en sa faveur. C'était de l'indulgence bien tardive.

BATAILLE DE ROOSEBÈKE.

Dans le courant de l'an 1382, une espèce de fièvre révolutionnaire gagnait insensiblement toute l'Europe, et menaçait le pouvoir que la noblesse retenait injustement. La Flandre était le foyer de l'insurrection, et tous les peuples avaient les yeux fixés sur elle. Les Brabançons et les Liégeois, comprimés un instant, n'attendaient que le moment propice pour faire cause commune avec les Flamands. Déjà Paris, Rouen, et plusieurs villes de France s'étaient soulevées, et déjà la population de Londres, ayant à sa tête un couvreur, nommé Wat-Tyler, était parvenue à dicter des ordres au roi d'Angleterre. La cour de France sentit qu'il était urgent d'agir; elle comprit que si elle succombait c'en était fait de la noblesse, et elle prit des mesures pour porter un coup décisif. Par ordre du Roi, tous les seigneurs et chevaliers prirent les armes; l'Oriflamme fut tirée de saint-Denis, et l'armée se concentra à Arras sur la fin du mois d'octobre. Le comte de Flandre vint la joindre avec un corps de seize mille hommes; mais par une bizarrerie inconcevable, le Roi défendit, sous peine de mort, aux Flamands qui en faisaient partie, de parler leur langue.

Artevelde, de son côté, s'était mis en mesure de s'opposer à l'invasion des Français. Sans abandonner le siége d'Audenarde, il avait fait rompre tous les ponts qui étaient sur la Lys, et chargé Pierre Dubois de défendre le passage de cette rivière avec un corps de dix mille fantassins.

Le connétable de Clisson, qui commandait l'avant-garde des Français, reçut l'ordre de marcher sur Comines et de tenter d'y jeter un pont. Il y vint ; mais il y trouva un détachement de Flamands qu'il ne parvint pas d'abord à débusquer. Outré de ne pouvoir remplir les ordres du roi, telle était l'ignorance des Français de cette époque, le connétable s'écria dans son impatience : » Mais d'où vient donc cette maudite rivière ? Elle com- » mence loin d'ici, du côté de Saint-Omer, lui répon- » dit-on. — Eh bien, reprit-il, puisqu'elle a un commen- » cement, nous la passerons bien ; remontons jusqu'à sa » source. » Sur l'observation qu'on lui fit que l'on s'engagerait dans des marais impraticables, il fit rétablir le pont, attaqua les Flamands et les mit en fuite. Informé de cet évènement, Dubois arrive au pas de charge, et attaque les Français, les enfonce, les rejette au delà de la rivière et détruit le pont de nouveau. Pendant que Clisson cherchait à surmonter cet obstacle, un détachement qu'il avait envoyé du côté de Warneton ayant trouvé un gué, traversa la rivière et marcha sur les Flamands que cette diversion força à la retraite.

Le connétable profita de cet incident pour rétablir le pont et le fortifier. Pierre Dubois vint l'attaquer ; mais il lui fut impossible de le déloger de sa position ; il se retira sur Menin, et ensuite sur Courtrai après avoir perdu trois mille des siens dans ces combats divers.

Dès que le passage de la Lys fut libre, l'armée française marcha sur Ypres, pillant et ravageant le pays. Les habitans de cette ville se voyant fortement menacés, parlèrent d'ouvrir leurs portes au roi ; le commandant qu'Artevelde y avait placé s'y refusa. Tournant alors leurs armes contre la garnison, les Bourgeois en massacrèrent une partie, tuèrent le commandant, et allèrent au devant de l'ennemi. Dunkerke, Furnes, Gravelines, Poperinghe, Cassel, Bourbourg, Bergues, Thourout, imitant ce pernicieux exemple, se saisirent de leurs commandans et les envoyèrent pieds et poings liés au roi qui les fit mettre à mort.

Les succès des Français, bien loin d'intimider les Gantois, les irritèrent davantage. Au lieu de chercher à traîner la guerre en longueur, ils en pressèrent le dénouement. On était alors à la mi-novembre, et la mauvaise saison, la difficulté de transporter les vivres nécessaires à la subsistance d'une armée considérable auraient bientôt forcé le roi à se retirer; mais telle était la présomption des Flamands, qu'ils s'imaginaient follement que les Français fuiraient au premier choc. A cette première faute ils en joignirent une seconde: celle de ne pas lever le siége d'Audenarde, de ne pas réunir toute leurs forces et leur nombreuse artillerie afin d'écraser l'ennemi.

Quoiqu'il en soit, Artevelde persuadé que la capricieuse fortune lui resterait fidèle, partit à la tête de quarante mille hommes, se dirigea sur Courtrai, et alla prendre position dans les environs de Roosebeke, à peu de distance du camp des Français.

Le 26 novembre, Artevelde réunit ses principaux officiers et leur donna à souper. » Compagnons, leur » dit-il, j'espère que demain nous aurons rude besogne; » car le roi de France est à Roosebeke en grande volonté » de combattre. Conduisez-vous tous loyalement; ne » vous alarmez point; nous défendons notre bon droit » et les libertés de la Flandre. Les Anglais ne sont point » arrivés, mais nous n'en aurons que plus d'honneur; » s'ils fussent venus, ils nous auraient dérobé notre re-» nommée. Avec le roi de France, est toute la fleur de son » royaume; il n'a rien laissé derrière lui. Dites à vos gens » de tout tuer et de ne faire nul merci. Il ne faut épar-» gner que le roi de France; ce n'est qu'un enfant, on

» doit lui pardonner; nous l'amènerons à Gand pour » lui apprendre le flamand. Quant aux ducs, comtes, » barons, et autres gens d'armes, tuez-les tous; les » communes de France ne nous en sauront pas mauvais » gré, et je suis bien assuré qu'elles voudraient qu'il » n'en revînt pas un. » Après le souper, les officiers se retirèrent, et d'Artevelde rentra dans sa tente.

Brave soldat, mais général sans habileté, le plébéien qui gouvernait la Flandre savait se battre et non se garder. Pendant qu'il dormait, un détachement français pénétra dans le camp et y porta le désordre; il aurait peut-être été surpris et enlevé lui-même si sa maitresse, qui était couchée avec lui, ne se fût éveillée au bruit des armes. Effrayée, elle appela d'Artevelde qui saisit sa hache, sortit et fit sonner l'alarme. A ce bruit, les Français se retirèrent sans être aperçus, et les Flamands qui avaient entendu des cris sans apercevoir aucuns guerriers ennemis, s'imaginèrent que c'était quelque prodige de sinistre présage. Il n'en fallait pas davantage pour décourager des hommes dont l'esprit était agité par les folles terreurs de la superstition.

Le lendemain au point du jour (27 novembre 1382), le téméraire d'Artevelde quitta la position qu'il occupait, et rangea son armée en colonne. Un brouillard épais couvrait les deux camps, de manière que l'on voyait à peine à quelques pas devant soi. Le régent de Flandre était à la tête d'un corps de dix mille Gantois en qui il avait mis toute sa confiance. Derrière lui marchaient, bannières déployées, les contingens et les corps de métiers des autres villes, tous couverts de casques de fer, de hoquetons, de brassards, et armés de lances, de coutelas et de maillets; l'artillerie était placée au centre et sur les flancs de ces profondes colonnes; et soixante archers anglais, arrivés la veille de Calais, formaient l'avant-garde. Un page, que l'on distinguait près de d'Artevelde, tenait en main un cheval superbe que celui-ci devait monter lorsqu'il aurait mis les Français en déroute.

Le sire de Beaumanoir qui vint au devant des Flamands avec un corps de deux mille chevaux, fut vivement attaqué et repoussé en désordre. Encouragé par ce premier succès, les Flamands continuèrent leur marche, et quand ils furent à portée des Français ils firent feu de toute leur artillerie et se précipitèrent sur eux avec furie. Fortement ébranlé par ce choc terrible, le centre de l'armée ennemie où combattait le roi, recula en désordre, mais se rallia de suite et parvint à résister aux efforts des Flamands. Alors, le connétable de Clisson les chargea à la tête d'une nombreuse cavalerie, les prit en flanc, pénétra dans leur masse et en fit un carnage affreux. Enfoncés de toutes parts, ne voyant plus leur vaillant chef, ne recevant des ordres de personne, la terreur les saisit; ils fuient épouvantés et laissent vingt mille morts sur le champ de bataille. On trouva parmi les morts une femme qui avait promis la victoire aux Flamands s'ils voulaient lui laisser porter la bannière de Saint-Georges.

Après cette victoire, le roi, qui voulut voir, mort ou vif, le fameux d'Artevelde, fit publier dans le camp qu'une récompense de cent livres était promise à celui qui le livrerait. On le chercha parmi les morts, et un Flamand grièvement blessé le montra près d'un monceau de Gantois qui s'étaient fait tuer pour le défendre. Il fut traîné devant la tente du roi; il avait été étouffé sous le poids des hommes et des chevaux, et portait encore les guêtres de toile écrue qu'il avait chaussées la veille.

Le roi fixa quelque tems le cadavre de cet homme extraordinaire; puis le repoussant du pied, il ordonna qu'il fût pendu à un arbre voisin. »Les habitans mon-
»trent encore aujourd'hui, dit M. Delepierre, un
»tilleul isolé, connu sous le nom de *Schreyboom*, où
»l'on prétend que cet acte d'inutile barbarie fut exé-
»cuté. »

Le monarque français voulut sauver la vie et faire panser les blessures du soldat flamand qui avait indiqué le corps du brave d'Artevelde; mais il refusa les secours qu'on voulut lui prodiguer, et déclara qu'il ne voulait pas survivre à son capitaine.

Cependant la cavalerie française poursuivit les fuyards et s'empara de Courtrai qui était sans défense. Irritée à la vue des éperons dorés, des enseignes et des armes appendus dans l'église de cette ville depuis la glorieuse journée des éperons, elle se livra à la plus atroce vengeance. Elle égorgea tous les habitans sans distinction d'âge ni de sexe, et réduisit la cité en cendres. La plupart des villes, effrayées de la barbarie des Français, cédèrent à une lâche terreur et se soumirent.

LES ANGLAIS EN FLANDRE.

Les Français ne surent pas recueillir le fruit de la victoire de Roosebèke. Au lieu de profiter de la terreur des Flamands pour marcher sur Gand, et mettre fin à la guerre en s'emparant de cette ville, ils s'amusèrent à parlementer avec les autres places, laissèrent à ceux qui assiégeaient Audenarde le moyen de se retirer dans la capitale, et aux Gantois le tems de revenir du découragement où ils étaient plongés.

Le roi chargea un hérault d'aller à Gand sommer la ville de renoncer à l'alliance qu'elle avait contractée avec l'Angleterre; de reconnaître le pape Clément VII; d'abroger les lois portées par d'Artevelde; de se soumettre à leur comte sans restriction; de payer aux Français une somme de trois cent mille francs, et de livrer des otages. Mais Pierre Dubois, dont les revers n'ébranlaient pas la fermeté, était parvenu à rassurer les esprits, à rassembler les débris de l'armée, et à rendre ses concitoyens aussi intraitables que s'ils eussent gagné la bataille de Roosebèke. Ils firent répondre au monarque français qu'ils étaient prêts à se soumettre à son autorité s'il voulait leur permettre de relever directement de lui et d'être du ressort du parlement de Paris, sans jamais rentrer sous la juridiction et le pouvoir du comte de Flandre. » Quant à Clément VII, dirent-ils, » il nous est aussi odieux que notre comte; nous ré- » pudions leur autorité; nous ne déposerons pas les » armes, et, quand nous serons morts, nos os se ras- » sembleront encore pour combattre. »

Bientôt la saison devint froide et pluvieuse; la terre fut inondée, les routes dégradées, et il fallut que les Français songeassent à se retirer. Ils mirent des garnisons dans les places fortes, et le roi qui avait souillé sa gloire par des actes atroces, ne quitta la Flandre que pour aller punir les Parisiens de leurs liaisons avec les Flamands. S'ils avaient eu le bon esprit de se soulever avant la défaite de ceux-ci, ils auraient pu facilement renverser le pouvoir de la noblesse et forcer la cour de renoncer à l'insultante partialité qu'elle avait pour les patriciens. La destruction du système féodal, l'affranchissement des communes, la répartition égale des impôts, que tous les peuples demandaient à grands cris, eussent été les suites d'une insurrection aussi juste que salutaire.

En quittant la Flandre, le roi chargea Jean de Ghistelle de la gouverner. Mais pendant que celui-ci, de concert avec Louis de Maele, faisait périr à Bruges ceux qui avaient soutenu le parti des rebelles, et qu'il bannissait une foule de citoyens de Deynze et de Courtray, Ackerman, que les Gantois avaient élevé au pouvoir de souverain capitaine, enlevait et brûlait Ardenbourg, et faisait publier en Flandre que les habitans de Gand recevraient dans leur cité et accorderaient le droit de bourgeoisie à tous ceux des autres villes qui étaient victimes de leur attachement à la cause de la liberté.

L'Angleterre avait vu avec plaisir l'abaissement des communes de Flandre, mais la jalousie qu'elle ressentait pour la France, et la crainte que cette dernière puissance ne s'enorgueillît trop de la victoire de Roosebèke, la déterminèrent à envoyer au secours des Gantois une armée sous la conduite de l'évêque de Nortwick. (1383).

L'arrivée de ce secours ranima le courage des Gantois, et leur fit concevoir l'espérance de sortir victorieux de la lutte qu'ils soutenaient avec tant d'opiniâtreté. Ackerman alla audevant de ses alliés avec un corps d'infanterie, et dès qu'il les eut joint ils marchèrent ensemble sur Gravelines. Les habitans voulurent en vain défendre cette place mal fortifiée. Elle fut enlevée d'assaut, livrée au pillage, et la population passée au fil de l'epée. La petite ville de Bourbourg, effrayée de cette terrible mesure, n'attendit pas l'arrivée de l'armée anglo-flamande ; elle envoya des députés à l'évêque de Nortwick qui furent chargés de lui présenter les clefs de la place.

Après ces exploits faciles, les Anglais se dirigèrent sur Dunkerque, où un fils naturel de Louis de Maele avait rassemblé un corps de douze mille hommes. Un chevalier anglais fit observer à l'évêque que la guerre qu'il faisait au comte de Flandre n'était pas loyale ; » Vous entrez dans son pays, ajouta-t-il, sans déclara-
» tion de guerre, et cependant il a refusé de reconnaî-
» tre le pape Clément, et tient avec nous pour Urbain
» VI. — C'est au roi de France et au duc de Bourgogne
» que je fais la guerre, répondit le fougueux prélat, et
» ils sont tous défiés depuis longtems. D'ailleurs qui sait
» si les gens d'armes qui sont là en face de nous sont Ur-
» banistes ou Clémentins ? — Au moins, répartit le che-
» valier, envoyons un héraut pour le leur demander.
» — J'y consens, dit l'évêque, qu'on aille les sommer,
» s'ils sont Urbanistes, de se joindre à nous pour entrer
» en France. » Le héraut partit ; mais dès qu'il se fût approché des avant-postes flamands, composés de paysans qui ignoraient les usages de la guerre, il fut assailli et mis en pièces.

Indigné de cet attentat, l'évêque donna le signal du combat, et, soudain, les archers anglais, qui étaient les meilleurs de la chrétienté, attaquèrent les soldats du comte et les mirent en fuite. Poursuivis l'épée dans les reins, ils gagnèrent Dunkerque en toute hâte, mais ils étaient serrés de si près que les Anglais entrèrent avec eux dans la place. Ce fut vainement que le bâtard de Flandre rallia les fuyards et livra un nouveau combat aux Anglais dans les rues de Dunkerque. Enfoncés de nouveau, les partisans du comte furent presque tous massacrés, et la ville resta au pouvoir de l'armée anglo-flamande. Cette victoire entraîna la soumission de la plupart des villes de la Flandre occidentale.

Consterné de ce nouveau malheur, le comte de Flandre eut recours au duc de Bourgogne qui envoya sur le champ ses hommes d'armes occuper les villes de Bergues, d'Aire, de Saint-Omer, et tous les châteaux situés sur les frontières de France.

Au lieu de marcher sur Bruges qui lui aurait sans doute ouvert ses portes, l'évêque de Nortwick, courut investir Cassel et Saint-Venant, dont il se rendit maître, et vint ensuite assiéger Ypres. Ackerman lui amena de Gand un corps de vingt mille fantassins; mais les habitans défendirent si bien leur place, qu'ils donnèrent le tems au roi de France d'arriver à leur secours avec une armée de cent mille hommes. Dès que les assiégeans eurent connaissance de l'approche des Français, ils donnèrent à la ville un rude et inutile assaut, et se retirèrent après un siège de neuf semaines. Les habitans attribuèrent la retraite des anglais à un miracle opéré par une Notre-Dame des frères mineurs, et une procession fut faite tous les ans le 8 aout, en commémoration de cet évènement.

Ackerman reprit alors la route de Gand, et les Anglais se jetèrent dans Bergues, qu'ils abandonnèrent bientôt pour se réfugier à Bourbourg, où ils furent assiégés par l'armée française. Pendant que les Français perdaient autour de cette bicoque un tems qu'ils auraient pu employer utilement, Ackerman conçut le projet d'enlever Audenarde. Il partit de Gand le 16 septembre 1383 avec quatre ou cinq cents hommes et s'approcha de la place à la tombée de la nuit. Une pauvre vieille qui ramassait de l'herbe pour ses vaches sur les remparts, vit s'avancer les Gantois, avec leurs échelles. Elle courut avertir une sentinelle, puis les hommes de garde qui jouaient aux dés; mais ceux-ci se rirent de sa frayeur et se contentèrent de lui dire qu'elle avait pris des bestiaux pour des hommes. Par un singulier hasard, on avait mis les fossés à sec pour en enlever le poisson. Les Gantois en profitèrent; ils les franchirent en silence, escaladèrent les remparts, sautèrent dans la ville et s'en rendirent maîtres. Ackerman trouva dans Audenarde d'immenses provisions, et la livra au pillage. Il eut soin cependant de ménager les magasins qui appartenaient aux marchands étrangers, afin de ne pas donner de justes sujets de plaintes aux souverains de la Belgique.

Dès qu'on apprit dans le camp français l'audacieuse expédition des Gantois, on résolut de s'en venger sur la malheureuse ville de Bourbourg; mais le duc de Bretagne s'employa si utilement qu'il parvint enfin à ouvrir des conférences pour la conclusion d'une trêve. Ce n'était pas ce que voulaient les Bretons, les Allemands et les Bourguignons avides de pillage; ils espéraient s'enrichir des dépouilles des Anglais et de celles des habitans, et ne voulurent pas suspendre les hostilités. Toutefois le traité se négociait toujours, et le duc de Bretagne réussit à le faire adopter par le roi malgré les cris des seigneurs français et des soldats.

Ensuite de la capitulation, les Anglais sortirent de la ville en emmenant leurs bagages. Mais aussitôt qu'ils en furent dehors, les Bretons s'y précipitèrent, massacrèrent la population et mirent le feu à la place. Froissard rapporte qu'un Breton étant entré dans l'église de

Saint-Jean, monta sur l'autel pour arracher une pierre précieuse de la couronne d'une statue de la vierge; l'image, dit-il, fit un mouvement, et le sacrilége tomba mort sur le pavé. Le roi de France effrayé de ce prodige se hâta d'envoyer de riches présens à l'image de Notre-Dame pour appaiser sa colère.

Le roi licencia son armée et des conférences s'ouvrirent à Calais; mais le comte de Flandre implacable dans sa haine, s'opposa de tout son pouvoir à ce que les Gantois fussent compris dans le traité. Le duc de Lancastre, qui était né dans leur ville, ayant déclaré que l'Angleterre ne pouvait se séparer de ses alliés, le duc de Berry impatienté de l'obstination du comte lui dit sèchement : « Mon cousin, je voudrais vous voir plus » modéré et moins haineux. Les Gantois seront dans la » trève. Par votre peu de sagesse, vous avez jeté vous » et les vôtres dans de grands périls et dommages. Lais- » sez-là votre colère, et montrez plus de prud'hommie.»

Pénétré de douleur, le comte de Flandre quitta Calais sur le champ et se retira à Saint-Omer. Alors on conclut une trève d'un an, et les Gantois conservèrent Gravelines et Audenarde (1383).

Peu de tems après, Louis de Maele irrité contre le duc de Berri, exigea de ce dernier l'hommage du comté de Boulogne, qu'il tenait de sa femme et qui relevait du comté d'Artois. Le duc refusa, et la querelle s'échauffa tellement que celui-ci, transporté de colère, tua le comte d'un coup de poignard.

Pendant les conférences de Calais, Wenceslas, duc de Brabant, atteint d'une phthisie pulmonaire, se fit transporter à Luxembourg afin d'y respirer l'air natal; il s'entoura de médecins pour prolonger sa vie, mais la science de la faculté échoua devant les progrès de la maladie qui le conduisit au tombeau le 7 décembre 1383. Conformément à ses intentions, sa dépouille mortelle fut déposée dans l'église de l'abbaye d'Orval.

JEANNE DE BRABANT.

PHILIPPE LE HARDI, COMTE DE FLANDRE.

La duchesse Jeanne, qui prit les rênes du gouvernement après la mort de son époux, eut d'abord à lutter contre Guillaume de Juiliers, duc de Gueldre, qui voulut enlever au Brabant les châteaux de Gangelt, de Vucht et de Millen. Aucun moyen ne lui répugnant lorsqu'il s'agissait d'augmenter sa puissance, Guillaume chercha à corrompre la fidélité de Jean Gronsveld, à qui la garde de ces châteaux était confiée; mais toutes ses séductions échouèrent devant la loyauté de ce brave chevalier, qui fut ensuite, à l'instigation du duc, tué dans une rencontre qu'il eut avec le sire de Schonvorst (1383).

La mort de Louis de Maele, arrivée presqu'en même tems que celle de Wenceslas, fit passer les comtés de Flandre, d'Artois, de Rhétel et de Névers, la seigneurie de Malines et la ville d'Anvers dans la maison de Bourgogne, et Philippe-le-Hardi en prit possession du chef de Marguerite de Flandre, sa femme. Il vint en Flandre au mois de mai 1384 avec une suite nombreuse. Il fut reçu avec joie par les nobles, à la plupart desquels il donna des places et des pensions; mais il ne put se concilier l'amour des Gantois, qui étaient toujours en état de rébellion.

Pendant que le duc de Bourgogne se préparait à faire la guerre aux Gantois, qui se fiant sur la trève n'étaient pas sur leurs gardes, le sire d'Escornay, chevalier flamand, rassembla ses amis et ses vassaux et se mit en mesure d'enlever Audenarde par surprise. Il vint, pendant la nuit, prendre position dans un bois voisin de cette ville avec quatre cents hommes déterminés. Le lendemain, qui était un jour de marché, il fit entrer dans la place plusieurs voitures chargées de foin, sous lequel des gens d'armes étaient cachés. Dès que quelques unes de ces voitures eurent dépassé la porte, ceux qui les conduisaient coupèrent les traits des chevaux, prirent la fuite, et les soldats armés en sortirent. En un clin d'œil la garde est égorgée et d'Escornay entre à Audenarde à la tête des siens. Pierre Winck, lieutenant d'Ackerman, qui commandait la place, réunit sur le champ le plus d'hommes qu'il peut et attaque les assaillans dans les rues. Un combat terrible s'engage, les Gantois, trop inférieurs en nombre, sont inhumainement massacrés, et Winck n'échappe à la mort qu'en passant l'Escaut à la nage.

La prise d'Audenarde exaspéra les Gantois. Ils s'assemblèrent aux cris répétés de trahison, destituèrent Ackerman, le remplacèrent par Baudouin de Rycke et quatre autres capitaines, et mirent en pièces le seigneur d'Herzèle, sous la simple prévention d'avoir voulu livrer Gand au duc de Bourgogne.

Les nouveaux chefs signalèrent leur avènement au pouvoir en ravageant le territoire des villes soumises au duc, et en portant partout l'horreur et le trépas. Ils s'avancèrent jusqu'à Oostbourg qui fut livrée au pillage et aux flammes; mais pendant qu'ils s'occupaient de rapines, les habitans désespérés rompirent les digues et inondèrent le pays pour les forcer à la retraite. Plusieurs Gantois périrent dans les flots et beaucoup d'autres furent atteints dans leur fuite, et massacrés par les gens du pays.

Les Gantois envoyèrent au duc de Bourgogne des députés pour se plaindre de ce que le seigneur d'Escornay avait violé la trève. Le duc répondit que cette violation ne provenait pas de son fait, et qu'il écrirait à ce seigneur pour lui intimer l'ordre de quitter Audenarde; mais il n'en fut rien. D'Escornay prétendit que la garnison de cette place avait dévasté son héritage avant et pendant la trève; qu'il y avait guerre entre eux, et qu'il ne rendrait la ville que quand celle de Gand obéirait à son souverain. Les choses en demeurèrent là, et Audenarde fut perdue pour les Gantois.

Les guerres que la ville de Gand soutenait depuis si longtems ayant épuisé ses finances, elle fut forcée de congédier ses capitaines et beaucoup d'officiers et de gens de guerre. A sa sollicitation, le roi d'Angleterre lui donna Jean Borseley, un de ses chevaliers, qu'elle accepta pour gouverneur, et à qui elle prêta le même serment et rendit les mêmes honneurs qu'à ses souverains. Borseley était homme d'honneur et de probité; mais il ne put jamais obtenir des capitaines destitués l'obéissance qu'il réclamait d'eux. Ils continuèrent à faire des courses sur le territoire des villes soumises au duc, et Ackerman, lui-même, enleva celle de Dam. Cet homme que les historiens nous dépeignent comme un être féroce, montra pourtant en cette circonstance autant d'humanité que de galanterie: il défendit à ses gens de faire le moindre outrage aux dames; « Je suis homme, dit-il, et je ne fais la guerre » qu'aux hommes; qu'on traite bien les femmes, et » qu'on n'imite pas l'exemple de l'ennemi qui outrage » sans pudeur nos femmes et nos filles. »

Les habitans de Bruges[1], de l'Ecluse et d'Ardenbourg, inquiets du voisinage des Gantois, coururent aux armes et se mirent en mesure de reprendre Dam. Ils allèrent investir cette place; mais un corps nombreux, parti de Gand, les attaqua à l'improviste, les battit et les força de lever le siége. Ce succès rehaussa le courage des Gantois qui augmentèrent les fortifications de Dam, et y laissèrent une bonne garnison sous les ordres d'Ackerman.

La continuité de la guerre ayant laissé une foule de gens sans ressources et sans asile, ils formèrent des bandes de pillards, appelés Pourcelets, qui se tenaient dans les forêts, se fortifiaient dans quelques châteaux, et couraient le pays en combattant, disaient-ils, pour les Gantois. Jean Jumont, bailli de Flandre, les poursuivait sans cesse, n'accordait merci à aucun de leurs prisonniers, les faisait tuer ou les renvoyait les yeux arrachés, le nez et les oreilles coupés. Ces cruautés ne faisaient qu'exciter les Flamands et redoubler les efforts d'Ackerman, qui avait des intelligences dans toutes les villes. Peu s'en fallut qu'il s'emparât d'Ardenbourg, où le bailli faisait sa résidence, et qu'il ne tirât vengeance des actes de barbarie qu'il commettait journellement.

Quand le duc de Bourgogne apprit la prise de Dam, il pria le roi de l'aider à reprendre cette ville. Le monarque ayant l'intention de faire en même tems la guerre aux Anglais et aux Flamands, rassembla une flotte dans le port de l'Écluse, que le duc venait d'acquérir, par voie d'échange, du comte de Namur, en lui donnant Béthune en retour, et vint en Flandre, à la tête d'une armée de cent mille homme, mettre le siége devant Dam. Ackerman, qui n'en avait que quinze cents, s'y défendit vaillamment.

Pendant que l'armée française était occupée à ce

siége, les Gantois sachant que la flotte n'était gardée que par un faible corps, gagnèrent quelques bourgeois de l'Écluse, et les engagèrent à brûler les navires et à rompre les digues pour inonder le camp des Français. Ce complot fut découvert, les conjurés arrêtés et décapités.

D'un autre côté, le siége de Dam se poursuivait avec une extrême difficulté. Les chevaux mouraient par milliers dans ce pays marécageux et mal sain; leurs corps infectaient le camp, et une fièvre contagieuse exerçait d'horribles ravages parmi les assiégeans. Les gens d'armes firent bientôt éclater des murmures; le mécontentement gagna les chevaliers qui se retirèrent dans les villes voisines pour éviter le mauvais air, et le roi lui-même fut contraint d'aller s'établir au château de Maele. Ackerman ne pouvant espérer de défendre longtems la place contre une armée si nombreuse, rassembla la garnison, fit une sortie, se précipita sur les Français, se fit jour à travers leurs lignes et parvint à regagner Gand avec la majeure partie des siens. Après le départ des Gantois, les Bourgeois ouvrirent leurs portes aux Français qui pillèrent et brûlèrent la ville. Les femmes des chevaliers, pour qui Ackerman avait eu mille égards, furent livrées à la lubricité des vainqueurs.

Après la prise de Dam, toutes les villes de la Flandre Zélandaise et le pays de Waas furent cruellement ravagés. Les Français n'y laissèrent pas une maison, pas une église debout. Les vieillards, les femmes, les enfans furent impitoyablement massacrés, et telle était la haine des Flamands pour leurs ennemis, qu'ils préféraient la mort à la soumission. Un jour on amena plusieurs prisonniers devant le roi; il voulait leur faire grâce pourvu qu'ils se soumissent; » Non, s'écrièrent-ils,

» vous pouvez soumettre le corps des plus braves hom-
» mes du monde, mais jamais leurs âmes; et quand
» bien même tous les peuples de la Flandre seraient
» morts, leurs membres dispersés se rassembleraient en-
» core pour vous combattre. » Il y en eut un cependant
qui fut assez lâche pour se constituer le bourreau de
ses concitoyens afin de sauver sa vie. On accepta son
infâme service, et puis on le tua quand il eut rempli
l'affreuse mission dont il s'était chargé.

Au lieu de marcher sur Gand, et d'en finir une
bonne fois avec les insurgés, le roi, trouvant sans
doute qu'il avait assez fait pour la gloire, reconduisit
son armée en France et la congédia.

PACIFICATION DE GAND.

Cependant les citoyens aisés de Gand étaient fatigués
d'une guerre qui détruisait leur négoce, et ils songeaient sérieusement à se réconcilier avec leur souverain. D'un autre côté, les peuples de l'Orient et ceux
qui habitaient sur les côtes de l'Océan et de la Médi-
terranée, s'étonnaient de ne plus voir arriver dans
leurs ports les riches navires de Flandre et souffraient
également de la stagnation du commerce. Les Gantois
en souffraient le plus; mais malgré cela, ils restaient
unis entr'eux, et fermes dans leurs projets. Pierre
Dubois, qui était toujours un des principaux meneurs,
empêchait que l'on parlât de paix, et de concert avec
Borseley, le gouverneur anglais, il dirigeait les esprits
de manière à perpétuer la révolte (1384).

Deux bourgeois de Gand qui appartenaient à la classe moyenne, résolurent de mettre fin aux malheurs du pays. Roger Everwin, l'un d'eux, était commerçant sur mer, et l'autre, Jacques Evertbourg, était doyen du corps des bouchers. Après s'être assurés secrètement de l'assentiment de leurs corporations, Everwin se rendit auprès du duc de Bourgogne, et lui fit part de son projet. « Mon ami, lui dit le prince, votre » avis est bon et salutaire ; je vous en remercie. Retour- » nez à Gand, continuez à travailler auprès du peuple, » et rendez-moi compte du succès de vos démarches ; » car mieux vaut réduire les Gantois par la douceur que » par la guerre. » (1384)

De retour à Gand, Everwin s'en fut avec Evertbourg trouver un chevalier flamand, nommé Jean Van Heyle qui n'inspirait de défiance à aucun parti. Ils se confièrent à lui, le chargèrent d'aller trouver le duc de Bourgogne et de lui demander s'il voulait tout pardonner et conserver à la ville ses droits et ses franchises. Van Heyle se rendit à Paris auprès du duc qui lui promit de ne point attenter aux libertés des Gantois. « Mais Ackerman en est-il ? ajouta le prince. » « Non, « monseigneur, répartit le chevalier, et je ne sais si » ceux qui m'ont envoyé veulent s'ouvrir à lui. » « Dites- » leur, reprit-il, de lui parler hardiment ; il ne m'est » point contraire, et je sais qu'il veut la paix. » Quand Van Heyle fut de retour à Gand, il fit connaître à Everwin, à Evertbourg et à Ackerman le succès de sa mission, et ils se mirent tous trois à l'œuvre. Mais le plus difficile était d'obtenir l'assentiment du gouverneur et de Pierre Dubois, qui avaient beaucoup d'influence sur le peuple. Ils convinrent que le chevalier réunirait la population, et qu'il lui lirait les lettres du duc qui assurait pardon des offenses et la liberté des bonnes villes.

Au jour fixé, les partisans de la paix se réunirent à sept heures du matin pour déjouer les projets de Dubois qui avait eu vent de ce projet, et se rendirent sur la place, bannière de Flandre en main, en criant : « Flan-
» dre au Lion ! Le seigneur du pays donne la paix à la
» bonne ville de Gand, et pardonne à tous les coupa-
» bles. » Pierre Dubois, et le gouverneur de leur côté, sortirent avec la bannière d'Angleterre et se mirent à crier ; « Vive Flandre ! Le roi d'Angleterre est seigneur
» de la ville de Gand ! » Mais il était trop tard ; le peuple s'était rassemblé sous la bannière nationale ; et demandait à grands cris que les lettres du duc fussent lues publiquement. Van Heyle et Ackerman en firent lecture et l'assemblée décida qu'on enverrait des députés à Tournay pour y traiter de la paix.

Alors Everwin alla trouver le gouverneur anglais qui, ne pouvant espérer de lutter avec succès contre le peuple, s'était renfermé chez lui. » Quelle est votre in-
» tention ? lui dit-il. Êtes-vous ami ou ennemi ? — Je
» veux, répondit Borseley, rester fidèle au roi d'Angle-
» terre, mon souverain légitime, qui m'a envoyé ici à
» votre sollicitation, s'il vous en souvient. — Il est vrai,
» répartit le Gantois ; et si ce n'était que la bonne ville
» de Gand vous a mandé, vous seriez mis à mort. Mais
» en l'honneur du roi d'Angleterre nous ne vous ferons
» aucun mal, et serez reconduit à Calais. Retirez-vous
» tranquillement, car nous voulons être en paix avec
» notre seigneur et maître. »

Cependant le duc de Bourgogne, la duchesse Marguerite de Flandre, la duchesse de Brabant, les comtes de Namur, de Hainaut, la comtesse de Nevers, le duc

Albert de Bavière, les ambassadeurs du roi de France, et une foule de seigneurs Bourguignons, Français et Belges se réunirent à Tournay vers la fin de novembre 1385 pour y traiter de la paix. La ville de Gand y députa deux cent cinquante notables au nombre desquels était Ackerman. On s'attendait à voir les Gantois humbles et repentans; mais loin de là, ils se présentèrent à l'assemblée magnifiquement vêtus, avec une suite si nombreuse, et montrèrent tant de fierté, qu'ils semblaient venus pour dicter des lois au lieu d'en recevoir.

Suivant la coutume du tems, les députés de la ville rebelle devaient se prosterner devant leur souverain, s'avouer coupables, et demander merci. Les Gantois ayant refusé de se soumettre à cette cérémonie humiliante, sous le prétexte qu'ils n'étaient pas chargés d'une semblable mission, les conférences allaient être rompues, quand, à la sollicitation du duc de Bavière, les duchesses de Brabant, de Bourgogne, et la comtesse de Névers se mirent à genoux devant le duc, et le supplièrent de pardonner à sa bonne ville de Gand, lui promettant qu'à l'avenir elle serait obéissante et fidèle.

Pendant toute la durée de cette scène, les députés de Gand restèrent debout, conservèrent la plus grande impassibilité, et montrèrent un dédain si prononcé que le duc irrité voulut d'abord les renvoyer. Mais ensuite changeant de sentiment, il feignit d'être satisfait de la cérémonie que ces trois nobles dames venaient d'accomplir au nom de la Flandre, et il se résigna.

» Mesdames, dit-il en les relevant, puisque, de concert
» avec cette noble assemblée, vous désirez que je sa-
» crifie mon mécontentement et rende ma protection

» au peuple de Gand, je déclare que faisant violence à
» ma volonté, je consens à oublier le passé, à accorder
» un pardon général aux Gantois, et à les traiter comme
» un bon prince doit traiter de bons et loyaux sujets.»
Alors, seulement alors, les fiers députés s'inclinèrent
devant le duc et lui jurèrent obéissance et fidélité. Immédiatement après, le duc signa le traité de paix qui
était conçu comme suit : (1).

» Philippe, etc., fils de France, duc de Bourgogne,
» comte de Flandre et d'Artois et palatin de Bourgogne,
» sire de Salins, comte de Réthel et seigneur de Malines,
» et Marguerite, duchesse et comtesse desdits pays et
» lieux, à tous ceux qui les présentes verront, savoir
» faisons: que nos bien-aimés sujets, les échevins,
» doyens, conseillers et communautés de notre bonne
» ville de Gand, ayant humblement supplié notre sire
» le roi et nous de vouloir bien avoir pour eux pitié,
» merci et miséricorde, et leur pardonner toutes les
» offenses et méfaits commis par eux et leurs complices
» contre notre dit seigneur et nous, nous avons eu pi-
» tié et compassion de nos dits sujets, et que nous leur
» avons par de précédentes lettres remis et pardonné
» les dites offenses, pour des causes contenues aux dites
» lettres, et aussi que nous leur confirmons leurs pri-
» vilèges, franchises, coutumes et usages, si toutefois
» ils rentrent pleinement en l'obéissance de notre dit
» seigneur et en la nôtre. La quelle grâce les dits gens
» de Gand et leurs complices ont reçue très-humble-
» ment de notre seigneur et de nous, par leurs lettres
» et messagers qu'ils ont en grand nombre envoyés vers
» notre dit seigneur et vers nous à Tournay, renonçant

(1) Le traité de Tournay étant un monument historique assez curieux, nous croyons devoir le rapporter entièrement.

»à toute guerre et débats, retournant de bon cœur à
»la vraie obéissance de notre dit seigneur et de nous,
»promettant que dorénavant ils seront bons amis et
»loyaux et vrais sujets à notre seigneur le roi comme
»à leur seigneur naturel. C'est pourquoi nous avons
»reçu nos dits sujets de Gand et leurs complices à
»notre grâce, miséricorde et obéissance, et donné
»lettres de grâce, pardon et rémission purement et
»absolument, avec la restitution de leurs privilèges,
»coutumes et usages. Après lesquelles grâces nos dits
»sujets nous ont fait plusieurs supplications, lesquelles
»nous avons reçues et fait voir et visiter par les gens
»de notre conseil en grande et mûre délibération. Les
»ayant vues et, pour le commun bien de notre pays,
»voulant prévenir toute discussion qui pourrait s'élever
»à l'avenir, de notre grâce, par amour et considé-
»ration de nos bons sujets, avons ordonné :

»1° Sur ce qu'ils nous ont supplié que nous voulus-
»sions confirmer les privilèges d'Audenarde, de Gram-
»mont, Termonde, Rupelmonde, Deynze, Alost et autres,
»ainsi que des châtellenies du plat-pays à l'entour ainsi
»que les dites villes, avons ordonné que les habitans des
»dites villes viendront par-devers nous et nous appor-
»teront leurs privilèges, lesquels nous ferons voir par
»les gens de notre conseil; après les avoir vus, nous
»ferons à ce sujet de telle sorte que nos dits sujets de
»Gand et ceux des bonnes villes en devront être con-
»tens; et si quelques-uns des dits privilèges étaient
»perdus par cas de fortune ou autrement, nous ferons
»faire à cet égard bonne information et nous y pour-
»voirons.

»2° Sur ce qu'ils nous ont supplié au sujet du com-
»merce, nous avons consenti qu'il ait cours dans tout

» notre pays de Flandre en payant les taxes et deniers
» accoutumés.

» 3° Sur ce qu'ils nous ont supplié que si aucun des
» habitans de notre bonne ville de Gand ou de leurs
» complices étant arrêté hors du pays de Flandre pour
» le fait des susdites dissensions, nous voulussions bien
» le protéger dans son repos; avons octroyé que si
» aucun d'entre eux était arrêté, nous l'aiderons, con-
» forterons et défendrons de tout notre pouvoir contre
» ceux qui par voies de fait les voudraient gréver ou
» retenir, comme bons seigneurs doivent faire pour
» leurs loyaux sujets.

» 4° Sur ce qu'ils nous ont supplié que nous fissions
» délivrer tous les prisonniers qui ont tenu leur parti
» et qui sont détenus par nous ou par nos sujets, nous
» avons ordonné que les dits prisonniers soient délivrés
» en payant leur rançon ou des dépens raisonnables;
» et en même tems que si aucun de ces prisonniers tient,
» par ses parens ou amis, aucunes forteresses, il les
» remette avant tout entre nos mains, et que nos pri-
» sonniers détenus par nos dits sujets de Gand et leurs
» complices soient pareillement délivrés.

» 5° En amplification de notre dite grâce, ordonnons
» que ceux qui ont été bannis de notre pays de Flandre
» pourront y retourner et y demeurer, pourvu qu'ils
» fassent dans les mains de nos officiers le serment de
» garder la paix et de ne porter aux habitans mal ni
» dommage par aucune voie directe ou publique.

» 6° Et quant aux absens, ils seront restitués dans
» leurs fiefs, maisons, rentes et héritages en quelque
» lieu qu'ils soient (nonobstant toute forfaiture ou ma-
» léfice commis à l'occasion des susdites dissentions)
» ainsi qu'ils les tenaient avant ces dissentions.

» 7° Que si aucuns habitans de Gand ou leurs com-
» plices sont hors de la dite ville dans le pays de Bra-
» bant, Hainaut, Zélande, Cambrésis, ou Liége, ils
» rentreront dans l'obéissance de notre dit seigneur et
» de nous, et feront le serment prescrit dans l'espace
» de deux mois, et jouiront des grâces et pardons sus-
» dits, et ceux qui sont au pays d'Angleterre, de Frise,
» d'Allemagne, et autres en deça de la grande mer,
» rentreront en notre obéissance dans l'espace de quatre
» mois, et ceux qui sont outre la grande mer, à Rome,
» ou en pélerinage à St-Jacques dans l'espace d'un an.

» 8° Que les biens-meubles qui ont été pris de part
» et d'autre ne seront sujets à aucune restitution, et en
» demeureront quittes tous ceux qui les ont pris, et
» aussi de toutes obligations faites pour occasion de ces
» biens, si quelques-unes ont été faites pour la déchar-
» ge des consciences, et s'ils voulaient en rendre quel-
» que chose.

» 9° Que les possesseurs des maisons à restituer ne
» pourront rien ôter des dites maisons tenant à plomb,
» à clous ou à chevilles. Elles seront rendues sans don-
» ner lieu à aucune restitution de cens, rentes ou reve-
» nus, et dorénavant les fruits, intérêts, revenus des dits
» héritages seront levés paisiblement pour ceux à qui ils
» doivent appartenir.

» 10°. Bien que nos sujets de Gand et leurs complices
» aient fait hommage des fiefs qu'ils tiennent à d'autres
» seigneurs qu'à ceux à qui ils appartenaient, et que
» par là leurs fiefs soient tombés en forfaiture, nonobs-
» tant nous voulons, de notre grâce, que ces fiefs leur
» demeurent en nous faisant hommage de ce qui vient
» de nous, sans intermédiaire, et à nos vassaux de ce
» qui est tenu d'eux ; nous octroyons aussi par grâce

» spéciale, les héritages et contrats accomplis légale-
» ment entre parties présentes.

« 11° Nos dits sujets de Gand, Échevins, Doyens,
» Conseillers et toutes les communautés de Gand, ont,
» par notre ordre et leur bonne volonté renoncé et re-
» noncent à toute alliance, sermens et obligations,
» foi et hommage qu'eux et aucuns d'eux auraient fait
» au roi d'Angleterre, ou à ses Commissaires et députés,
» ou à tout autre qui ne serait pas en bienveillance
» avec notre seigneur et nous. Et nous ont fait ser-
» ment d'être dorénavant bons, vrais et loyaux sujets
» et obéissants de notre dit seigneur et de ses succes-
» seurs les rois de France, et de nous comme leur di-
» rect seigneur et de nos successeurs les comtes de
» Flandre; et de nous rendre les services que bons et
» loyaux sujets doivent faire à leurs bons seigneurs et
» dames, comme garder leurs corps, honneurs, héri-
» tages et droits, empêcher tous ceux qui voudraient
» les attaquer, et le faire savoir à nous ou à nos offi-
» ciers, sauf leurs privilèges ou franchises.

» 12° Afin que nos sujets de notre bonne ville de Gand
» demeurent toujours en paix et en vraie obéissance de
» notre seigneur le Roi, et de nous et nos héritiers,
» pour prévenir tous débats et dissensions qui pourraient
» survenir, nous voulons et ordonnons que tous les arti-
» cles susdits soient gardés sans les enfreindre; et dé-
» fendons à nos sujets, sous peine de se rendre coupa-
» bles envers nous, qu'à l'occasion des susdits débats et
» dissensions, ils en agissent mal ou fassent mal agir,
» par voie directe ou détournée, de fait ni de parole,
» envers les susdites gens de Gand ou leurs complices;
» et ne leur disent à ce sujet aucun opprobre, reproche
» ni injure.

» 13º Si quelqu'un faisait le contraire, et qu'en notre
» nom il fît tort ou portât dommage aux gens de Gand,
» ou eux à aucun de ceux qui ont tenu notre parti, à
» l'occasion des anciens débats, et se portassent à une
» offense telle, qu'à la connaissance de nos officiers et
» d'après les lois, le fait sera réputé criminel, le coupa-
» ble, ses complices et ceux qui l'auront aidé seront
» loyalement punis dans leurs corps et dans leurs biens,
» *comme étant convaincus d'avoir enfreint la paix*, par
» la justice de nos officiers ou des seigneurs, d'après
» les lois du pays; et il sera fait satisfaction raisonna-
» ble à la partie lésée sur les biens du coupable, et le
» surplus payé à nous ou aux seigneurs, sauf le privi-
» lège des villes.

«14º Si aucun des bourgeois de notre ville de Gand
» était mis hors la loi ou banni pour avoir rompu la
» paix, il perdra son bien, malgré les privilèges des
» villes, et satisfaction sera faite à la partie lésée sur le
» bien, et le reste ira à ses héritiers comme s'il était
» décédé.

» 15º Si quelqu'un par paroles ou d'autre sorte, con-
» trevient à la dite ordonnance, à la connaissance de
» nos officiers et tribunaux du lieu, nous voulons et
» ordonnons qu'il soit puni d'amende arbitraire, si
» grande qu'elle soit exemplaire; sauf les privilèges et
» franchises des lieux.

» 16º Si aucune personne d'église agissait contre la
» paix, elle sera livrée à la juridiction de l'ordinaire
» pour que vengeance en soit prise, selon que le cas le
» requerra.

» 17º Cette paix entre nous et nos bons sujets de
» Gand et leurs complices, sera criée et publiée solen-

» nellement dans la dite ville et les autres villes de notre
» pays de Flandre.

» 18° Si quelques doutes ou obscurités se présentaient
» à l'avenir sur les articles et points susdits, nous les
» éclaircirons et ferons éclaircir et interpréter par notre
» conseil, raisonnablement, et de façon à contenter
» tous ceux à qui il appartiendra.

» Et nous doyens et communautés de la ville de
» Gand, pour nous et nos complices quelconques,
» avons reçu et recevons les grâces, pardons et clé-
» mence susdites, à nous faites par le roi Charles notre
» souverain seigneur, et par les dits duc et duchesse,
» comte et comtesse de Flandre, nos seigneurs directs
» et naturels, et des dites grâces et pardons nous les
» remercions de bon cœur autant que nous le pouvons
» et leur fesons les sermens que bons et loyaux sujets
» doivent faire à leurs légitimes seigneurs, et garderons
» leurs corps et honneurs.

» En témoignagne desquelles choses, nous duc et du-
» chesse avons fait mettre notre sceau à ces lettres; et
» nous échevins, doyens et communautés de Gand, y
» avons aussi mis le grand sceau de la ville.

» Et en outre, nous duc et duchesse, avons prié,
» prions et requérons notre très-chère et aimée tante,
» la duchesse de Luxembourg et de Brabant, notre très-
» cher et très-aimé frère le duc Albert de Bavière, et
» aussi nous échevins, doyens, conseillers et commu-
» nautés, supplions très-haute et très-puissante prin-
» cesse Madame la duchesse de Luxembourg et de
» Brabant, et très-haut et très-puissant seigneur Albert
» de Bavière.

» Et en outre, nous duc et duchesse de Bourgogne,
» et nous échevins, doyens, conseils et communautés

» de Gand, prions les barons et nobles ci-après nom-
» més du pays de Flandre, les bonnes villes de Bruges,
» d'Ypres, de Malines et d'Anvers, et le territoire
» du Franc, que pour le bien de la paix et la plus
» grande sureté, et témoignage de la vérité de toutes
» et de chacune des choses susdites, ils veulent mettre
» à ces présentes leurs sceaux et les sceaux des dites
» villes.

» Et nous Jeanne, par la grâce de Dieu, duchesse de
» Luxembourg, Brabant et Limbourg; Nous duc Albert
» de Bavière, Bailli, gouverneur et héritier des pays de
» Hainaut, Hollande, Zélande et de la seigneurie de
» Frise; nous Guillaume, fils ainé du comte de Namur,
» seigneur de l'Écluse; Hugues, seigneur d'Antoing et
» Châtelain de Gand; Jean, seigneur de Ghistelles et
» de Hornes; Henri de Bruges, sire de Dixmude et de
» Heyne; Jean, sire de Grimberghe et de la Gruthuse;
» Arnould de Gavre, sire d'Escornay; Philippe, sei-
» gneur d'Axèle; Louis de la Hasle, bâtard de Flandre;
» Gerard de Raseghem, sire de Basserode; Gauthier,
» sire d'Halwin; Philippe de Massenée, sire d'Eck;
» Jean Vilain, châtelain d'Ypres; et Louis, sire de Rou-
» lers. »

» Et nous bourgmestres et échevins des villes de
» Bruges et d'Ypres; et nous Philippe de Redehen, che-
» valier, échevin du territoire du Franc, au nom dudit
» territoire, lequel n'a pas de sceau à lui; et nous con-
» seil des villes de Malines et d'Anvers, avons à la dite
» requête et prière, fait mettre et mis nos sceaux aux
» présentes lesttres. »

» Fait à Tournay, le 18 décembre 1385. »

Après la ratification de ce traité, le duc vint à Gand
où il fut reçu aux acclamations du peuple; mais Pierre

Dubois ne l'y attendit pas. Un jour, avant l'arrivée du prince, il alla trouver François Ackerman, et lui dit que ne se fiant pas au traité, il avait l'intention de se retirer en Angleterre, où il était sûr de trouver asile et protection. — « Mais, Pierre, lui dit alors Ackerman, » tout est pardonné; ensuite du traité signé par mon- » seigneur de Bourgogne, il ne peut être nullement » question du passé, et l'on ne peut ni ne doit jamais » en montrer souvenir. — Ce n'est pas dans les écritures » que sont les vrais pardons, répartit Dubois. On par- » donne de bouche, on l'écrit, on le signe même et l'on » n'en conserve pas moins de haine. Je suis d'obscure » famille; je me suis loyalement sacrifié pour soutenir » les franchises du peuple et ses libertés : pensez-vous » que dans quelques années il s'en souvienne? Les en- » nemis de Jean Hyons vont rentrer à Gand, et ils ne » me verront pas de meilleur œil que les parens de ceux » que j'ai tués quand ils ont voulu traiter. Je ne puis » vivre ici ni en confiance ni en sureté. Venez, suivez- » moi en Angleterre, il en est tems encore. — Je veux » demeurer à Gand, répondit Ackerman. — Et croyez- » vous, répliqua Dubois, y demeurer paisiblement? Il » y a de grandes haines contre vous et contre moi; je n'y » resterais pour rien au monde; on ne peut se fier au » peuple. Ne vous souvient-il pas de ce sage et vaillant » Jacques Artevelde qui lui avait fait tant de bien? Hé » bien! il fut assassiné sur le propos d'un méchant cou- » vreur. Les notables ne le secoururent pas et furent » satisfaits de sa mort. Autant nous arrivera si nous » demeurons ici. — Il n'en sera rien, répondit Ackerman, » le duc de Bourgogne a tout pardonné, et m'a même » offert d'être son écuyer. — Au nom de Dieu, ajouta » Dubois, écoutez mes conseils; car si vous restez ici,

» vous périrez. — J'y aviserai, dit Ackerman ; mais
» je n'irai point en Angleterre. » Après cet entretien,
Dubois quitta la Flandre et se rendit à Londres,
où le roi lui fit une pension annuelle de cent marcs
d'argent.

Cependant Philippe-le-Hardi, dans le but de réprimer les soulèvemens des peuples et d'assurer ses frontières, fit construire un château à l'Écluse, fortifier Nieuport et rétablir les fortifications d'Aunarde. Les faubourgs d'Ypres et de Courtrai furent rasés par ses ordres, et les nombreux ouvriers qui les habitaient disséminés à Poperinghe, à Comines et à Menin.

Après avoir pourvu à la défense du pays, il réorganisa l'administration judiciaire, et établit à Lille une Cour de justice ; mais les villes de Gand, d'Ypres, de Bruges et le territoire du Franc ne voulurent pas s'y soumettre, sous le prétexte, assez plausible d'ailleurs, que les affaires s'y traitaient dans une langue qui n'était pas la leur.

Ackerman, qui vivait tranquille à Gand, apprit bientôt aux dépens de sa vie qu'il avait eu tort de mépriser les bons et sages conseils de Pierre Dubois. Le duc ayant défendu aux Flamands de sortir en armes, le bailli de Gand donna l'ordre à Ackerman de renoncer désormais à l'habitude de sortir accompagné de trente ou quarante hommes armés. Celui-ci lui fit observer que tout en respectant la volonté du souverain, il croyait être en position, dans la ville de Gand, de faire porter ses armes par quelques valets ; le bailli ayant ajouté que cela occasionnait des murmures, et qu'il devait se soumettre aux lois comme tout autre citoyen, Ackerman se soumit loyalement, et ne parut plus en ville que suivi d'un seul valet. Un jour (c'était le 22 juillet 1386) qu'il se rendait à l'abbaye de Saint-Pierre accompagné d'un enfant, un bâtard du sire de Herzèle s'approcha de lui en criant : » A la mort, François Ackerman, vous » avez fait périr mon père » et le tua d'un coup d'épée. Après avoir commis ce crime, l'assassin se retira tranquillement, et ne fut pas même livré à la justice.

GUERRE DE GUELDRE.

Le duc de Gueldre n'ayant pu, comme nous l'avons dit, enlever déloyalement au duché de Brabant les châteaux de Vucht, de Gangelt et de Millen, il offrit à la duchesse Jeanne de lui rembourser la somme pour laquelle ils étaient engagés, si elle voulait les lui restituer ; mais la réponse de Jeanne se faisant trop attendre à son gré, il se reconnut le vassal du roi d'Angleterre qui lui promit des secours, déclara la guerre au Brabant, et s'empara de la ville de Grave (1386).

Dans cet état de choses, la duchesse de Brabant leva des troupes, s'assura de l'alliance du roi de France et du duc de Bourgogne et courut mettre le siége devant Grave. Mais les assiégés se défendirent si vigoureusement que force fut aux Brabançons de renoncer à prendre la place de vive force. Résolus de la réduire par famine, ils interceptèrent toutes les communications du dehors, et la garnison fut bientôt aux abois.

Alors, Guillaume de Juiliers recourut à la médiation du comte de Hainaut, son beau-père, qui parvint à conclure un traité de paix ensuite duquel le duc de Gueldre devait rendre Grave au Brabant, et réintégrer les sires de Cuyck et de Middelaere dans les biens qu'il leur avait enlevés. Dès que le danger fut passé, Guillaume, que l'on pourrait avec raison surnommer le déloyal, refusa de rendre la ville de Grave et de restituer ses domaines au seigneur de Middelaere.

En l'an 1387, des députés Belges, Hollandais, Français et Bourguignons se réunirent successivement à Cambrai, à Anvers, à Gertruydenberg et à Bois-le-duc, à l'effet d'y terminer des différens qui pouvaient ramener la guerre; mais le duc de Gueldre mit si peu de sincérité dans toutes les démarches qu'il fit, que la duchesse fut contrainte de rompre les conférences, et de se décider à employer la voie des armes afin de rentrer dans la possession de Grave.

Vers la fin de juin 1388, Jeanne rassembla une armée de quarante mille hommes dans le Brabant septentrional, et commit l'imprudence d'en confier le commandement aux principaux seigneurs. L'absence d'une volonté ferme et unique se fit bientôt sentir dans cette armée qui n'avait pas de chef, parce qu'elle en avait trop, et eut des suites funestes. Quoi qu'il en soit, les Brabançons allèrent camper devant Grave, sur la rive gauche de la Meuse, et poussèrent le siége avec activité.

Les assiégés recevant journellement des vivres par la rive droite de la Meuse, que les chefs de l'armée brabançonne avaient négligé de faire occuper, ceux-ci reconnurent la faute qu'ils avaient commise et résolurent de faire construire un pont pour lier leur communications sur les deux rives. On se mit à l'œuvre, et peu de jours suffirent pour que le pont fût presque achevé; mais alors les assiégés firent une sortie pendant la nuit, tombèrent sur les avant-postes qu'ils massacrèrent et détruisirent le pont.

Cet évènement funeste ne découragea pas les assiégeans qui résolurent de faire passer la Meuse à un corps de dix mille hommes, dans deux endroits guéables, et d'occuper l'autre bord. Ce projet réussit à merveille et les Brabançons furent bientôt en mesure d'empêcher les Hollandais de jeter du secours dans la place. Quand le duc de Gueldre en fut instruit, il rassembla cinq cents lances (deux mille hommes) et quelques arbalétriers à Nimègue, et résolut d'attaquer ce corps pendant qu'une partie des soldats seraient allés, selon leur coutume, piller un village voisin. Il partit de Nimègue pendant la nuit, s'approcha en silence du camp des Brabançons, surprit les gardes endormies, les égorgea et se précipita sur ses ennemis avec tant de fureur qu'il ne leur donna pas le tems de se reconnaître. Réveillés en sursaut, les Brabançons veulent saisir leurs armes; mais, quoiqu'ils soient en force majeure, l'épouvante les saisit, ils fuient effrayés vers la Meuse qu'ils passent à la nage, et laissent trois mille des leurs étendus sur le champ du carnage. Dès qu'ils ont atteint la rive gauche du fleuve, ils courent à pas précipités vers le camp, y répandent la terreur et entraînent toute l'armée dans leur fuite.

Débarrassé de ses ennemis, le duc s'empara de leurs tentes, de leurs équipages et revint ensuite à Nimègue consacrer son armure à la vierge, à l'intercession de laquelle il crut qu'il devait la victoire.

La déroute de Grave força la duchesse Jeanne à

recourir de nouveau aux forces de ses alliés ; elle réclama l'assistance du duc de Bourgogne ainsi que celle du roi de France, et elle eut d'autant moins de peine à obtenir celle de ce dernier que le duc de Gueldre avait eu la hardiesse de lui déclarer la guerre. On fit en France d'immenses préparatifs, et l'on envoya demander à l'empereur la permission de traverser les terres de sa suzeraineté pour aller en Gueldre. On décida d'abord de s'y rendre par le Brabant ; la duchesse y consentit, mais les habitans des bonnes villes et les chevaliers de ce pays, pensant à tous les ravages que feraient les Français, s'y refusèrent obstinément, et dirent qu'ils se renfermeraient dans leurs cités et dans leurs châteaux et traiteraient l'armée royale en ennemie. On fut donc obligé de traverser les Ardennes, et d'envoyer en avant trois mille pionniers pour construire une route nécessaire au passage d'une armée de cent mille hommes qui traînait douze mille charriots à sa suite.

L'armée française passa la Meuse à Mouzon, se dirigea sur Bastogne, et s'avança jusqu'à Stavelot, où le vieux duc de Juliers, père du duc de Gueldre, vint le supplier de ne pas le rendre responsable de la folie de son fils, et de lui permettre de se rendre en Gueldre avec l'archévêque de Cologne. » Là, dit-il au roi, je » lui remontrerai ses folies au plus vif que je pourrai ; » je lui dirai de venir vous faire ses excuses, et s'il » n'obéit pas, je vous abandonnerai toutes les forteresses » de mon pays pour vous faciliter les moyens de pous- » ser la guerre tant qu'il vienne se remettre à votre » discrétion. » Satisfait de ces excuses, le monarque français accepta les offres du duc qui se rendit à Nimègue où son fils faisait sa résidence.

Le duc de Gueldre, comptant sur le secours de l'Angleterre, refusa nettement de se soumettre au roi de France ; et sur les instances réitérées de son père, il lui dit avec effusion : » Non, je ne ferai point ce que
» vous exigez ; je ne puis, sans me déshonorer, devenir
» maintenant l'ami du roi de France que j'ai défié, et
» l'ennemi du roi d'Angleterre qui a ma parole et mon
» sceau. Laissez moi suivre mon dessein. je m'inquiète
» peu des menaces des Français. Les eaux, les pluies,
» le froid combattront pour moi ; et vienne le mois de
» janvier, il n'en restera guère ici. Les Allemands
» d'outre-Rhin se sont déjà mis par bandes. Ce sont les
» plus rudes pillards du monde ; ils suivent et cô-
» toyent l'armée française comme des nuées d'oi-
» seaux de proie ; ils enlèvent les fourrageurs, les
» traînards ; dès qu'un chevalier veut s'écarter et
» s'aventurer, ils l'ont bientôt pris ou tué. D'ailleurs,
» plus l'armée française est nombreuse, moins elle
» trouvera de quoi vivre. Si elle reste réunie elle périra
» de misère, et si elle se sépare mes gens en auront
» bon marché. »

Le duc de Gueldre résista pendant six jours aux instances de son père, de sa mère, et de l'archévêque de Cologne, son oncle. Le vieux duc de Juiliers ne pouvant vaincre son obstination, s'irrita contre lui, et le menaça de le déshériter. Alors, il changea de sentiment et se soumit en disant : « Mon devoir est de
» vous obéir, mon père ; et je veux bien pour l'amour
» de vous, entendre des propositions ; mais, au moins,
» sauvez mon honneur. »

Le duc de Juiliers amena son fils dans le camp des Français, le présenta au roi, et le duc de Gueldre désavoua sa déclaration de guerre en disant qu'ayant confié son sceau aux chevaliers chargés de négocier son alliance avec l'Angleterre, ils en avaient abusé; que du reste il ne romprait pas son alliance avec cette dernière puissance, mais qu'il s'engageait à ne faire la guerre à la France qu'en prévenant le roi une année d'avance. On se contenta de cette réponse, et on relâcha les prisonniers qu'on lui avait faits; mais quand le roi redemanda les siens, le duc lui répondit : « Sire, »je ne suis qu'un pauvre homme, et quand j'ai voulu »me défendre contre vous, je me suis aidé des cheva- »liers d'outre-Rhin, en leur promettant de leur laisser »tout le profit qu'ils pourraient faire dans cette guerre. »Je ne puis leur ôter leurs prisonniers ni les priver de »la rançon, car alors ils me feraient la guerre à moi- »même. » Le roi se contenta de nouveau de la réponse du duc de Gueldre, et celui de Bourgogne racheta de ses propres deniers le sire de Giac, son chambellan, et plusieurs chevaliers.

L'année suivante, un traité fut conclu à Ravestein, près de Nimègue, entre le duc de Gueldre et la duchesse Jeanne. Ensuite de ce traité la ville de Grave fut, comme autrefois, soumise à la suzeraineté du Brabant, et les prisonniers furent, de part et d'autre, délivrés sans rançon.

ABDICATION DE JEANNE DE BRABANT.

La duchesse Jeanne, qui gouvernait le Brabant avec autant de sagesse que de prudence, craignant qu'après sa mort il ne devînt le théâtre de troubles et de guerres, désavoua le traité conclu à Maestricht en 1356 en faveur de l'empire, et, par un acte du 28 septembre 1399, appela Marguerite de Flandre, duchesse de Bourgongne sa sœur, à la succession de ses duchés de Brabant et de Limbourg.

Philippe-le-Hardi voulant s'en assurer du vivant de Jeanne, se rendit à Bruxelles, et engagea les États de Brabant à le reconnaître comme légitime successeur de sa belle-sœur, leur promettant, dans ce cas, de rendre au Brabant les villes d'Anvers et de Malines. Mais les États lui firent une réponse évasive. Ils déclarèrent qu'ils ne prendraient aucune résolution à ce sujet du vivant de la duchesse, et qu'après sa mort ils déféreraient la souveraineté à celui qui y serait appelé par les lois du pays. Le roi des Romains, Wenceslas, frère du feu duc de Brabant, réclama également la succession de Jeanne, en vertu du traité de 1356; mais les États qui ne voulaient pas se décider, lui firent la même réponse qu'au duc de Bourgogne.

Dans cet état de choses, Philippe-le-Hardi fit jouer les ressorts de l'intrigue; il distribua l'or à pleines mains, gagna les principaux membres des États, et parvint à leur faire déclarer en 1403, qu'ils reconnaissaient son fils Antoine comme légitime successeur de la duchesse.

Cependant le duc Philippe avait su se concilier l'amour des Flamands par sa justice et sa fermeté. Ils lui avaient donné des marques de leur affection, en accordant à Jean de Névers, son fils aîné, une somme de soixante mille réaux d'or, au moment où celui-ci partit à la tête d'une armée composée de Français et de Flamands, pour aller au secours de Sigismond, roi de Hongrie, fortement menacé par les Turcs. Quand Jean de Névers fut battu et fait prisonnier par Bajazet sous les murs de Nicopolis, les Flamands s'imposèrent de nouveau, et fournirent une somme de cent soixante dix mille francs pour la rançon de ce prince, qui fut reçu à Gand avec des transports d'allégresse lorsqu'il revint d'une expédition d'autant plus malheureuse, qu'il avait compromis le salut de l'armée par son imprudente ardeur.

Philippe-le-Hardi se sentant malade, quitta la Flandre et prit la route de France; mais arrivé à Hal, il fut forcé de s'y arrêter, et mourut en cette ville le 27 avril 1404. Son corps fut transporté à Dijon, son cœur à Saint Denis dans le tombeau des rois de France, et ses entrailles déposées dans l'église de Notre-Dame de Hal. Quoiqu'il fût un des princes les plus riches de l'Europe, il mourut accablé de dettes, et la comtesse Marguerite, sa femme, renonça (¹) à sa succession.

Quelques jours après la mort du duc de Bourgogne, le 7 mai 1404, la duchesse Jeanne abdiqua la souveraineté du Brabant et du Limbourg en faveur de sa sœur Marguerite, se réservant seulement une somme de vingt huit mille couronnes, deux mille lapins par an pour sa cuisine, vingt quatre mille mesures de bois,

---

(1) Une veuve, pour renoncer à la succession de son mari, devait dans les vingt quatre heures, déposer sur le cercueil ses clefs, sa ceinture et sa bourse.

et la moitié des cerfs, des chevreuils et des sangliers que l'on tuerait dans les deux duchés.

Par acte du 19 du même mois, Marguerite donna le gouvernement du Brabant à Antoine, son second fils. Il fut reconnu Ruwaert (gouverneur) par les États assemblés, devant lesquels il prêta le serment d'usage.

Marguerite mourut à Arras le 16 mars 1405, et la duchesse Jeanne à Bruxelles le 1er décembre 1406. Cette dernière fut enterrée dans l'église des carmes de cette ville.

4ᵉ ÉPOQUE. — MAISON DE BOURGOGNE.

ANTOINE, DUC DE BRABANT.

Après la mort de la duchesse Jeanne, Antoine de Bourgogne prit le titre de duc de Brabant et de Limbourg, et fut inauguré à Louvain le 18 décembre 1406. A quelque tems de là, il épousa sa cousine Élisabeth de Luxembourg, et réunit ainsi cette province à ses états.

Dès qu'il tint en main le sceptre du Brabant, il prescrivit à Renauld IV, duc de Gueldre et de Juliers, de lui faire hommage de la ville de Grave et de la seigneurie de Cuyck, qui ressortissaient du Brabant; et Renauld s'y étant refusé, il résolut de l'y forcer par la voie des armes. Il convoqua les États de Brabant, leur demanda des hommes et de l'argent, mais comme il refusait de faire connaître aux représentans de la nation l'ennemi contre lequel il voulait combattre, ils considérèrent cette action comme attentatoire aux priviléges des bonnes villes et déclarèrent qu'ils ne pouvaient prendre aucune part à la guerre, ni voter les subsides demandés. Dans cette occurrence, il se rendit à Bruxelles, et prescrivit au peuple de se réunir sur la grande place. Il se présenta au balcon de l'hôtel-de-ville entouré des échevins, et engagea la population à le suivre dans l'expédition qu'il méditait. Les Bruxellois lui répondirent qu'ils ne demandaient pas mieux que de le suivre au combat; mais alors un des échevins prit la parole et s'écria d'une voix forte:

« Ceux qui viennent de parler peuvent suivre mon-
» seigneur à la guerre si cela leur fait plaisir ; mais les
» bonnes villes n'accordent point de subsides pour une
» guerre dont elles ignorent la cause. » A ces paroles
énergiques, le peuple s'écoula lentement, et le duc ne
trouva pas un seul homme qui voulût l'accompagner
dans son expédition.

Les villes d'Anvers et de Bois-le-Duc lui ayant fourni
seules des hommes et de l'argent, il parvint sans le
secours de la nation, à forcer le duc de Gueldre de
lui prêter foi et hommage.

Jean-sans-Peur, qui avait succédé au duché de Bourgogne et aux comtés de Flandre et d'Artois après la
mort de Philippe-le-Hardi et de Marguerite de Flandre,
était un prince violent, cruel et sanguinaire, pour qui
les lois divines et humaines n'étaient qu'un faible obstacle contre la fougue de ses passions. Dès qu'il fut
élevé au pouvoir, il se rendit à Paris pour prêter foi
et hommage au roi Charles VI ; mais au grand étonnement de la cour de France, il y entra à la tête de six
mille hommes d'armes, dans le dessein d'enlever le
dauphin, et de détruire la puissance du duc d'Orléans et de la reine Isabelle de Bavière, femme sans
mœurs, épouse sans foi, qui avait l'habitude de sacrifier ses devoirs à ses passions. Le duc de Berry réconcilia ceux d'Orléans et de Bourgogne, les fit confesser
et communier ensemble, et jurer l'un et l'autre qu'il
y aurait désormais paix et amitié entre eux. Ce serment ne fut qu'un odieux sacrilège ; car quelques jours
après le duc d'Oléans fut assassiné par les ordres de
Jean-sans-Peur (1407).

Il couvrit son crime du voile d'une douleur affectée,
se rendit dans une église où le corps était exposé, et

répandit des larmes sur sa victime; mais bientôt cédant à l'effroi d'une conscience agitée, il s'avoua coupable, monta à cheval, suivi seulement de six hommes d'armes, courut sans s'arrêter jusqu'à Bapaume et fit rompre le pont de l'Oise afin d'empêcher qu'on ne le poursuivît dans sa fuite.

Arrivé à Gand, il fait convoquer les Quatre Membres de Flandre, leur déclare que le bien de l'état l'avait forcé à se défaire d'un monstre, coupable et convaincu de mille forfaits, et leur demande s'ils veulent l'aider à combattre ses ennemis. La réponse des Flamands fut unanime; ils promirent à leur comte tous les secours dont il pourrait avoir besoin, et le mirent à même de rentrer à Paris à la tête d'une puissante armée, où l'infortuné Charles VI, le voyant soutenu par les habitans de sa capitale, est forcé de dissimuler son indignation, de l'accueillir favorablement, d'écouter l'apologie de son crime, faite par l'abbé Jean Petit, et de déclarer, par lettres patentes, que toutes recherches relatives à l'attentat étaient abolies.

BATAILLE D'OTHÉE.

La reine de France s'étant retirée à Melun avec le dauphin et les partisans d'Orléans, Jean-sans-Peur resta maître de la personne du roi, qui donnait depuis longtems des signes d'aliénation mentale, et il se disposait à faire rentrer toute la cour à Paris afin de l'asservir à ses volontés, quand il fut contraint de quitter la capitale de la France et de marcher contre les

Liégeois qui s'étaient révoltés contre leur évêque, Jean de Bavière, son beau-frère (1408).

En effet, une partie du peuple avait pris, à Liége, les armes contre ce prélat à l'instigation d'une troupe de factieux, à qui l'on avait donné le nom de *Haydrois*, parcequ'ils paraissaient ne rien tant haïr que l'équité et le bon ordre. Le refus que faisait Jean de Bavière de se faire sacrer évêque était un des prétextes dont se servaient les mutins pour colorer leur révolte. Ils débitaient hardiment que ce prince ne pouvait être regardé comme souverain du pays de Liége, aussi longtems qu'il persisterait dans ce refus, et que, puisque les désirs de son peuple ne pouvaient lui inspirer d'autres sentimens, c'était une preuve que son but, en gardant l'évêché, était de s'enrichir aux dépens du pays, en attendant qu'il se présentât une occasion de s'établir d'une manière plus conforme à ses intentions.

Ces discours répandus dans le public avec une affectation de zèle, gagnaient tous les jours aux Haydrois de nouveaux partisans. Leur nombre augmenta leur hardiesse et les rendit insolents. Il suffisait d'excuser les intentions du prince pour être déclaré ennemi de la patrie. C'était surtout au clergé que l'on en voulait, et les avanies qu'on lui fit, forcèrent la plupart des prêtres à s'exiler. La noblesse, suspecte d'être attachée à l'évêque, n'était pas mieux traitée. Déjà le sire de Horion et son fils, Jean de Corswarem, Jean de Saint-Martin et Nicolas Textor, ancien bourgmestre, avaient été immolés aux soupçons des Haydrois qui dominaient dans tout le pays, à l'exception pourtant des villes de Maestricht et de Saint-Trond qui étaient restées fidèles au prélat.

Les choses étaient en cet état, quand les factieux

BATAILLE D'OTHÉE

déclarèrent Jean de Bavière déchu de ses droits, et se donnèrent pour évêque Thierri de Horn, archidiacre de Hesbaie, jeune homme entreprenant, dont le père, Henri de Horn, seigneur de Perwez, venait d'être nommé Mambourg ou capitaine général du pays. Le sire de Horn, agréable au peuple et habile dans le métier des armes, attaqua d'abord Saint-Trond défendue par les partisans de l'évêque.

Il assiégea cette place, l'enleva en peu de jours, et courut investir Maestricht, la seule ville qui restait à Jean de Bavière. Après un siége de six semaines, la rigueur de la saison le força à s'éloigner, et sa retraite donna au prélat le tems de se reconnaître. Réduit à conserver la ville ou à se retirer dans les états de Guillaume de Hainaut, son frère, il profita du loisir que ses ennemis lui laissaient pour solliciter le secours des princes voisins. Les comtes de Hainaut et de Namur, le duc de Bourgogne et une foule de seigneurs français et belges, lui promirent de l'aider de tout leur pouvoir et de prendre les armes contre les Liégeois.

Les Haydrois connaissaient les dispositions de ces princes; mais n'étant pas gens à reculer, ils vinrent le 30 mai 1408 assiéger Maestricht. Ils se crurent assez nombreux pour faire face à leurs ennemis, et, telle était leur sécurité, qu'ils négligèrent même de garder les frontières pendant qu'ils étaient occupés au siége de cette place.

Le comte de Hainaut, le plus intéressé à soutenir Jean de Bavière, fut aussi le premier qui marcha contre les Liégeois. Dès qu'il les sut occupés devant Maestricht, il ravagea leur pays, pilla et détruisit les villes de Fosses, de Florennes et de Couvin; puis, s'avançant vers la Sambre, il enleva Marchienne-au-Pont, Gemeppe, et incendia tous les villages voisins. La ville de Thuin résista seule aux attaques réitérées du comte, et dut sa conservation à l'énergie et au courage de ses habitans.

Cependant Jean-sans-Peur, qui avait mandé ses hommes d'armes de Flandre et de Bourgogne et pris à sa solde un corps d'Écossais sous les ordres du comte de Mar, joignit les troupes des comtes de Hainaut et de Namur, et résolut, avant de commencer les hostilités, d'envoyer aux Liégeois des députés à l'effet de leur faire des propositions pacifiques. Elles furent mal accueillies; le sire de Perwez qui devait agir d'après les volontés de gens aveuglés par une folle présomption, exigea, pour première condition, que Jean de Bavière vint à Liége renoncer à ses prétentions, « Autre- » ment, dit-il aux députés du duc de Bourgogne, vous » pouvez vous en retourner, car tout ce que nous som- » mes de gens ici, nous avons résolu la mort de Jean » de Bavière, et tôt ou tard il tombera entre nos » mains. »

Cette réponse altière engagea le duc à ne pas différer de voler au secours de son beau frère. Il s'avança par la Chaussée-Brunehaut qui traverse une partie du pays de Liège; mais comme son armée était peu nombreuse en comparaison de celle de l'ennemi, il envoya au sire de Perwez le chevalier de Mont-Joie pour l'engager à traiter. Le Mambourg n'ayant dans son camp qu'une autorité très restreinte, soumit aux Liégeois la question de savoir si on demanderait au duc une trève de huit jours; mais ils s'y refusèrent obstinément. Alors, il leva le siége de Maestricht et fit publier par tout le pays que ceux qui voulaient s'armer pour la défense de la patrie, devaient se réunir à Liége le 22 septembre au matin, pourvus d'armes et de vivres.

A l'époque fixée, le Mambourg passa la revue de ses troupes qui s'élevaient à plus de quarante mille hommes, et leur dit : « Je vous ai souvent remontré que
» livrer bataille à nos ennemis c'était s'exposer à un
» grand danger. Ce sont tous nobles hommes accoutu-
» més et éprouvés à la guerre, en bon ordre, et conduits
» par une seule volonté. Je crois qu'il eût mieux valu
» de demeurer dans nos villes et forteresses, les laisser
» courir la campagne, prendre nos momens et nos avan-
» tages, et les détruire peu à peu. Mais vous vous fiez à
» votre nombre, à votre valeur, et vous voulez com-
» battre. Je vais donc vous mener en bataille ; mais, au
» moins, je vous en conjure, soyez unis, n'ayez qu'une
» volonté, et résolvez-vous à mourir pour la défense de
» votre pays. »

Après cette courte harangue, qui prouve assez que le sire de Perwez n'avait aucune confiance dans les troupes indisciplinées qu'il commandait, il confia l'étendard de Saint-Lambert à Henri de Salm, et prit immédiatement la route de Tongres. Les Liégeois sachant que l'armée ennemie manœuvrait dans la direction de cette dernière ville, firent un mouvement pour s'y appuyer ; mais changeant bientôt de sentiment, ils prirent position en avant du village d'Othée, sur le penchant d'une petite colline au bas de laquelle se trouvait un large fossé, creusé pour l'écoulement des eaux. Le général liégeois couvrit son front de quelques retranchemens où il plaça du canon, et garnit ses flancs et ses derrières d'un rempart de charriots.

Le lendemain au matin, 23 septembre 1408, le duc de Bourgogne voyant l'armée liégeoise déployée dans sa position, la fit tourner par un corps de cinq cents cavaliers et mille fantassins ; puis après s'être confessé et communié il harangua les siens. » Ne craignez pas leur » dit-il, cette sotte et rude multitude qui met toute sa » confiance dans son grand nombre. Ce sont gens qui ne » sont propres qu'à la manufacture et à la marchandise. » Quelques-uns de ses chevaliers lui ayant conseillé de ne point exposer sa personne dans une aussi grande bataille, il s'en irrita et leur dit : « Je ne suis pas homme » à laisser dans le danger ceux que j'amène avec moi. » Je n'aurai pas l'honneur d'une entreprise où je me » tiendrai à l'écart; au reste, c'est à moi de vous con- » duire et à vous de me suivre. » En achevant ces mots, il poussa son cri de guerre, Notre-Dame au duc de Bourgogne, et marcha à l'ennemi.

Aussitôt que les Liégeois virent le corps qui était chargé de les tourner s'éloigner de l'armée, ils crurent que les alliés se mettaient en retraite; mais le sire de Perwez qui savait la guerre, les détrompa et leur fit connaître la raison pour laquelle ce corps se séparait de l'armée. Ils ne voulurent pas le croire, et quand le Mambourg se mit à la tête de la cavalerie afin de charger et de détruire ce fort détachement avant que les deux armées fussent engagées, ils crièrent à la trahison et l'accablèrent d'injures. Contraint par ses propres gens à ne pouvoir faire usage des moyens que son expérience de la guerre lui suggérait, il fit contre mauvaise fortune bon cœur, doubla son arrière-garde, et, changeant subitement son ordre de bataille, il rangea ses troupes en triangle, de manière qu'elles présentaient une pointe à l'ennemi. Les alliés étant alors à portée du trait, les Liégeois commencèrent l'attaque au cri de Saint-Lambert!

L'action durait depuis plus d'une heure, et la victoire paraissait incertaine, quand le corps détaché de l'ar-

JEAN SANS PITIE.

mée des princes prit à dos les Liégeois et vint semer le trouble dans leurs rangs. Alors ils ne combattirent plus avec le même courage ni la même assurance. Assaillis de toutes parts, ils furent enfoncés et laissèrent treize mille hommes sur le champ de bataille, au nombre desquels se trouvaient le sire de Horn et son fils, Henri de Salm et la plupart des chevaliers.

Dix mille Liégeois, sortis de Tongres, voulurent prendre part au combat, et « vinrent, dit le duc de » Bourgogne dans une lettre qu'il écrivait au duc de » Brabant après la bataille, jusqu'à la distance de trois » traits d'arc; mais quand ils aperçurent comment la » chose allait, ils tournèrent en fuite, et tantôt furent » chassés par les gens de cheval, et il y en eut moult » de morts. »

La tête du sire de Perwez et celle de son fils, furent placées au haut d'une pique et envoyées à Maestricht par Jean de Bavière, qui fit massacrer de sang froid une foule de prisonniers. Cette bataille dans laquelle le duc de Bourgogne s'était particulièrement distingué, lui valut le nom de *Jean-sans-Peur*, et le peuple, indigné de la conduite atroce du prélat, le gratifia de celui de *Jean-sans-Pitié*, qu'il garda toujours depuis.

Cette sanglante défaite consterna les Liégeois. Ils implorèrent la clémence de l'évêque et des princes alliés, qui exigèrent que le clergé et la bourgeoisie vinssent au devant du prélat, têtes nues, lui demander à genoux, pardon de leurs méfaits, et que les auteurs de la sédition lui fussent livrés avec les sires Jean de Seraing, Jean de Rochefort, et la veuve du seigneur de Perwez. Les Liégeois s'exécutèrent fidèlement; mais le féroce Jean de Bavière, loin d'être touché de leur repentir, fit trancher la tête aux sires de Rochefort, de Seraing, à l'archidiacre de l'évêque intrus, à cinquante bourgeois, et couronna toutes ces horreurs en faisant précipiter du haut du pont des Arches la malheureuse veuve de Henri de Horn.

Il ne borna pas là son implacable vengeance. Il exigea qu'une foule d'ôtages lui fussent livrés. Il fit venir à Huy les notables de Liége et des autres villes du pays, à l'effet d'y entendre lecture de la sentence des princes datée du 24 octobre 1404, par la quelle on exigeait impérieusement :

1°. Que les Liégeois portassent à Mons, pour y être déposés, leurs chartres, leurs lois et leurs privilèges.

2°. Que le peuple fût dépouillé du droit de choisir ses magistrats, qui seraient à l'avenir nommés par l'évêque lui-même.

3°. Que les corps des métiers fussent supprimés dans toute la province, et leurs bannières remises aux délégués des princes.

4°. Que les gouverneurs des places fortes fussent au choix de l'évêque, qui se réservait même le droit de confier le commandement des villes et des châteaux à des seigneurs étrangers.

5°. Que les portes et les fortifications des villes de Dinant, Thuin, Fosses et Couvin, fussent démolies à perpétuité.

6°. Que les habitans de la province payassent une somme de deux cent vingt mille écus d'or pour les frais de la guerre.

7°. Et qu'enfin la province de Liége fût mise en interdit jusqu'à ce que cette somme fût payée.

Les Liégeois exécutèrent fidèlement cet intolérable traité ; mais le pays ruiné n'ayant pu compléter la somme exigée, on recourut au pape qui permit de rétablir l'impôt de la *fermeté* pendant vingt mois et cinq jours.

De retour à Liége, Jean de Bavière fit brûler publiquement les drapeaux de toutes les corporations. «Plutôt tigre que pasteur, dit Mézerai, l'évêque ne pou-
» vait se saouler de carnage. La soumission des Liégeois
» n'apaisa pas sa rage sanguinaire. Quand il fut réta-
» bli, il s'acharna non seulement sur les coupables et sur
» les chefs, mais sur les femmes et sur les enfans, sur les
» prêtres et sur les religieux. On ne voyait plus tout
» autour de Liége et des villes qui en dépendent, que
» des forêts de roues et de gibets, et la Meuse regorgeait
» de la foule de ces malheureux qu'on y jetait deux à
» deux liés ensemble.

MORT DU DUC ANTOINE.

Dès que le duc de Bourgogne eut vaincu les Liégeois, il songea aux intérêts de la Flandre, et parvint à conclure un traité de commerce avec l'Angleterre. Les Quatre Membres de Flandre en furent tellement satisfaits qu'ils lui firent cadeau d'une somme de huit cent mille écus. Connaissant toutes les ressources qu'il pourrait tirer des Flamands s'il en était aimé, il saisit avidement l'occasion de les favoriser, même aux dépens des autres peuples de sa souveraineté, et transféra, sur la demande des États, la cour de justice de Lille en la ville de Gand (1409).

Les ennemis de Jean-sans-Peur ayant profité de son

abscnse pour obtenir du roi Charles VI la révocation des lettres d'abolition qu'il lui avait accordées, et la reine Isabelle s'étant emparée du pouvoir, le duc Jean réunit quatre mille cavaliers qui prirent en croupe chacun un fantassin, et se dirigea en hâte sur Paris, où il fut reçu aux acclamations du peuple. La reine s'était enfuie à son approche avec toute la cour, et avait fixé sa résidence à Tours.

Le duc de Bourgogne désirant se réconcilier avec la reine et le dauphin, chargea quelques princes du sang de leur en faire la proposition. Ils s'employèrent avec tant d'efficacité que le roi reçut le duc à Chartres et lui promit de nouveau d'oublier tout le ressentiment qu'il avait conservé depuis l'assassinat du duc d'Orléans, sous la condition cependant que ceux qui avaient exécuté le crime seraient bannis du royaume et leurs biens confisqués.

Ce traité de famille remit le pouvoir dans les mains du duc Jean, qui en profita pour faire trancher la tête à Jean de Montaigu, trésorier de France, et à plusieurs seigneurs du parti d'Orléans, prévenus d'avoir tenté d'empoisonner le roi, ou au moins d'avoir voulu le charmer par l'art de la sorcellerie. Les ducs de Berry et de Bourbon, jaloux de voir l'autorité partagée entre le Dauphin et le duc de Bourgogne, son beau-père, se liguèrent de nouveau avec le duc d'Orléans, et forcèrent la reine à s'éloigner de Paris; mais Jean-sans-Peur ayant rassemblé une armée en Flandre, les força bientôt à le laisser en repos.

Le duc d'Orléans n'ayant pu obtenir du roi vengeance de l'assassinat de son père, rassembla des troupes et envoya des lettres de défi au duc de Bourgogne, lesquelles étaient rédigées en termes injurieux. Voici la réponse que ce dernier lui fit parvenir par un officier de sa maison.

» Jean, duc de Bourgogne, comte de Flandre, d'Ar-
» tois et de Bourgogne, Seigneur palatin de Salins et de
» Malines, à toi, Charles, qui te dis duc d'Orléans,
» Philippe, qui te dis comte de Vertus, Jean, qui te dis
» comte d'Angoulême, qui naguère nous avez écrit des
» lettres de défiance : faisons savoir et voulons que cha-
» cun sache que pour abattre les très-horribles trahisons,
» les très-grandes mauvaisetés et guet-à-pens machinés
» félonnement contre monseigneur le Roi, notre très-re-
» douté souverain et le vôtre, et contre sa génération,
» par feu Louis, votre père : pour empêcher votre dit
» père, faux, traître et déloyal, de parvenir à la finale
» et détestable exécution à laquelle il tendait si notoi-
» rement que nul prud'homme ne devait le laisser vivre;
» bien moins encore nous, qui sommes cousin germain
» de mon dit seigneur, doyen des pairs de France et
» deux fois pair de France, qui donc sommes plus as-
» treint à lui et à sa génération, pouvions-nous laisser
» plus longtems sur terre, sans être gravement accusé,
» un si faux, déloyal, cruel et félon traître? Pour
» nous acquitter loyalement de notre devoir envers no-
» tre très-grand et souverain seigneur, nous avons fait
» mourir, comme nous le devions, le dit faux et déloyal
» traître. Ainsi nous avons fait plaisir à Dieu, loyal service
» à notre souverain, et nous avons obéi à la raison. (1)
» Et parce que toi et tes dits frères, suivez la trace de
» votre feu père, croyant parvenir aux damnables fins
» où il tendait, nous avons très-grande joie au cœur

---

(1) Le duc Jean cherche vainement à justifier son crime ; car, quoiqu'il en dise, Dieu et la raison n'ont rien de commun avec l'assassinat.

» de votre défi. Mais du surplus qui y est renfermé, toi
» et tes dits frères avez menti, et mentez faussement,
» mauvaisement et déloyalement, comme traîtres que
» vous êtes. Et à l'aide de notre seigneur qui sait et qui
» connaît la très entière et parfaite loyauté, amour et
» sincérité d'intention que nous avons toujours eu, et
» aurons tant que nous vivrons, pour lui, pour
» ses enfants, pour le bien de son peuple et de son
» royaume, nous vous ferons venir à la fin et puni-
» tion que méritent des faux, mauvais, déloyaux, traî-
» tres, rebelles, désobéissans et félons, comme toi et tes
» frères.

» Donné à Douay le 13 août 1411. »

Quelques hostilités furent la suite de ces défis réciproques. Dans l'espoir de réconcilier les princes, le roi de Navarre ouvrit des conférences à Bicêtre, et ils y envoyèrent des députés; mais la faction d'Orléans foulant aux pieds le droit des gens, fit arrêter, incarcérer, torturer et mettre à mort le seigneur de Croy, envoyé du duc de Bourgogne. Malgré cet attentat, la paix se fit et fut bientôt violée de part et d'autre.

Jean-sans-Peur ne se croyant plus obligé de garder aucune mesure, leva des troupes en Flandre et en Bourgogne, et marcha contre ses ennemis, à qui l'on avait donné le nom d'Armagnacs. Il se dirigea vers Ham, investit cette place, ouvrit la brèche à coups de canon, et s'en rendit maître, tandis que le comte de Névers, son frère, livrait au pillage le comté de Tonnerre. Il s'avança ensuite jusqu'à Montdidier, où il resta dix jours, dans l'espoir de livrer bataille à l'armée des princes, mais tout à coup, par un effet ordinaire du régime de la féodalité, les Flamands ennuyés des lenteurs d'une guerre dans laquelle ils n'avaient aucun intérêt national à soutenir, chargèrent leurs chefs de dire au duc que leur tems de service étant expiré, ils voulaient s'en retourner sur le champ. Désespéré de ce contre-tems, Jean-sans-Peur réunit leurs capitaines, et les supplia de ne pas le quitter au moment où toutes les forces de l'ennemi s'avançaient pour combattre. Touchés du désespoir et des belles paroles de leur souverain, les capitaines rassemblèrent les centeniers et les connétables dans la tente de la ville de Gand, où se tenaient toujours les conseils, et leur dirent que le duc les priait de rester huit jours encore. On alla aux voix, les sentimens furent partagés, et l'on se quitta sans avoir rien décidé.

Le soir, les Flamands allumèrent de grands feux et crièrent aux armes. Dès que le jour parut, ils attelèrent leurs charriots, mirent le feu au camp, et prirent la route de Flandre. Aussitôt que le duc en fut informé, il monta à cheval avec le duc de Brabant, courut vers eux et les supplia, le chaperon à la main, de demeurer quatre jours encore. » Vous êtes mes com-
» pagnons, mes frères, mes plus fidèles amis ; restez
» avec moi, et je vous ferai remise de la taille à tout
» jamais. — Non, dirent-ils, en lui montrant leur let-
» tre de service signée et scellée par le duc, nous avons
» déjà dépassé le tems pour lequel nous avons été ap-
» pelés sous les armes ; nous voulons retourner, et nous
» vous déclarons que si au jour fixé vous ne nous rame-
» nez pas de l'autre côté de la Somme, nous nous em-
» parerons du comte de Charolais (le fils du duc) qui est à
» Gand, et nous vous le rendrons coupé par morceaux.»
Le duc ne pouvant espérer de vaincre leur obstination, fit sonner la retraite, repassa la Somme, remercia, contre son gré sans doute, les milices de Flandre de

leurs bons services, et chargea le duc de Brabant de les reconduire en Belgique.

Cette troupe indisciplinée commit en route les plus graves excès. En passant devant Lille, elle exigea que le duc se désistât d'une taxe sur le blé imposée à la Flandre en l'an 1407, et qu'il remît une énorme feuille de parchemin, à laquelle le peuple avait donné le nom de Peau de veau, où était inscrit le consentement de cinquante villes ou bourgs. On la leur livra, et ils la mirent en lambeaux.

Le comte de Saint-Pol, partisan de la maison de Bourgogne, ayant soulevé la populace de Paris, le duc d'Orléans et la reine Isabelle appelèrent les Anglais en France, et Jean-sans-Peur fût de nouveau maître absolu du royaume ; mais bientôt le faible Charles VI fit la paix avec son neveu et sa femme, et le pouvoir échappa une seconde fois au duc Jean.

Les Français et les Anglais se firent une guerre affreuse pendant l'année 1414, et le 21 octobre 1415, ils se livrèrent à Azincourt une bataille sanglante où l'armée française fut anéantie. Le duc de Brabant et le comte de Nevers, fils du duc de Bourgogne, qui suivaient le parti de la France, y perdirent la vie.

JEAN IV.

JACQUELINE DE HAINAUT.

La duchesse Élisabeth de Gorlitz, veuve du duc Antoine, fit valoir des prétentions à la souveraineté du Brabant après la mort de son mari, et l'empereur Sigismond, de son côté, prétendit que ce pays lui revenait de plein droit, parce qu'Antoine ne lui avait pas fait hommage de son duché, qui ressortissait de l'empire. Mais les États de Brabant assemblés à Bruxelles le 4 novembre 1415, repoussèrent ces prétentions ridicules, et élevèrent au pouvoir Jean IV, fils du duc défunt, âgé seulement de treize ans. La tutèle du jeune prince et la régence du pays fut confiée à onze membres des États. Les abbés d'Afflighem et de Tongerloo furent choisis parmi le clergé; Thomas de Diest, Jean de Wesemale et Henri de Grimberghe parmi les Barons; Henri d'Héverlé et Jean de Huldenberg parmi les chevaliers; et Rase de Gavre, de Louvain, Regnier de Mœrs, de Bruxelles, Nicolas de Stéeland, d'Anvers, et Henri de Westhusen, de Bois-le-duc, par l'administration des villes.

Avant de se séparer, les États déclarèrent qu'ils maintiendraient l'intégrité du territoire du duché, que les priviléges et les immunités des villes étaient placés sous la sauve-garde de la nation; que quiconque y porterait atteinte serait déclaré traître à la patrie, et que les Brabançons prendraient les armes et défendraient, au prix de leur sang, les membres des États qui seraient exposés aux attaques du pouvoir par suite de ces dispositions.

Le duc de Bourgogne prétendit que la tutèle du jeune duc lui revenait en sa qualité de frère du défunt; mais les États lui répondirent que les lois du pays s'opposaient à ce que la régence fut confiée à un prince étranger, et lui donnèrent une somme de vingt mille couronnes d'or pour mettre fin à toutes ses réclamations.

Dès que Jean IV eut atteint l'âge de seize ans, il fit convoquer à Bervliet une assemblée des princes de la maison de Bourgogne, à qui il soumit le projet d'épouser Jacqueline, veuve du dauphin de France, qui venait d'hériter de la souveraineté de Hainaut et de la Hollande, par la mort de Guillaume IV, son père. Les princes applaudirent à cette union; mais Jean de Bavière, évêque de Liége, oncle de Jacqueline, s'y opposa de tout son pouvoir. Il finit pourtant par consentir à ce mariage, dont les fiançailles eurent lieu le 1er août 1417, en attendant qu'on ait obtenu, du concile de Constance, les dispenses nécessaires à cause du dégré de consanguinité des futurs. Appuyé par l'empereur, l'astucieux prélat mit tout en œuvre pour empêcher cette union; il chargea un homme qui lui était dévoué de représenter au concile que le jeune duc, était faible d'esprit, de corps et de santé, qu'il était d'une niaiserie insoutenable, tandis que la duchesse belle, gracieuse et spirituelle, était un contraste frappant avec l'époux de son choix, et qu'enfin ce mariage ne pouvait avoir que des suites funestes. Le concile cédant aux instances de l'évêque de Liége, et peut-être au crédit de l'empereur, refusa les dispenses qu'on lui demandait, mais Jean-sans-Peur les obtint du pape Martin V que ce concile venait d'élever au trône pontifical.

JACQUELINE DE HAINAUT

La célébration du mariage eut lieu le 4 avril 1418, en présence des députés des États de Brabant, de Hainaut, de Hollande, de Zélande et de Frise, et des envoyés du duc de Bourgogne.

Sur ces entrefaites, Jean de Bavière qui s'était démis de l'évêché de Liége, et qui avait obtenu le gouvernement du duché de Luxembourg en épousant Élisabeth de Gorlitz, fut nommé, par l'empereur Sigismond, comte de Hainaut, de Hollande, de Zélande et seigneur de Frise, sous le prétexte que ces fiefs étaient dévolus à l'empire par la mort de Guillaume IV, décédé sans enfans mâles. Armé de l'édit de l'empereur, Jean de Bavière, se présenta en Hollande et dans le Hainaut, mais partout on opposa aux vains prétextes de Sigismond, les coutumes et les usages du pays. Les villes de La Brielle et de Dordrecht furent les seules qui voulurent le reconnaître pour leur souverain.

Décidé à employer la voie des armes, Jean de Bavière rassembla une armée dans le Luxembourg, équipa une flotte pour ravager les côtes et se disposa à attaquer la Hollande. On mit également des troupes sur pied dans le Brabant, et le duc et la duchesse allèrent assiéger Dordrecht. Ils s'y comportèrent tous deux de manière à étonner l'armée; car Jean IV se montra aussi faible et peureux qu'une femme, tandis que Jacqueline fit preuve de valeur et d'énergie, et dirigea les opérations du siége avec toute l'habileté d'un homme de guerre. Jean de Bavière, s'étant emparé de Rotterdam, Jacqueline laissa le duc devant Dordrecht, et courut combattre son oncle; mais pendant qu'elle délivrait les villes de Delft, de Gouda et de Schiedam, Jean abandonna lâchement le siége et se retira dans sa cour.

Indignée de la pusillanimité de son mari, elle réunit de nouvelles forces, repoussa les bandes dévastatrices de Jean-sans-Pitié, monstre d'orgueil, d'avarice et de férocité, et ne déposa les armes que quand Philippe de Bourgogne, Pierre et Louis de Luxembourg et le sire d'Enghien eurent ouvert à Gorcum des conférences pour y conclure un traité de paix. Ce traité fut signé le 19 juillet 1418. Jean de Bavière renonça aux titres qu'il avait usurpés, et Jacqueline lui confia l'administration des villes de Gorcum, Dordrecht, Arckel, Leerdam, Rotterdam, Woorden, Woeren, et de La Brielle, sous la condition qu'il les releverait d'elle-même. Elle lui compta aussi une somme de cent mille écus pour les frais de la guerre.

Quelque tems après, le duc et la duchesse visitèrent le Hainaut, et reçurent à Mons le serment de fidelité des États. Plusieurs jours se passèrent en fêtes et en réjouissances, mais un matin que le duc était allé à la chasse, Évrard, frère naturel de Jacqueline, assassina Guillaume du Mont, trésorier et favori de Jean IV, qui s'était rendu odieux en abusant du crédit qu'il avait auprès de son maître. Ce meurtre commis chez un seigneur du Hainaut sans que le grand bailli du pays exerçât des poursuites contre les assassins, fit supposer que Jacqueline y avait participé. Quoiqu'il en fût, le duc pleura son favori pendant trois jours, jura de venger sa mort et finit enfin par l'oublier en cédant aux cajoleries de sa femme.

Non content de posséder une partie de la Hollande, Jean-sans-Pitié s'allia avec le duc de Gueldre, dans le but de s'agrandir tous deux aux dépens du duc et de la duchesse de Brabant. Le duc fut si effrayé des menaces de ces deux princes, qu'à la sollicitation du seigneur d'Assche, il conclut un traité secret avec Jean de Bavière à qui il donna la Hollande, la Zélande, la Frise, le marquisat d'Anvers et la seigneurie d'Herenstals pour un terme de sept ans.

Irritée de la lâche condescendance de son mari, la duchesse le réprimanda vertement, et s'attira ainsi la haine du parti des Hameçons à la tête duquel se trouvaient Jacques de Gaesbecke, Jean de Wesemal, Arnould de Crayenheim, et Jean de Schoonvorst. Appuyés par Everard T'serclaes, maître d'hôtel de Jean IV, et par le seigneur d'Assche qui avait eu l'impudeur de livrer sa propre fille au duc, ils conseillèrent à ce prince d'enlever à Jacqueline les dames d'honneur qu'elle avait amenées du Hainaut et de la Hollande. N'ayant pu vaincre l'obstination de son époux, elle abandonna la cour de Brabant et se retira au Quesnoi avec la comtesse Marguerite sa mère.

Les députés des États assemblés à Louvain, redoutant les suites fâcheuses que pouvait avoir la retraite de Jacqueline, cassèrent les ministres et les officiers qui avaient donné au duc de perfides conseils, et les bannirent de leur patrie. Cette sentence fut signifiée au duc qui s'en moqua et s'entoura d'hommes odieux au peuple.

LE FORFAIT DE MONTEREAU.

Pendant que le duc de Brabant se couvrait de honte et s'aliénait le cœur de ses sujets, Jean-sans-Peur, toujours occupé des affaires de France, avait traité avec le dauphin, et la bonne harmonie paraissait régner entr'eux;

mais on s'était fait trop de mal de part et d'autre, on s'était prodigué trop d'injures pour se pardonner sincèrement, et les courtisans entretenaient dans l'âme des princes des sentimens d'inquiétude, de haine et de vengeance. En signant la paix, ils étaient convenus de de se réunir à Montereau un mois après. Les officiers du duc de Bourgogne, craignant quelque attentat, lui déconseillaient de s'y rendre; mais Jean-sans-Peur, incapable de montrer une prudence qu'on pouvait prendre pour de la frayeur, leur répondit: «Mon devoir exige » que j'aventure ma personne pour le bien de la France. » Quoiqu'il arrive, je veux aller à Montereau; s'ils me » tuent, eh bien! je mourrai martyr.»

En effet, il s'y rendit le 10 septembre 1419, suivi de quatre cents hommes d'armes, s'arrêta dans une prairie près la ville, et fit prévenir le dauphin de son arrivée. Tanneguy Duchatel, qui vint le trouver de la part de ce dernier, lui donna l'assurance qu'il ne lui serait fait aucun mal, et lui dit que l'entrevue aurait lieu sur le pont, où le dauphin et le duc entreraient chacun de leur côté avec dix hommes d'armes de leur choix. On avait établi, au milieu du pont, un pavillon entouré de fortes barrières, et l'on avait laissé de chaque côté, une ouverture fort étroite pour y pénétrer.

Tandis qu'il conversait avec Tanneguy Duchatel, un valet du duc de Bourgogne qui avait été préparer le logement de son maître au château, arriva tout essoufflé en criant : « Monseigneur, vous êtes trahi, prenez » garde à vous; au nom de Dieu n'allez pas à l'entrevue. » Alors, Jean-sans-Peur se retournant vers Tanneguy, lui dit : « je me fie à votre parole; par le saint nom de Dieu, » êtes-vous bien sûr de ce que vous dites? Car vous au- » riez grand tort de me trahir.—Monseigneur, répondit

» Duchatel, j'aimerais mieux mourir que de vous trahir.
» N'ayez donc aucune crainte. Je vous assure que le dau-
» phin ne vous veut aucun mal.—Eh bien! allons, répar-
» tit le duc; je mets ma confiance en Dieu et en vous.»

Il avança vers le pont, et au moment où il dépassait la barrière avec Tanneguy Duchatel, suivi des seigneurs de Noailles, d'Ancre, de Montaigu, de Saint-Georges, et de messire Jean Fribourg, il dit au sire de Beauveau qui vint le recevoir : « Vous voyez comme je viens, je » n'ai que mon épée et ma cotte d'armes; mais voici le » brave homme à qui je me fie,» ajouta-t-il en frappant sur l'épaule de Tanneguy. Alors, voyant le dauphin s'approcher, il ôta son chaperon de velours noir, et mit un genou en terre. « Soyez le bien venu, beau cousin, lui » dit le dauphin.—Monseigneur, répondit le duc Jean, » je viens vous assurer de mon attachement, et vous dire » que je suis prêt à sacrifier ma vie pour les intérêts du » roi et pour les vôtres.—Vous parlez si bien qu'on ne » pourrait mieux, beau cousin,» répartit le dauphin en lui tendant la main. Mais ce dernier s'étant tourné vers le pavillon, Tanneguy y poussa le duc, et dès qu'il y fut entré, il s'écria : « Monseigneur le dauphin, voilà le «traître qui vous retient votre héritage.» En achevant ces mots, il leva sa hache sur le duc, et lui en porta un coup si violent, que celui-ci voulant le parer avec la main eut le poignet coupé. Le cri de tue! tue! se fit entendre. Duchatel lui porta un second coup qui l'étendit aux pieds du dauphin, et un homme de haute stature, vêtu de brun, lui enfonça son épée dans le ventre.

Les seigneurs qui accompagnaient l'infortuné Jean-sans-Peur voulurent le défendre; mais ils n'en eurent pas le temps; de Noailles et Fribourg furent massacrés, et Saint-Georges et d'Ancre blessés et arrêtés. Le sire de Montaigu, seul, étant parvenu à sauter par dessus les barrières, se sauva en criant: aux armes! A ce cri les gens du duc s'approchèrent et voulurent franchir les barièrres, mais ils furent repoussés à coups de traits.

Après ce lâche assassinat, le dauphin rentra en ville, et le corps du duc resta sur le pont jusqu'à l'heure de minuit. On voulait le jeter dans la rivière, mais le curé de Montereau s'y opposa. Il le fit transporter dans un moulin voisin, et le lendemain à l'hôpital où il fut mis dans la bière des pauvres et inhumé dans l'église de Notre-Dame, vêtu de ses houzeaulx et de son pourpoint.

La suite du duc, renfermée dans le château, y fut attaquée par les gens du dauphin, et sommée de se rendre. Antoine de Vigny, chevalier bourguignon qui avait été pris sur le pont, fut conduit devant la porte, et engagea ses frères d'armes à le remettre au dauphin. « Savez-vous des nouvelles de monseigneur de » Bourgogne? » dirent-ils. Alors, il montra la terre de son doigt, et ajouta: « Je vous conseille de rendre » le château. » Sans munitions, sans artillerie, ils ne pouvaient faire une longue défense; ils capitulèrent et on les laissa se retirer tranquillement.

Quand le comte de Charolais, qui se trouvait à Gand, apprit la fin malheureuse de Jean-sans-Peur, il versa d'abondantes larmes, et dit à sa femme, fille du roi de France et sœur du dauphin: « Michelle, votre » frère a assassiné mon père. » Voyant ensuite le chagrin que ce funeste événement lui causait, il la consola du mieux qu'il put, et lui donna des preuves d'une si vive tendresse qu'il parvint à la rassurer entièrement.

Transporté de colère, il jura qu'il aurait vengeance

de ce crime, et qu'il serait lavé dans le sang des Français, comme si toute la nation eût coopéré à cet infâme forfait. Il se rendit à Lille dans cette intention ; mais là, il reçut une députation des habitans de Paris qui vinrent prêter en ses mains le serment de lui obéir comme lieutenant du roi, et lui jurer qu'ils l'aideraient à venger la mort de son père.

Philippe, de concert avec les Parisiens, traita avec Henri V roi d'Angleterre, et, l'année suivante, le roi Charles VI convint, à la honte de la France, que sa fille Catherine épouserait Henri, qui deviendrait roi de France à la mort du prince régnant.

SOULÈVEMENT DES BRUXELLOIS.

Pendant le cours de ces événemens, Jean IV, entouré de vils flatteurs, se livrait à la débauche, et abandonnait le gouvernement du pays à des hommes qui ne se distinguaient que par leur bassesse et leur méchanceté. Indignés de l'inconduite de leur souverain, les États de Brabant chargèrent des députés d'aller proposer à Philippe, comte de Saint-Pol, frère de Jean IV, de prendre le gouvernement du pays. Ce prince vint à Bruxelles dans les premiers jours de septembre 1420, où il eut une longue conférence avec le duc. Il se rendit ensuite à Louvain où il trouva Jacqueline de Hainaut, et après avoir examiné les griefs que l'on reprochait à son frère, il promit aux États de les prendre sous sa protection.

Une assemblée générale fut convoquée à Vilvorde le 20 septembre, mais Jean IV, au lieu de s'y trouver ainsi qu'il l'avait promis, s'échappa de Bruxelles, et alla mendier le secours des princes d'Allemagne qu'il trouva disposés à épouser ses intérêts. La lâche conduite du duc indigna Jacqueline qui, en présence des seigneurs et des députés des villes, déclara le comte de Saint-Pol régent du Brabant, du Hainaut, de la Hollande, de la Zélande et de la Frise. Elle lui jura, séance tenante, obéissance et fidélité, et toute l'assemblée imita cet exemple.

Dès qu'il eut pris les rênes du gouvernement, le régent fit trancher la tête à quelques perfides conseillers de Jean IV, et lui écrivit pour l'engager à revenir. Il feignit d'y consentir, et dit qu'il verrait avec plaisir les membres des États réunis à Diest le 15 décembre pour le recevoir. Ils s'y rendirent; mais le duc ne s'y étant pas présenté, ils revinrent à Louvain d'où l'on ne tarda guère à voir paraître un corps nombreux d'infanterie et de cavalerie qui se dirigeait sur Bruxelles. C'était le duc Jean suivi des siens et des troupes recrutées sur les rives du Rhin.

Le comte Philippe prescrivit aux habitans de Louvain de prendre les armes pour défendre leur ville, et aux seigneurs de s'y rendre immédiatement en équipage de guerre; mais pendant les préparatifs, Jean IV s'avança à marches forcées sur Bruxelles et parut devant sa capitale au moment où l'on s'y attendait le moins. Consternés de cette arrivée imprévue, les habitans fermèrent leurs portes au duc, et ne voulurent les ouvrir que sous la condition qu'il n'entrerait en ville qu'avec une suite peu nombreuse. Forcé de céder à la nécessité, il se disposait à se faire accompagner par cent vingt cavaliers, quand les nobles de son parti s'emparèrent de la porte de Louvain et la lui livrèrent. Dès qu'il fut maître de Bruxelles, il fit réunir le peuple sur la place, lui déclara que son intention n'était pas de faire la guerre à ses bons et loyaux sujets, et que les troupes allemandes qu'il avait à sa solde n'étaient destinées qu'à forcer les États à cesser un système d'opposition nuisible au pays. Il termina par inviter les fidèles Bruxellois à se réunir a lui pour atteindre ce but salutaire.

Le langage de Jean IV était de nature à calmer les inquiétudes des habitans de Bruxelles, si les menaces et la contenance des Allemands ne lui avaient pas donné un démenti formel. Cette troupe brutale et indisciplinée, se croyant en pays conquis, parcourait les rues le sabre à la main, en injuriant les citoyens paisibles. L'insolence des troupes étrangères exaspéra le peuple, et le bruit, faux ou vrai, qu'elles devaient s'emparer de l'abbaye de Caudemberg et la piller, le mit en fureur. Le 26 janvier 1421, il se souleva au son du tocsin, attaqua les troupes allemandes, et s'empara de leurs chefs. Le duc Jean effrayé de cette révolte inattendue se sauva à Louvain, et le régent qui s'y trouvait vint de suite à Bruxelles afin de prêter son appui aux habitans de cette ville, dont il loua le zèle et le courage.

Aussitôt qu'il fut arrivé, on arrêta, par ses ordres, les nobles et la plupart des partisans du duc; on envoya dans les citadelles de Louvain et d'Anvers les officiers allemands tombés au pouvoir du peuple, et, sur la sentence des États, Jean D'Idegem, Gilles Kegel, Jean Cayus et Jean Mettenschachte furent bannis à perpétuité et leurs biens confisqués. On promit une récompense de cinq cents couronnes à quiconque tuerait ou arrêterait un prisonnier qui serait parvenu à rompre ses fers, et après avoir renvoyé chez eux, sous escorte, les soldats allemands, le régent fit trancher la tête à Jean Cluting, officier du duc Jean.

Ces mesures sévères ne calmèrent pas le peuple qui se porta à de nouvelles violences. Il s'empara d'Everard T'Serclaes, le fils de celui qui avait arraché Bruxelles aux Flamands, et le mit à mort avec deux serviteurs de Jean IV. Le régent et les États, qui avaient à cœur de rétablir l'ordre, et qui, cédant aux menaces et aux instances réitérées de l'empereur Sigismond, voulaient élargir les officiers allemands, en firent la demande aux habitans de Bruxelles; mais ces furieux ne voulurent y consentir que sous la condition qu'on leur en livrerait quatorze. On eut la lâcheté de condescendre à leurs désirs, et d'immoler ces malheureux captifs. Tous les autres furent mis en liberté.

Ramené à de meilleurs sentimens, le duc Jean consentit enfin à traiter avec les États et le régent. Un traité de paix fut signé au commencement de l'an 1423 et l'on y stipula.

1º Que le titre et l'office de régent seraient abolis pendant le règne de Jean IV.

2º Qu'une somme de vingt un mille florins d'or serait payée au comte de Saint-Pol à titre d'indemnité.

2º Que le duc reprendrait les rênes du gouvernement, immédiatement après la ratification du traité.

4º Qu'il confirmerait les droits, les priviléges des États et des bonnes villes du Brabant.

5º Qu'il ne pourrait poursuivre ceux qui auraient pris une part active à la révolte.

6º Et qu'enfin les bonnes villes lui payeraient un subside de cent quatre vingt mille livres d'or.

On voit, d'après cette dernière clause, que le peuple

supportait toujours le fardeau de l'état, et que c'était dans sa bourse que l'on puisait quand il s'agissait de réparer les sottises des gouvernans.

GUERRE DE HAINAUT.

Obligée de fuir un époux qui l'avait abreuvée de dégoûts et d'humiliations, redoutant la haine de Jean-sans-Pitié, son oncle et son tuteur, Jacqueline de Hainaut résolut de se réfugier à la cour de Henri V, roi d'Angleterre, dont les armées avaient conquis une partie de la France. Aussitôt qu'elle eut conçu ce projet, elle se rendit à Bouchain, et de là à Calais sous l'escorte de soixante hommes d'armes commandés par le sire d'Escaillon. Dès qu'elle fut arrivée à Londres, elle s'éprit d'une violente passion pour Humfroi, duc de Glocester et frère d'Henri V, et, résolue de l'épouser, elle fit solliciter près du pape Martin V la cassation de son mariage avec le duc de Brabant. Le souverain pontife chargea deux cardinaux d'examiner cette affaire; mais Jacqueline, ennuyée de la lenteur du saint-siége, n'attendit pas sa décision; elle épousa Humfroi en l'an 1422, et cette alliance funeste fut une source de crimes pour la comtesse et de maux pour ses sujets.

Le roi d'Angleterre et le duc de Bourgogne, qui voulaient réconcilier les ducs de Brabant et de Glocester, les engagèrent à les choisir pour arbitres de leurs différens; mais au lieu d'écouter leurs conseils aussi sages que prudens, Humfroi et Jacqueline vinrent dans le Hainaut en l'an 1423, suivis de cinq mille

Anglais, dans l'intention de faire la guerre au duc de Brabant.

Aussitôt que ce dernier fut instruit de l'arrivée des Anglais et des armemens que l'on faisait dans le Hainaut, il demanda des secours au duc de Bourgogne et à Jean de Bavière, et se disposait à accabler Humfroi du poids de ses forces, quand Jean-sans-Pitié mourut empoisonné par Jean de Vliet. Tout l'odieux de ce meurtre retomba sur le duc de Glocester et sur Jacqueline, qui furent accusés d'en être les instigateurs. Quoiqu'il en soit, le chevalier de Vliet fut arrêté, décapité et écartelé à la Haye (1423).

Craignant que les partisans de Glocester n'excitassent un soulèvement en Hollande, Jean IV s'y rendit sur le champ et il y fut reconnu comme souverain légitime. Après s'être assuré de la fidélité des peuples de la Hollande, de la Zélande et de la Frise, il confia le gouvernement de ces provinces au sire de Gaesbeke, et revint dans le Brabant qui était exposé aux attaques des Anglais.

En effet, Humfroi, profitant de l'éloignement du duc, était venu ravager le Brabant-wallon jusques aux portes de Hal et de Nivelles. En l'absence du souverain, les députés des États chargèrent les seigneurs de Rosselaere et de Berg d'occuper la première de ces villes afin de couvrir Bruxelles, et donnèrent en même tems l'ordre aux sires de Montjoie et de Wesemael d'aller prendre position dans les environs de Nivelles pour s'opposer aux courses des Anglais.

Le duc de Glocester ayant jeté une forte garnison dans Braine-le-Comte, qui allait fourrager dans les villages voisins, les Brabançons conçurent le projet de surprendre les fourrageurs, et de leur ôter l'envie de ravager le pays. Ils poussèrent un jour une reconnaissance jusque devant les murs de cette place. Dès que Wesemael, qui les commandait, vit les Anglais sortir de la ville, il feignit de fuir, et ceux-ci, trompés par cette retraite précipitée, les poursuivirent avec tant d'ardeur et d'imprudence qu'ils tombèrent dans une embuscade où ils furent anéantis.

Enhardis par ce succès, beaucoup d'autres Brabançons prirent les armes et coururent investir Braine-le-Comte. Leur armée, qui s'élevait à plus de trente mille hommes, attaqua la ville avec fureur; mais les Anglais, aidés par les habitans, firent si bonne contenance qu'ils parvinrent à les forcer à rentrer dans leur camp, après un assaut long et meurtrier.

La garnison de Braine ne pouvant espérer de résister longtems aux forces de l'ennemi, demanda à capituler; mais les généraux Brabançons ne voulurent point lui accorder des conditions qui lui étaient trop favorables. Le lendemain, les Anglais voyant les assiégeans se disposer à livrer un assaut général, se rendirent sous la condition qu'ils auraient les biens et la vie saufs, et que la même faveur serait accordée aux bourgeois s'ils prêtaient serment de fidélité au duc Jean. Les portes furent ouvertes aux Brabançons, mais à peine furent-ils dans la place que, violant la capitulation, ils pillèrent la ville, l'incendièrent, et massacrèrent indistinctement une foule d'Anglais et de bourgeois.

La rigueur de la saison ne permettant pas aux vainqueurs de rester en campagne, le comte de Saint-Pol ordonna la retraite, et comme le duc de Glocester s'était avancé avec des forces considérables, il donna le commandement de l'armée au seigneur de Rosselaere et prit celui de l'arrière-garde. Les Anglais l'attaquèrent à diverses reprises, mais malgré que le dégel et les pluies eussent dégradé les chemins, le comte se retira en si bon ordre, fit si bonne contenance que l'ennemi ne put l'entamer. Il n'en fut pas de même du corps de bataille : les troupes qui le composaient furent tellement épouvantées de l'approche des Anglais, qu'elles abandonnèrent leurs équipages et se sauvèrent au plus vîte.

Au printems de l'an 1424 la comtesse chargea le sire de Kifho d'assiéger Schoonhoven, afin de forcer le duc de Brabant d'envoyer des troupes en Hollande. Arnould Beyling et Guillaume Couster, qui s'étaient renfermés dans cette place, la défendirent courageusement; mais réduits à la plus affreuse disette, ils furent forcés de se rendre. L'atroce Kifho eut la barbarie de faire enterrer vif le malheureux Beyling que le sire de Gaesbeke essaya vainement de secourir.

Le duc de Glocester irrité de ce que le duc de Bourgogne eût secouru Jean IV, lui écrivit, pour s'en plaindre, une lettre insolente; et dès ce moment ces princes furent brouillés, malgré les instances du régent d'Angleterre, qui avait conquis presque toute la France avec les Bourguignons. Le duc Philippe répondit à Humfroi sur le même ton : » Je vous somme, » lui écrivit-il, et vous requiers de retracter de vos » lettres ce que vous y dites que j'ai donné à entendre » quelque chose contre la vérité. Si vous ne le voulez, » je suis et je serai prêt à défendre mon corps contre » le vôtre, et combattre, avec l'aide de Dieu et Notre- » Dame, en prenant jour convenable devant très-haut, » très-excellent et très-puissant prince l'empereur, » mon très-cher cousin et seigneur.» Le duc de Glocester accepta ce défi qui n'eut cependant aucune suite, et un armistice ayant été conclu entre ce dernier et le duc de Bourgogne, il passa en Angleterre où des intérêts majeurs réclamaient sa présence, laissant Jacqueline sous la sauve-garde de ses sujets.

CONQUÊTE DU HAINAUT.

Quelque tems avant le départ de Humfroi pour l'Angleterre, une bulle du pape, qui cassait le mariage du duc de Brabant et de Jacqueline avait été publiée dans les diocèses de Cambrai, d'Utrecht et de Liége; mais au commencement de l'an 1425, Martin V adressa un bref à Jean IV, par lequel il déclarait que cette bulle étant fausse et subreptice, on ne devait y ajouter aucune foi, et qu'incessamment il porterait une sentence définitive sur cette affaire.

Dès qu'il fut possesseur de cette pièce, le duc de Brabant leva une armée nombreuse, et entra dans le Hainaut au mépris de l'armistice. Les villes de Soignies, d'Ath, de Valenciennes, de Bouchain, de Condé, ouvrirent leurs portes au duc par inclination ou par crainte; les autres imitèrent cet exemple, et celle de Mons seule, où Jacqueline s'était renfermée, lui resta fidèle. Cette dernière place ayant été investie par les Brabançons, Marguerite de Bourgogne, tante des ducs Jean et Philippe, alla trouver ce dernier et l'engagea à supplier Jean IV d'évacuer le Hainaut. Elle convint avec ces princes que Jacqueline serait remise sous la garde du duc de Bourgogne jusqu'à ce que le pape eût prononcé sur son mariage, et que les provinces de Hainaut, de Hollande, de Zélande, et de Frise seraient administrées par Jean IV.

Jacqueline, que le malheur ne pouvait abattre, refusa de signer ce traité humiliant, et résolut de s'ensevelir sous les ruines de Mons plutôt que de se soumettre. Mais les Montois, qui avaient d'abord montré tant de zèle pour les intérêts de leur souveraine, effrayés des suites qu'une folle résistance pouvait avoir pour eux, engagèrent Jacqueline à se rendre. La voyant décidée à soutenir le siége, ils arrêtèrent les principaux officiers de sa maison, firent périr deux cent cinquante de ses partisans, et menacèrent de la livrer au duc Jean si elle ne se soumettait de bonne grâce dans un laps de tems qu'ils fixèrent.

Indignée de la lâcheté et de la perfidie des Montois, Jacqueline réclama l'assistance de duc de Glocester. On voit dans la lettre qu'elle lui écrivit, et dans laquelle elle le traite de seigneur et de père, l'aversion qu'elle avait pour Jean IV, et l'horreur que lui inspirait le traité qu'on voulait lui faire signer. Monstrelet nous a conservé ce document historique. »Mon très
» redouté seigneur et père, écrivait-elle, je suis la
» plus affligée et la plus indignement trahie de toutes
» les femmes. Dimanche, 13 de juin, les députés de
» votre ville de Mons revinrent et rapportèrent un
» traité fabriqué par les ducs de Bourgogne et de Bra-
» bant en l'absence de ma mère et à son insu, comme
» elle m'en a fait assurer par maître Gérard, son chape-
» lain. Comme elle ne savait quel parti prendre, ni quel
» conseil donner, elle me pria de consulter le conseil de
» Mons. Le lendemain, 14 du mois, je fus à l'hôtel-
» de-ville où je leur fis remontrer qu'à leur prière vous

» m'avez laissée à votre départ sous leur garde pour
» vous en rendre bon compte, comme doivent faire des
» sujets fidèles, et engagés par un serment solennel fait
» devant le très-saint Sacrement de l'autel et sur les
» Saints Évangiles; ils me répondirent qu'ils n'étaient
» pas assez forts pour me défendre contre mes enne-
» mis, et que mes gens voulaient les assassiner: là-
» dessus, il se fit une émeute à l'instant; et, malgré
» moi ils prirent Maquart, un de vos sujets, et lui fi-
» rent trancher la tête sur le champ. Ensuite ils pri-
» rent tous ceux qui vous aiment et tiennent votre
» parti, tels que Bardoul de La Porte ; Collart, son
» frère; Gilles de La Porte; Jean Dubois, Guillaume
» de Leuze; Samson, votre sergent; Pierre Baron;
» Sandrat; Dandre, et plusieurs autres jusques au
» nombre de deux cent cinquante. Ils voulaient prendre
» Baudouin, le trésorier; Louis de Montfort; Haulnere;
» Jean de Fresne et Etienne d'Hestre, qu'ils n'ont pas
» encore pris, et je ne sais ce qu'ils feront dans la suite.
» De plus, ils me dirent hardiment que si je ne con-
» sentais au traité fait, ils me livreraient entre les mains
» du duc de Brabant. Selon le traité je n'ai plus que huit
» jours pour aller en Flandre, ce qui m'est bien dur,
» d'autant plus que je n'espère plus de vous voir si
» vous ne vous pressez de me secourir. Vous êtes mon
» unique appui, ma joie en ce monde, et c'est pour
» l'amour de vous que je souffre tout ce que je souffre
» ici. » Cette lettre ayant été interceptée, Jacqueline
n'obtint pas de son époux les secours qu'elle attendait
avec tant d'impatience, et fut forcée de céder à la né-
céssité. Ensuite de la convention conclue entre les
ducs de Brabant, de Bourgogne, et la comtesse Marguerite, l'infortunée Jacqueline fut remise à Englebert

de Nassau, sire de Bréda qui la conduisit à Gand où elle fut gardée dans le palais des comtes de Flandre.

Après la captivité de Jacqueline, Jean IV fut reconnu souverain administrateur du Hainaut, et le duc Philippe de la Hollande, de la Zélande et de la Frise.

Henri VI, roi d'Angleterre, neveu de Humfroi, irrité de ce que ce dernier s'était attiré la colère du duc de Bourgogne, et exposé cette puissance à perdre les conquêtes qu'elle avait faites en France, lui déclara qu'il n'aurait aucun secours en hommes ni en argent pour reconquérir les états de Jacqueline et délivrer cette princesse.

Cependant Arnould Spyerink et Thierri Merwede, seigneurs hollandais, touchés des malheurs de cette princesse, résolurent de la tirer de prison au prix de leur vie. Ils vinrent à Gand, l'enlevèrent et la conduisirent en Hollande où elle fut reçue aux acclamations des habitans de plusieurs villes.

Informé de l'évasion de Jacqueline, le duc de Glocester parvint à réunir trois mille Anglais qui débarquèrent dans l'île de Schouwen sous la conduite du chevalier Filwalter.

Le duc de Bourgogne voulant s'opposer aux rapides progrès que Jacqueline faisait en Hollande, prit quatre mille hommes à bord d'une flotte qu'il fit équiper, et courut au devant des Anglais. Il voulut opérer son débarquement à Brouwershaven le 13 janvier 1426. Mais dans ce moment, les Anglais et leurs partisans attaquèrent les Bourguignons et les Flamands avec tant de fureur qu'ils parvinrent à les repousser vers la mer. Alors, le duc se fit mettre à terre, s'élança sur un cheval, saisit la bannière de Bourgogne en s'écriant d'une voix forte : « Qui m'aime me suive ! » et se précipita sur l'ennemi. Tant de vaillance allait lui devenir funeste; il était pressé de toutes parts, lorsque Jean Vilain, ce robuste chevalier gantois qui déjà lui avait sauvé la vie dans un combat, vint encore cette fois à son aide, et se fit jour jusqu'à lui. Rien ne résistait devant ce terrible champion; chacun de ses coups jetait à bas un Anglais. « Tuez-les, tuez-les, criait-il aux » siens, je les abattrai. » Animés par ce vaillant chevalier, les hommes d'armes du duc combattirent avec une ardeur extrême, et parvinrent à mettre les Anglais en déroute. Ils remportèrent la victoire, mais ils perdirent beaucoup de monde: Philippe de Montmorency, Guillaume de La Laing, Robert de Brimeu, Adrien Vilain, Jacques de Borsel, Guillaume de Beaufremont, André de Mailli, Théodore de Bossut, et beaucoup d'autres chevaliers perdirent la vie dans cette journée. Après cette victoire, le duc de Bougogne laissa de fortes garnisons dans les villes de Hollande qui lui étaient soumises, et revint en Flandre afin de réunir des préparatifs plus redoutables pour recommencer la guerre l'année suivante.

Dès que le duc de Bourgogne eut opéré sa retraite, Jacqueline, toujours infatigable, et qu'aucun revers ne pouvait abattre, rassembla les débris de ses troupes et alla assiéger Harlem, défendue par le chevalier d'Utkerke. Les habitants de Leide et de Delft, qui avaient épousé, le parti de Philippe, voulurent secourir cette place; mais la comtesse fit rompre les digues, inonda le pays, submergea plusieurs villages, et empêcha les troupes que ces deux villes avaient mises sur pied d'approcher de Harlem. Le fils du sire d'Utkerke s'avança également avec quelques forces rassemblées dans la Flandre. Aussitôt que Jacqueline en fut instruite, elle leva le siège l'attaqua près d'Alphen, le battit, lui tua cinq cents hommes, fit plusieurs prisonniers et mit le reste en déroute. Tous les prisonniers furent massacrés par ses ordres.

Apprenant bientôt que le pape avait annulé son mariage avec le duc de Glocester, et que le duc de Bourgogne s'avançait à la tête d'une nombreuse armée, elle se retira prudemment sur les frontières de la Frise. Dès ce moment elle n'éprouva plus que des revers. La plupart des villes de la Hollande se soumirent au duc qui assiéga Sevenberghen, la seule place qui restait à Jacqueline. Réduit à la plus affreuse disette, le commandant de cette ville fut forcé de se rendre, et le duc Philippe eut l'inhumanité de l'envoyer dans la citadelle de Lille où il mourut de misère.

Abandonnée par la majeure partie de ses sujets, menacée par l'armée triomphante du duc Philippe, Jacqueline ne désespéra point encore de la victoire, à la tête de quelques troupes qui lui étaient restées fidèles, elle voulut surprendre la ville de Horn ; mais la garnison fit si bonne contenance qu'elle lui tua quatre cents hommes et la força à la retraite.

Le duc Jean étant demeuré paisible possesseur du Hainaut, après la sentence du pape Martin V qui cassait le troisième mariage de Jacqueline, il ne s'occupa plus que du bonheur de ses sujets ; il fonda l'université de Louvain en 1426, et mourut, d'une attaque d'apoplexie le 17 avril 1427, il fut enterré à Tervueren.

PHILIPPE DE SAINT-POL.

TRAITÉ DE DELFT.

Philippe, comte de Saint-Pol, qui avait gouverné le Brabant pendant une année, et qui s'était fait aimer des peuples, succéda à Jean IV, mort sans postérité. Il fut inauguré à Vilvorde le 13 mai 1427, en présence des États, et confirma à son avènement au pouvoir, les priviléges et les immunités que les duc Antoine et Jean, ses prédécesseurs, avaient accordés aux Brabançons.

Cependant le duc de Bourgogne que des affaires importantes avaient rappelé en France, avait ordonné que de grands préparatifs fussent faits dans le port de l'Écluse, afin de porter la guerre en Hollande au printems de l'an 1428, et d'écraser du poids de ses armes le reste des partisans de Jacqueline.

En se rendant en Flandre, il s'arrêta à Valenciennes où les comtes de Namur, de Ponthieu, de Conversant, Jean-de-Luxembourg, le plus habile homme de guerre de son siècle, les évêques de Tournai, d'Arras, les nobles et les députés des villes du Hainaut étaient rassemblés pour décider à qui devait revenir la souveraineté du pays, qui était sans chef depuis la mort de Jean IV. Le duc Philippe en fut déclaré souverain au détriment de Jacqueline, qui, dirent les députés, s'en était rendue indigne par sa mauvaise conduite; mais ils décidèrent en même tems qu'il serait obligé de s'en désaisir si, par la suite, elle avait des enfans légitimes.

Rien n'arrêtant plus le duc, il partit pour la Hollande, et assiéga Gouda où Jacqueline s'était renfermée. Le siège fut poussé avec tant de vigueur que les habitans effrayés supplièrent cette princesse de traiter avec ses ennemis. N'ayant plus rien à attendre du duc de Glocester qui l'avait lâchement abandonnée dans son malheur pour épouser Éléonore de Cohen, sa maitresse, elle envoya à Delft des députés qui conclurent le 3 juin 1428, avec ceux du duc de Bourgogne, un traité de paix où il fut stipulé :

1º Que Jacqueline reconnaîtrait le duc de Bourgogne pour son légataire universel si elle venait à mourir sans enfans légitimes.

2º Qu'immédiatement après la ratification du traité, il entrerait en jouissance des comtés de Hainaut, de Flandre, de Zélande et de la seigneurie de Frise.

3º Qu'elle remettrait de suite au duc toutes les villes, forts et châteaux qu'elle possédait encore.

4º Qu'elle ne pourrait convoler à d'autres noces sans l'autorisation du duc et celle des Etats de Hollande et de Hainaut.

5º Et qu'enfin elle aurait pour apanage les seigneuries d'Ostrevant, de Zuid-Béveland et de la Brielle.

Après ce traité, Jacqueline mit le duc en possession de ses états, et se retira à Tergoes avec François de Borsel, simple chevalier qu'elle avait épousé secrètement depuis la mort du duc Jean.

La maison de Bourgogne, déjà si puissante, le devint encore plus par l'acquisition que le duc Philippe fit du comté de Namur. Jean de Heinsberg, évêque de Liége, ayant attiré Jean III dans la ville de Huy, sous prétexte d'y traiter quelques affaires, eut l'indignité de le faire arrêter, et d'exiger une somme très forte pour sa rançon. Mais craignant les suites de cette violence, il s'avisa de le faire jurer sur l'évangile, qu'il ne révélerait jamais ce qui s'était passé entr'eux. Le comte Jean fut fidèle à ce serment forcé. Dès qu'il fut de retour à Namur, il vit bientôt qu'il ne pourrait payer la rançon exigée par le prélat, et demanda de l'argent aux états; mais comme il s'obstina à ne pas vouloir déclarer l'usage qu'il voulait en faire, ceux-ci rejetèrent sa demande. Dans l'embarras où ce refus le jeta, Jean III vendit son comté de Namur au duc de Bourgogne pour une somme de cent trente deux mille couronnes d'or, et il s'en réserva l'usufruit. Après la mort de Jean III, arrivée le 1er mars 1429, on trouva dans ses papiers la preuve écrite de l'horrible trahison dont l'évêque de Liége s'était rendu coupable. Avec ce prince finit la maison de Flandre qui avait possèdé ce comté pendant cent soixante six ans.

Philippe de Saint-Pol ne régna que trois ans sur les duchés de Limbourg et de Brabant. Il mourut subitement le 4 août 1430, au moment où il allait épouser la princesse Yolende, fille du roi d'Arragon.

PHILIPPE-LE-BON.

LA TOUR DE MONTORGUEIL.

Après la mort de Philippe de Saint-Pol, la souveraineté du Brabant et du Limbourg fut reclamée par Charles et Jean, fils du comte de Névers, tué à la bataille d'Azincourt, par Philippe-le-Bon, en sa qualité de chef de la maison de Bourgogne, et par Marguerite, comtesse douairière de Hainaut, fille de Philippe-le-Hardi et veuve de Guillaume de Bavière.

Les fils du comte de Névers, et après eux la comtesse Marguerite avaient des droits incontestables à la succession de Philippe de Saint-Pol, mais, quels qu'ils fussent, les États de Brabant, placés sous l'influence de Philippe-le-Bon se déclarèrent en sa faveur.

Ce prince qui venait d'épouser Isabelle, fille de Jean 1er, roi du Portugal, et qui, à l'occasion de ce mariage, avait créé l'ordre de la Toison-d'Or (1), assiégeait Compiègne avec l'armée anglaise lorsqu'il apprit la décision des États de Brabant. Il vint immédiatement prendre possession de ses nouveaux états, et fut inauguré à Louvain le 5 octobre 1430. Il confirma les privilèges des villes, déclara qu'à

---

(1) L'ordre célèbre de la Toison d'Or fut institué à Bruges le 10 janvier 1429. Il se composait de trente un chevaliers gentils-hommes de nom et d'armes, et sans reproches. L'ordonnance qui réglait les devoirs des chevaliers était un véritable code d'honneur et de vertu chevaleresque. Le tems qui détruit tout n'a pas épargné cette institution tout à fait Belge. Reléguée en Espagne, elle est devenue un vain et brillant hochet, et n'est pas même l'ombre de ce qu'elle fut.

PHILIPPE-LE-BON.

l'avenir les ducs de Brabant prendraient le titre et les armes de Lothier, de Brabant, de Limbourg et de Marquis du Saint-Empire, et créa un conseil qu'il chargea de l'administration de ces provinces.

A peine Philippe-le-Bon fut-il maître de la majeure partie de la Belgique et de la Hollande, qu'il dut prendre les armes contre Jean de Heinsberg, évêque de Liége, que la puissance de la maison de Bourgogne effrayait avec quelque raison. Les fortifications de Dinant avaient été détruites en vertu du traité d'Othée; mais les habitans de cette ville, qui conservaient toujours une haine profonde pour ceux de Bouvignes, s'étaient mis en devoir de rétablir la tour de Montorgueil; le duc avait chargé un de ses officiers nommé Blondel, d'enlever cette forteresse et de la démanteler. Blondel réunit des forces à Bouvignes et prit secrètement les dispositions nécessaires. Les troupes qu'il commandait, munies d'échelles et de crocs, se présentèrent un jour devant cette tour et tentèrent de s'en emparer, mais elles furent repoussées avec perte par les Dinantais qui se tenaient sur leurs gardes.

La guerre que le duc soutenait alors contre la France le forçant à ménager les Liégeois, il chargea les sires de Wesemael et de Mongart de se rendre à Liége pour y traiter avec l'évêque. Mais pendant les négociations, les Dinantais qui ne voulaient point de paix, se liguèrent avec ceux de Huy, enlevèrent un convoi de vivres que l'on conduisait au château de Beaufort, et attaquèrent ensuite cette forteresse qu'ils prirent et détruisirent de fond en comble.

Après cet acte de violence, le duc fit signifier à Jean de Heinsberg, qui désavouait la conduite des Dinantais, qu'il ne voulait entendre aucune proposition de paix, avant que la tour de Montorgueil ne fût démolie; que les dix-sept villages que les Liégeois avaient enlevés à Guillaume IV, comte de Hainaut, ne fussent restitués à cette province, et que les Dinantais ne lui eussent payé quinze cents couronnes pour d'anciennes redevances.

Malgré les exigences du duc, on serait peut-être parvenu à éviter la guerre, si Évrard de la Marck, agent secret du roi de France Charles VII, n'y eût entraîné le peuple, et, pour ainsi dire, forcé l'évêque à prendre les armes. Quoiqu'il en soit, Philippe-le-Bon donna l'ordre à Antoine de Croy de rassembler des troupes à Namur et d'ouvrir la campagne. Fidèle aux ordres de son maître, il ravagea le pays de Liége, brûla le village de Meffe à la vue des baillis de Hesbaie et de Condroz, et s'empara ensuite des villes de Fosses et de Florennes à qui le même sort était réservé.

L'évêque ayant rassemblé à Liége une armée de soixante mille hommes, passa la Méhaigne et alla investir Golzinne, village situé à trois lieues de Namur, défendu par un château de difficile accès. La garnison du château, ne pouvant espérer de le conserver au duc, se rendit prisonnière après quelques jours de siége. Un corps namurois s'étant présenté dans les environs au moment où elle remettait cette forteresse aux Liégeois, elle voulut se sauver pour se réunir à lui, mais les troupes de l'évêque qui s'en aperçurent la massacrèrent impitoyablement. Après cet acte de barbarie, elles pillèrent la place et la détruisirent.

Immédiatement après cette expédition, Jean de Heinsberg divisa son armée en deux corps. Tandis qu'avec l'un il s'emparait des châteaux d'Emptinnes et de Spontin, et que l'autre ravageait le Brabant Wallon et portait l'épouvante dans le Hainaut, les milices de Looz, de Tongres et de Saint-Trond incendiaient les villages de Boneffe, de Branchon et de Mierdorp. Les habitans de Maestricht voulurent aussi prendre part à la guerre ; ils envoyèrent un corps de trois cents hommes à l'évêque ; mais il fut surpris dans les environs de Perwez, et anéanti par les troupes du duc Philippe.

Le prélat ayant concentré son armée, alla ensuite assiéger le château de Poilvache, situé au dessus du village de Houx, sur la cime d'un rocher. Les assiégés se défendirent avec acharnement ; mais les Liégeois ayant battu en brèche dans la direction de l'unique puits qui existait dans la place, l'eau se perdit ou se corrompit, et la garnison fut forcée de capituler. Dès qu'il fut maître du château, Jean de Heinsberg le fit raser entièrement.

La prompte reddition de Poilvache, où les Liégeois s'étaient attendus d'être arrêtés plusieurs semaines, les détermina à entreprendre encore le siége de Bouvignes. L'armée liégeoise, quoique déjà fatiguée par les expéditions précédentes, redoubla d'ardeur à la vue de cette petite ville, l'ancienne émule de Dinant. On l'attaqua avec une furie qui annonçait assez le sort qu'on lui réservait. Mais les habitans aguerris par leurs longues querelles avec les Dinantais, soutenus, d'ailleurs, par une garnison brave et nombreuse, n'en furent que plus animés à se bien défendre (an 1431.)

On fit jouer contre leurs remparts tout ce qu'il y avait d'artillerie à Liége, à Dinant et à Huy, sans oublier la fameuse Bombarde de cette dernière ville, dont on s'était servi avec tant de succès au siége de Poilvache. Mais, malgré cela, on ne put parvenir à ouvrir une brèche, et il fallut en revenir à l'ancienne manière d'attaquer les places. Cette ville était environnée d'une double enceinte, et ce qui la rendait forte alors, était un rempart fait de poutres entrelacées de facines remplies de terre que les habitans avaient achevé peu de jours avant l'arrivée de l'ennemi. Les boulets ne faisant aucun effet contre cet ouvrage, les Liégeois se décidèrent de le battre avec la machine appelée le Chat, dont nous avons déjà parlé à l'occasion d'un autre siége de Bouvignes. Après beaucoup de peines et de fatigues, on parvint à l'élever; mais quand on crut avoir vaincu tous les obstacles, on s'aperçut que les ingénieurs avaient mal pris leurs mesures, et que cette machine ne pouvait atteindre les remparts. Cette circonstance suspendit l'attaque des Liégeois; ils donnèrent le lendemain un nouvel assaut à la ville, mais ce fut avec aussi peu de succès que la veille.

Pendant que les Liégeois assiégeaient Bouvignes, la guerre continuait avec acharnement en plusieurs autres endroits du comté de Namur et du pays de Liége. Les troupes du duc de Bourgogne, sous la conduite d'un capitaine nommé Platel, essayèrent de surprendre Huy et furent vivement repoussés. Les habitans de cette ville entreprirent alors d'attaquer le château de Samson. Espérant le surprendre au moment où les bestiaux en sortiraient pour aller paître, ils s'étaient embusqués dans un bois voisin; mais la garnison du château qui les découvrit, fit une vigoureuse sortie, leur tua quelque monde et les mit en déroute.

Les sires de Ghistelle et de Mamines chargés par le duc de Bourgogne d'observer un corps liégeois qui avait pris position derrière la Mehaigne, en face de Waseige, attaquèrent un jour quelques fourrageurs ennemis, et leur firent beaucoup de mal; mais pendant qu'ils les écharpaient, un nombreux détachement venu au secours des fourrageurs les assaillit avec tant d'impétuosité qu'ils furent totalement défaits, et qu'ils périrent avec la plus grande partie de leur monde.

Un corps de Dinantais, détaché de l'armée liégeoise pour tenter une attaque sur le château du Mont-Aigle, surprit la garnison de cette place qui se gardait négligemment, et la massacra. Après l'avoir pillée et détruite, il dirigea sa marche sur Walcourt qu'il enleva d'un coup-de-main et reduisit en cendres. Mais à son retour il fut atteint par un fort détachement de Bourguignons qui le battit, le dispersa, le poursuivit jusqu'à Châtelet et livra cette ville aux flammes.

La levée du siége de Bouvignes termina enfin cette cruelle campagne, durant laquelle les deux partis eurent des chances égales de revers et de succès. Mais ces succès ne purent compenser les pertes inestimables qu'on fit de part et d'autre, car plus de trois cents villes, villages ou hameaux avaient été réduits en cendres.

Touchés de tant de maux, l'Archevêque de Cologne, et le comte de Mœrs, son frère, virent tour-à-tour les Liégeois et le duc de Bourgogne, et travaillèrent à la paix avec tant d'efficacité, qu'un traité fut conclu à Malines le 20 décembre 1431, à des conditions assez humiliantes pour les Liégeois. On y convint :

1º Que l'évêque de Liége et le sire de Heinsberg, son père, se rendraient à la cour du duc de Bourgogne, accompagnés de vingt membres des États, et que là, un genou à terre, ils feraient à ce prince, par la bouche de quelqu'un d'entre eux, des excuses sur ce qui s'était passé, et lui en demanderaient humblement pardon.

2º Que l'évêque, en personne, servirait pendant six

mois, avec trois cents hommes bien équipés, dans l'armée du duc, où il serait obligé, lui et ses gens, de se rendre deux mois après en avoir été sommé.

3° Que les Liégeois fonderaient à leurs dépens, et feraient bâtir une chapelle à Golzinne, dans laquelle on dirait tous les jours une messe pour le repos des âmes de ceux qui y avaient été massacrés.

4° Que la tour de Montorgueil serait démolie un mois après la ratification du traité, et qu'aucune forteresse ne pourrait être élevée entre Bouvignes et Dinant sans l'autorisation du duc.

5° Qu'en réparation des dommages causés par la guerre dans le comté de Namur, les Liégeois payeraient au duc deux cent mille *Nobles à la Rose*; (quatre cent quatre vingt mille florins d'Allemagne).

6° Que les prisonniers faits de part et d'autre seraient rendus sans rançon, et toutes autres choses compensées.

7° Enfin, qu'on produirait, des deux côtés, ses titres par rapport aux dix sept villages contestés, et qu'ils seraient adjugés à celle des deux parties dont les droits paraîtraient mieux fondés.

Les Liégeois frémirent à la lecture de ce traité ignominieux. Forcés de s'y soumettre, ils apprirent à leurs dépens, dit l'historien Bouille, « combien il est péril-
» leux d'avoir de puissans voisins avec qui l'on ne peut
» ni mesurer son épée, ni faire la paix qu'à des condi-
» tions désavantageuses.

LA SAINTE PAIX.

Philippe-le-Bon qui, par le traité de Delft, s'était fait déclarer héritier de Jacqueline de Hainaut (1), instruit du mariage secret que cette princesse avait contracté avec le seigneur de Borselle, se rendit à la Haye avec six cents hommes d'armes, dans le courant de juillet 1433, et feignit d'ignorer cette union. Il attira Borselle à sa cour, le combla de fausses caresses, et au moment où il s'y attendait le moins, il le fit arrêter, conduire au château de Rupelmonde, et répandit le bruit qu'on allait lui trancher la tête. A la nouvelle de cette déloyauté, Jacqueline fut saisie d'une douleur si violente, qu'elle sacrifia ce qui lui restait pour sauver la vie de son époux. Elle envoya des députés au duc à l'effet d'obtenir l'élargissement d'un homme qu'elle aimait passionnément. Philippe-le-Bon qui s'attendait à cette démarche, consentit à relâcher son prisonnier sous la condition que la comtesse lui cèderait immédiatement ses droits sur les comtés de Hollande, de Zélande et de Hainaut, et qu'elle prendrait désormais le titre de comtesse d'Ostrevant. Cette princesse se soumit de bonne grâce à ce traité odieux, et Borselle, qui fut mis en liberté, obtint le titre de comte d'Ostrevant et le Collier de la Toison d'or. La malheureuse Jacqueline, dévorée de chagrin, mourut trois années après, âgée de trente six ans, au château de Tylinghen, dans le Rhin-Land.

Fatigué d'être l'allié des Anglais et l'instrument de leur ambition orgueilleuse, le duc de Bourgogne songea enfin à se reconcilier avec Charles VII, le meurtrier de son père. Cédant aux humbles instances de ce monarque et du pape Étienne IV, il consentit à ouvrir des conférences à Arras où il se rendit en l'an 1435. Des ambassadeurs d'Angleterre et de France, ceux de tous les souverains de l'Europe, et des députés des bonnes villes de Flandre, de Brabant, de Hainaut s'y trouvèrent également. Mais à peine eut-on entamé des négociations que les Anglais les rompirent brusquement. Leur départ contraria le duc qui avait juré de ne pas traiter sans eux; mais le légat du pape leva la difficulté, en le déchargeant de la foi qu'il leur avait donnée. Rien ne s'opposant plus à la paix, le roi envoya au duc une députation, à la tête de laquelle se trouvait l'archevêque de Reims, à l'effet de lui faire amende honorable pour sa coopération à l'assassinat de Jean-sans-Peur. Ces députés vinrent le trouver à l'abbaye de Saint-Vast, se prosternèrent devant lui, et le supplièrent de pardonner à leur maître la mort du duc Jean. Satisfait de cette humble réparation, Philippe-le-Bon accorda rémission pleine et entière à Charles VII, et un traité de paix fut signé de part et d'autre. Il y fut stipulé : que le roi de France ferait bâtir une chapelle à Montereau, où l'on dirait tous les jours une messe basse pour le repos de l'âme de Jean-sans-Peur; qu'il fonderait également un couvent de Chartreux dans la même ville; qu'il ferait placer sur le pont, où le crime avait été commis, une croix qui serait entretenue aux frais de la France; qu'il payerait au duc cinquante écus d'or pour le dédommager de la perte des bijoux qui avaient été enlevés à son père après l'assassinat; qu'il accorderait à Philippe-le-Bon le droit de poursuivre en restitution ceux qui avaient volé le collier du duc Jean ; que les assassins de ce prince ne seraient pas compris dans le traité de paix; que le roi les ferait arrêter et les livrerait au duc de Bourgogne; que le roi céderait au duc les comtés de Macon, d'Auxerre, et les villes de Péronne, de Roye et de Montdidier; que dans le cas d'une guerre avec l'Angleterre, la France ferait cause commune avec la Bourgogne; et qu'enfin, le comte de Charolais, fils de Philippe-le-Bon, épouserait Catherine de France, fille du roi Charles VII.

Le duc de Bourgogne jura sur le Saint-Sacrement de ne point enfreindre cette paix, que l'on nomma la *Sainte Paix*, et de ne jamais reprocher au roi la mort de son père.

SIÉGE DE CALAIS.

La paix d'Arras, qui fut accueillie en France et en Belgique avec des transports d'allégresse, irrita les Anglais au plus haut degré; et, loin de dissimuler leur colère, ils provoquèrent imprudemment celle du duc de Bourgogne. Lorsque ce prince leur fit signifier le traité qu'il avait conclu avec la France, il chargea ses députés de leur faire des avances pacifiques; mais le roi Henri, fâché de ce que le duc ne le reconnaissait plus dans ses lettres comme roi de France et cessait de l'appeler son seigneur, reçut avec mépris les députés de Philippe-le-Bon, les fit loger, à Londres, dans la maison d'un cordonnier, et, après avoir lu les dépêches dont ils étaient chargés, les renvoya sans réponse.

Décidé à déclarer la guerre aux Anglais, le duc de Bourgogne se rendit à Gand, appela près de lui les échevins et les doyens de toutes les corporations, et leur fit expliquer par maître Gossuin, un de ses conseillers, tous ses griefs contre le roi d'Angleterre.» Monseigneur » a dessein de s'emparer de Calais, leur dit Gossuin; » car tant que cette ville, qui lui appartient légitime- » ment et qui fait partie de son comté d'Artois, res- » tera au pouvoir des Anglais, ils pourront toujours en- » trer en Flandre et gêner le pays. D'ailleurs les gens » de Calais nuisent au commerce des bonnes villes de » Flandre en refusant de leur vendre des laines, de » l'étain, du plomb, des fromages, et autres marchan- » dises d'Angleterre, autrement qu'en lingots d'or fin.» Les Gantois, qui étaient surtout irrités des entraves que les habitans de Calais apportaient au commerce, décla- rèrent à leur bon seigneur qu'ils l'aideraient, dans la guerre qu'il allait entreprendre, de leurs personnes et de leur argent, d'autant plus qu'en s'emparant de cette ville, il y aurait pour eux honneur et profit. Les trois autres Membres de Flandre s'étant rangés à cet avis, le duc passa en Hollande, et les peuples de ces con- trées lui promirent d'équiper une flotte à leurs frais, à l'effet d'attaquer Calais du côté de la mer.

Dans les premiers jours de juin 1436, les milices de Flandre se réunirent à Gravelines. Chaque homme avait dû se fournir à ses frais, ou plutôt aux frais des villes, une lance, ou deux maillets en plomb à man- che court. Le sire Colard de Comines fut chargé de commander le contingent des villes de Gand, d'Alost, de Ninove, de Roulers et de Sotteghem. Les gens de Bruges, de Dam, d'Ootsbourg, de Thourout, d'Ostende et de Dixmude obéissaient aux ordres du chevalier de

Steenhuys; Jean de Comines commandait ceux d'Ypres ; Le sire de Merken ceux du Franc, et le sire de Ghistelles ceux de Courtray. Le seigneur d'Antoing était capitaine général de cette armée, qui s'élevait à plus de trente mille hommes, sans compter un corps de cinq cents cavaliers, monté et équipé aux frais de la ville de Malines. Elle trainait à sa suite une immense quantité de voitures chargées de vivres, de tentes, de bagages et d'artillerie. Mais, il faut bien le dire, cette troupe si bien armée, si richement habillée, que le duc de Bourgogne montrait avec orgueil au connétable de France, n'entendait rien au métier de la guerre; l'indiscipline régnait chez elle, et le duc ainsi que ses officiers étaient souvent obligés de descendre jusqu'aux supplications pour la faire obéir. En revanche, rien n'égalait son orgueil. » Quand les Anglais sauront » que Messeigneurs de Flandre se sont armés, disaient » les Flamands, et viennent les assiéger avec toute » leur puissance, ils ne nous attendront pas ; quittant » leur ville, ils s'enfuiront en Angleterre; c'est une » grande négligence que les vaisseaux qui devaient » venir de Hollande les assiéger par mer ne soient pas » arrivés avant nous, pour les empêcher de s'en » aller. »

Ils se trompaient grossièrement; car, de toutes leurs conquêtes, la ville de Calais était celle à laquelle les Anglais tenaient le plus, et ils avaient pris des mesures pour la conserver. Le duc de Bourgogne parut enfin devant cette place qu'il investit du côté de la terre, et les Flamands assirent leur camp au même lieu où Jacques d'Artevelde avait eu ses tentes, quatre-vingt-dix ans auparavant, quand il était venu aider le roi d'Angleterre à prendre Calais.

La ville n'était pas environnée d'assez près pour empêcher que les assiégés ne fissent sortir des troupeaux de bétail qui venaient paître autour des remparts; les Flamands voulurent un jour enlever un de ces troupeaux. Sans attendre les ordres de leurs chefs, ils prirent les armes et coururent en désordre attaquer l'escorte anglaise; mais les assiégés, qui les virent approcher, firent une vigoureuse sortie, leur tuèrent quelque monde, enlevèrent plusieurs prisonniers, et forcèrent le reste à fuir à toutes jambes.

Sur ces entrefaites, le duc de Glocester, que le roi d'Angleterre avait chargé de secourir Calais, envoya un héraut à Philippe-le-Bon, pour lui déclarer qu'en sa qualité de protecteur du royaume, il allait passer la mer avec une puissante armée pour venir le combattre, et que si le duc ne l'attendait pas, il irait le chercher dans ses états. » Retournez près de votre » maître, répondit le duc au héraut, et dites lui qu'il » n'y aura nul besoin de venir dans mes états; il me » trouvera en ce lieu, si Dieu ne m'envoie point de for- » tune contraire. »

En attendant l'arrivée de sa flotte, qui se faisait trop long-tems attendre au gré des Flamands, le duc Philippe poussa le siége avec vigueur, et fit élever une redoute qui dominait la ville. On y plaça du canon et l'on chargea les Gantois de la défendre. Les Anglais firent plusieurs sorties pour essayer de la détruire, mais les Flamands les repoussèrent vaillamment et leur tuèrent beaucoup de monde.

La flotte Hollandaise, si impatiemment attendue, parut enfin le 25 juillet. Le sire de Hornes, qui la commandait, coula dans la passe, qui conduit au port, six gros vaisseaux chargés de pierres, afin de la fermer aux navires qui venaient d'Angleterre. Mais ce moyen, le seul qu'il fut possible d'employer pour bloquer le port, ne réussit pas. La flotte, qui craignait l'escadre Anglaise supérieure en nombre, remit immédiatement à la voile, et quand la marée baissa, les navires coulés restèrent à sec sur la grève. Les assiégés les dépécèrent en peu d'instans et y mirent le feu.

Dès ce moment, des murmures éclatèrent parmi les Flamands. Ils dirent hautement qu'on leur avait promis que la ville serait assiégée par mer et par terre; qu'elle ne l'était pas, et que le conseil du duc les trahissait. Pendant que leurs chefs cherchaient à les rappeler à la raison, les Anglais firent une forte sortie et vinrent attaquer la redoute dont nous venons de parler. Le duc y courut; mais il était trop tard; les Flamands, si redoutables quand ils combattaient pour leur indépendance, avaient montré peu de courage en défendant la cause de leur seigneur, et s'étaient laissé enlever la redoute. Les Anglais massacrèrent, sous les yeux des Gantois, les prisonniers qu'ils venaient de faire, et vengèrent ainsi la mort d'un chevalier de leur nation, que les Flamands avaient mis en pièces quelques jours auparavant.

Cet événement eut des résultats funestes; car, dès cet instant, les Flamands se mutinèrent. »Nous sommes trahis, s'écrièrent-ils; on ne tient aucune des » promesses qui nous ont été faites; nos gens sont pris » ou tués tous les jours sans que les nobles se mettent » en peine de venir les défendre. Il faut partir et » retourner dans notre pays. » Instruit de la sédition des bons hommes de Flandre, le duc, pénétré de douleur, en réunit un grand nombre dans la tente de la ville de Gand, et les conjura de ne point l'abandonner au moment où il allait avoir à combattre le duc de Glocester ; il leur remontra qu'ayant accepté son défi, il serait déshonoré s'il manquait à sa foi, et il les conjura de rester quelques jours encore. Plusieurs Flamands, séduits par les paroles de Philippe, allaient céder à la raison, quand Jacques de Zaghère, doyen des maçons de Gand, les ramena à la sédition en déclarant qu'il voulait qu'on levât le siége.

Quoiqu'il fut irrité de l'obstination des Flamands, le duc leur fit dire que s'ils voulaient attendre jusqu'au lendemain, ses hommes d'armes les escorteraient jusqu'à Gravelines, afin de se retirer en bon ordre, et d'emmener les équipages et l'artillerie. » Non, répondirent- » ils insolemment ; nous n'avons pas peur des Anglais, » et nous sommes assez braves pour n'avoir pas besoin » d'une telle escorte. » Ils se portèrent ensuite en foule vers les tentes de leur prince dans le dessein de massacrer trois de ses principaux officiers qu'ils accusaient de trahison ; mais ils ne les trouvèrent point. Ils avaient jugé prudent de se soustraire par la fuite à la fureur de cette multitude.

Dès que la nuit fut venue, les Flamands plièrent leurs tentes, chargèrent leurs voitures et se mirent en marche en criant : » Partons, partons, nous sommes tous » trahis. » Alors ils mirent le feu au camp et prirent la route de Gravelines sans s'inquiéter du reste de l'armée, ni de leur artillerie. Les Brugeois, seuls, ne voulurent pas perdre la leur, et la tirèrent à force de bras jusqu'à cette dernière ville. Considérablement affaibli par la honteuse retraite des Flamands, Philippe-le-Bon leva le siége, abandonna une partie de son artillerie, et se retira à son tour l'âme navrée.

SOULÈVEMENT DES BRUGEOIS.

Peu de jours après la levée du siége de Calais, le duc de Glocester entra dans le port de cette ville avec une flotte de trois cents voiles qui avait à bord une armée nombreuse. Dès que ses troupes furent débarquées, il les divisa en deux corps qui pénétrèrent dans la Flandre et y mirent tout à feu et à sang, pendant que son escadre désolait les côtes d'Ostende, de Cadsant et de Walcheren. L'armée de terre brûla les villes de Poperinghe et de Bailleul, ainsi qu'une infinité de villages, et rentra à Calais, chargée de butin, trainant à sa suite cinq mille enfans desquels les soldats espéraient tirer rançon. Mais ceux de la flotte ayant débarqué dans la Flandre Zélandaise, y trouvèrent les sires de Steenhuys et de Vorholt à la tête des gens du pays, qui les battirent complètement et les forcèrent à regagner leurs navires. Un détachement de Brugeois, qui avait poursuivi un parti Anglais jusque dans les environs d'Ostende, rencontra le seigneur de Hornes, qui commandait la flotte du duc au siége de Calais, et le massacra impitoyablement, sous le prétexte qu'il était cause de tous les malheurs du siége.

Non contens d'avoir attiré la guerre dans leur pays par une funeste insubordination, les troupes de Bruges, à leur rentrée en cette ville, avaient établi leur bivouac sur la grande place, et n'avaient pas voulu rentrer chez eux. Lors de l'invasion des Anglais, la duchesse de Bourgogne, qui tenait sa résidence à Bruges, les avait engagés à marcher à la défense du pays. Ils avaient obéi, mais, en se dirigeant vers Cadsant, le sire d'Utkerke, qui commandait l'Écluse, s'était refusé à leur ouvrir les portes de cette ville, les traitant de mutins, de traîtres, et leur rappelant l'affaire de Calais. Furieux de cet affront, ils revinrent à Bruges, s'établirent de nouveau sur la grand'place, et déclarèrent qu'ils ne se sépareraient pas avant que le sire d'Utkerke fût puni de l'outrage qu'il leur avait fait, et que les fortifications de l'Écluse fussent démolies. Ils exigèrent que les gens du Franc fissent cause commune avec eux; demandèrent que toute l'artillerie qui se trouvait à Bruges leur fût délivrée, et pour l'obtenir, ils se saisirent du secrétaire de la ville. Ils allaient le mettre à mort, quand il réussit à leur faire comprendre que l'artillerie n'était pas sous sa garde. Ils se dirigèrent alors vers la maison du secrétaire du trésor, chez qui les principaux magistrats dînaient. Le gouverneur, Jean Gruthuis, le bailli du duc, Nicolas Utenhoven, et, l'écoutète, Stassart Brixen, sortirent pour appaiser les clameurs de cette multitude furieuse; mais à peine furent-ils dehors que les mutins s'emparèrent de Brixen, qui leur était odieux, et l'étranglèrent avec la corde d'une fronde. On leur remit enfin les canons et les clefs de la ville, et ils continuèrent à menacer les gens paisibles, et à piller les maisons des plus riches bourgeois.

La duchesse de Bourgogne se trouvant à Bruges durant les troubles, le duc Philippe, inquiet pour sa femme et son fils, vint à Dam, et fit demander aux rebelles de laisser sortir la duchesse. Ils y consentirent; mais lorsqu'elle traversa la porte tenant le comte de Charolais, son jeune fils, serré contre son sein, accompagnée de la dame du sire d'Utkerke, de la veuve du malheureux de Hornes, et escortée par les sires Guillaume et Simon de Lalaing, Jean Boukaert, un

COMBAT D'AUDENARDE.

des chefs de la populace, arracha ces deux dames de son charriot et les jeta en prison. La duchesse, qui en fut quitte pour la peur, continua sa route, poursuivie par les huées de la multitude.

Cependant la ville de Gand était agitée par une fermentation violente. Le duc y courut, mais les habitans ne voulurent pas laisser entrer son escorte en ville, déclarant, au reste, qu'ils étaient assez puissans pour garder leur prince. Dans l'espoir de rétablir le calme, Philippe entra en explication avec les mutins qui se plaignaient qu'on leur reprochât leur conduite devant Calais. Il voulut d'abord leur faire comprendre ce que leur conduite, en cette circonstance, avait eu de répréhensible, et comme ils s'obstinaient, il mit fin à la contestation en déclarant qu'il était satisfait, d'eux, et qu'ils avaient agi par ses ordres.

La modération du duc semblait avoir fait rentrer les Gantois dans le devoir, quand il reçurent de ceux de Bruges des lettres par lesquelles ils déclaraient qu'ils resteraient armés jusqu'à ce que le sire d'Utkerke fut puni de l'affront qu'il leur avait fait, et que la ville de l'Écluse se fut soumise à la juridiction de celle de Bruges. Les Gantois communiquèrent ces lettres à Philippe-le-Bon, et sur ce qu'il leur déclara, à son tour, qu'il voulait obtenir satisfaction de la mort de l'écoutète et de l'affront fait à la duchesse, les cinquante-deux corporations s'assemblèrent sur le marché au vendredi, armées et bannières déployées, et firent dire au duc qu'elles faisaient cause commune avec les Brugeois. Alors, ils bannirent du territoire de Flandre, pour cinquante ans, le seigneur d'Utkerke, Colard de Comines, Gilles Van de Woestine, Enguerrand Hauwel et Jean de Dam. Ils promirent aussi une récompense de trois cents livres à quiconque leur livrerait un des bannis.

Philippe-le-Bon, qui s'était retiré à Lille, ayant rassemblé quelques troupes, les Gantois rentrèrent dans l'ordre. Mais ceux de Bruges persistant dans leur rébellion, il chargea le chevalier Vilain d'occuper Dam, et d'empêcher les bateaux d'arriver à Bruges; il prescrivit aussi au sire de Vère de bloquer les ports de Flandre avec les navires de la Hollande et de la Zélande. Les Brugeois se voyant serrés de cette manière, déposérent les armes et se soumirent. Les échevins et les principaux bourgeois vinrent à Dam implorer la clémence du souverain. La noblesse et les marchands étrangers ayant joint leurs instances à celles des Brugeois, le duc leur pardonna d'assez bonne grâce.

Peu de jours après, la sédition recommença; les magistrats de Bruges et les notables furent emprisonnés, exilés, dépouillés, et le pays ravagé par les troupes des seigneurs et par quatre à cinq cents hommes recrutés dans la Zélande, que la ville de Bruges avait pris à sa solde.

Philippe-le-Bon qui n'avait ni la volonté ni le pouvoir d'employer des moyens de rigueur, convoqua à Gand les trois autres Membres de Flandre, et les chargea de prononcer sur la prétention des Brugeois, qui exigeaient que l'Écluse fut soumise à leur juridiction. La décision des États se faisant trop long-tems attendre au gré du duc, il publia un édit par lequel il déclarait que cette ville continuerait à être sous la juridiction immédiate des comtes de Flandre, et que le Franc serait, comme autrefois, le quatrième Membre du pays.

Plus obstinés que jamais, excités par ceux de Gand, qui venaient d'assassiner Jacques de Zaghère, grand doyen des métiers, celui-là-même qui avait ourdi la sédition au siége de Calais, les Brugeois se soulevèrent de nouveau, et, dès cet instant, l'anarchie régna dans leur ville.

Louis Vandevelde, bourgmestre de Bruges, avait une femme remplie d'envie et d'ambition. A force d'intrigues, elle parvint à obtenir la confiance du duc, à qui elle persuada que si le pouvoir était tout-à-fait entre les mains de son mari et de son frère, Vincent Scoutelaer, ils réprimeraient facilement la sédition. Sur les propos de cette femme, le duc, qui était à Arras, y appela Vandevelde, et ce dernier promit de s'employer de tout son pouvoir à châtier les mutins. Philippe appela également près de lui Varsenaer, autre bourgmestre de Bruges, et exigea qu'il fît la même promesse. Ce magistrat, épouvanté de la résolution du duc, se jeta à ses pieds et lui dit : « Monseigneur, faite grâce entière à votre bonne » ville de Bruges, c'est le seul moyen de tout appaiser. » Ce peuple est si mauvais qu'on le mettra en fureur si » l'on parle de punir. — Non, répartit le duc, je veux » que ces méchantes gens portent la peine de tous leurs » crimes ; montrez-vous fidèle et obéissant à votre sei- » gneur. » De retour à Bruges, Varsenaer eut une entrevue avec son collègue, dans laquelle il lui reprocha d'avoir promis au souverain plus qu'il ne pouvait tenir; » Nous sommes perdus si le peuple vient à s'en douter, » ajouta-t-il. Effrayé d'apprendre que Varsenaer connaissait son secret, Vandevelde reprocha à sa femme le danger où elle l'avait mis. » Hé bien, dit-elle, si votre » collègue est instruit, un seul parti vous reste à pren- » dre, et vous le prendrez si vous êtes homme : il faut » que Varsenaer périsse. »

Épouvanté du crime qu'on lui conseillait, Vande

velde refusa positivement de trahir son collègue; mais sa femme, beaucoup moins scrupuleuse, chargea son fils et Vincent Scoutelaer, son frère, d'exciter la colère des séditieux. Fidèles aux ordres de cette mégère, ils se mêlèrent parmi le peuple, et accusèrent Varsenaer d'entretenir des intelligences secrètes avec le duc de Bourgogne. Le peuple, qui se croyait trahi par ce magistrat, courut aux armes, s'assembla en tumulte, et demanda à grands cris que Varsenaer lui fût livré. Effrayé des vociférations de la populace, ce malheureux s'était caché, mais on le découvrit bientôt, et on le conduisit sur la place publique. Jacques Varsenaer, son frère, qui perça la foule, et voulut prendre la parole pour le justifier, fut inhumainement massacré, et, peu d'instans après, le bourgmestre tomba percé de coups sur le corps de son frère. Une foule de bourgeois, et Scoutelaer, l'auteur de cette émeute, en furent tellement effrayés qu'ils quittèrent immédiatement la ville de Bruges.

Fatigué de l'insolence et des crimes que les Brugeois commettaient tous les jours, Philippe-le-Bon résolut enfin d'en tirer vengeance. Il rassembla à Lille plusieurs seigneurs belges et français, et fit des préparatifs pour dompter cette ville rebelle. Les mutins, qui en furent bientôt informés, s'en inquiétèrent, et se déterminèrent à envoyer des députés dans les autres villes, pour les engager à faire cause commune avec eux; mais on ne leur fit nulle part un bon accueil. Ils eurent alors recours aux marchands étrangers, qui vinrent intercéder le duc. Ce prince, que des affaires appelaient en Hollande, leur répondit qu'il allait incessamment entreprendre ce voyage, et qu'il passerait par Bruges où il s'arrêterait quelques jours, et recevrait les réclamations des habitans.

Vers la mi-mai 1437, il quitta Lille avec une suite de quatorze cents hommes, emmenant avec lui le comte d'Etampes, son cousin ; les seigneurs de Roubais, de Liedekerke, de Crèvecœur, de Saveuse, de Ternant, de Humières, de Hautbourdin, d'Utkerke, de Comines, et le maréchal de l'Isle-Adam. Arrivé à Rousselaere, il envoya quelques officiers de sa maison à Bruges pour préparer ses logemens, et parut devant cette ville le 22 mai, vers trois heures de relevée. Le clergé, les bourgmestres et les échevins, qui vinrent au devant de lui, le supplièrent de n'entrer en ville qu'avec ses chevaliers et ses domestiques, et de permettre qu'on logeât la troupe à Maele ; mais Philippe leur répondit qu'il voulait seulement que ses soldats traversassent Bruges pour se rendre à l'Écluse, où ils s'embarqueraient pour la Hollande. Les magistrats persistant dans leurs instances, tous les seigneurs Français qui accompagnaient le prince se récrièrent contre l'insolence et la hardiesse des Brugeois, et parlaient déjà de leur faire trancher la tête. Pendant ce débat qui dura près de deux heures, le duc de Bourgogne fit enlever la porte de la Bouverie par le sire de Rochefort et par le bâtard de Dampierre, et se disposa à entrer en ville.

Mais le peuple, irrité par toutes ces tergiversations, avait pris les armes, et se rassemblait dans les rues et sur les places publiques en s'écriant : » Aux armes ! dé- » fendons nous ; le duc amène ses Picards pour ravager » notre ville ; et personne ne sera épargné ; car les sires » de Comines et d'Utkerke marchent à sa suite ; » de manière que quand Philippe entra dans Bruges, toute la population était en rumeur. En avançant vers la grande place, suivi d'une partie de ses hommes d'armes, il se croyait maître de la cité ; lorsqu'il y fut arrivé.

deux bourgeois se présentèrent devant lui pour offrir leur hommages ; mais au même instant le peuple se précipita sur eux et les massacra à ses yeux. Alors les soldats se mirent en devoir d'agir aux cris répétés de *ville gagnée!* comme s'ils avaient enlevé Bruges d'assaut. Ils tirèrent, dix ou douze Brugeois tombèrent sur le carreau, et plusieurs autres furent blessés. Bien loin d'effrayer les mutins, les cris des soldats et la mort de leurs concitoyens les exaspérèrent. En un instant des flèches, des pierres, des planches, des buches, des meubles, sont lancés de toutes les croisées, et accablent les troupes du duc, étonnées de cette singulière réception. En ce moment, le seigneur de Liedekerke vint à toute bride prévenir Philippe-le-Bon, que le peuple avait égorgé les hommes qu'il avait laissés à la garde de la porte, que la herse était baissée, et qu'il était impossible de communiquer avec le reste des troupes. Le duc mesura d'un œil rapide le danger où il était exposé, il ordonna la retraite vers la porte de la Bouverie, qu'il regagna péniblement, assailli par la populace dont le nombre augmentait toujours. Là, le combat devint plus sanglant et plus opiniâtre ; les Brugeois en fureur se précipitaient sur les soldats et les assommaient à coups de maillet; le maréchal de l'Isle Adam voyant faiblir le corps, des Archers qui déjà avait perdu plus de deux cents hommes, mit pied à terre, et courut pour repousser les flots populaires; mais lâchement abandonné des siens, il fut pris et mis en pièces. On lui arracha le collier de la toison d'or, on le dépouilla de ses vêtemens, et on tira ses membres épars dans toutes les rues de la ville.

Le peu de troupes qui restait au duc s'était serré en masse devant la porte, et protégeait sa vie contre la fureur populaire, et déjà l'on tremblait pour ses jours quand Jacques Van Hardoye, doyen des serruriers, parvint à briser les serrures et ouvrir la porte. Philippe eut alors le bonheur de se sauver avec les sires de Comines, et d'Utkerke, et quelques chevaliers ; mais le reste de ses gens tomba au pouvoir des révoltés.

Van Hardoye eut' la tête tranchée le lendemain, et son corps, coupé en quatre quartiers, fut exposé sur les portes de la cité. Le serrurier qui l'avait aidé fut également mis à mort, et vingt-deux prisonniers furent décapités. On voulait les massacrer tous, ce ne fut qu'à l'intercession du clergé et des marchands étrangers qu'ils eurent la vie sauve. Le confesseur de la duchesse et quelques serviteurs du duc leur furent renvoyés.

SOUMISSION DES BRUGEOIS.

Le duc de Bourgogne n'ayant pas assez de troupes pour réduire les Brugeois, et n'osant appeler les Flamands à son secours, retourna vers Lille pour aviser aux moyens d'étouffer l'insurrection. Ils n'étaient pas nombreux, et le seul qu'il put mettre en usage, fut d'intercepter la navigation et de bloquer les ports, afin que la famine et la stagnation du commerce rappelassent les mutins à la raison. Mais le moyen employé par le duc eut des suites d'autant plus funestes, que les Brugeois n'ayant plus rien à manger, parcoururent les campagnes à main armée, pillèrent le pays, et incendièrent ou détruisirent les habitations des partisans de leur souverain. Ils allèrent même assiéger l'Écluse ; mais le seigneur de Lalaing, qui commandait cette place, parvint à les repousser.

Cependant la Flandre, si riche par son commerce et par ses productions agricoles, attendait impatiemment la fin de ces funestes dissensions. Les fabriques chômaient, le négoce avait cessé, et personne ne pouvait plus cultiver son champ en paix. Les cités de Gand, d'Ypres et de Courtrai avaient, à plusieurs reprises, conjuré le duc de mettre les Brugeois à la raison ; mais ce prince qui espérait obtenir par la disette ce qu'il ne pouvait avoir par la force des armes, ne leur donnait aucune réponse. Instruits que des marchands de Lubeck avaient fait entrer à Bruges, malgré le blocus, une grande provision de blé, les Gantois se lassèrent de la longanimité du duc Philippe. Un jour que la corporation des forgerons était réunie, l'orfèvre Jean Cachtèle dit que puisque personne ne prenait des mesures pour rendre la paix au pays et rétablir le commerce, les divers métiers devaient y pourvoir eux-mêmes. Alors les forgerons se rendirent en armes sur le marché au vendredi, et bientôt toutes les corporations y vinrent, bannières déployées. Les magistrats suivirent ce mouvement généreux et y apportèrent la bannière de Flandre.

Dès que les corporations furent rassemblées, Cachtèle répéta ce qu'il avait dit aux forgerons, et proposa d'élire un souverain capitaine. Son avis fut adopté, et l'on élut à cette charge éminente Daniel Ouradene, homme d'honneur et de probité, qui jouissait de l'estime publique. On lui adjoignit un conseil composé de douze bourgeois ; mais cet homme de bien déclara qu'il ne voulait rien entreprendre sans avoir le consentement du duc, et sur la permission qu'il reçut de ses concitoyens, il se rendit à Lille où Philippe-le-bon reçut son serment et le confirma dans sa charge.

De retour à Gand, Ouradene appela aux armes les habitans de Gand et de la banlieue, établit un camp à Mariakerke, et fit décider par son conseil que la guerre que l'on allait entreprendre avait pour but de forcer les Brugeois à consentir à ce que le Franc fut le quatrième Membre de la Flandre, de les obliger à remettre la décision de leurs différens avec ceux de l'Écluse à l'arbitrage du souverain, et de contraindre cette dernière ville à ouvrir son port aux navires étrangers et flamands.

A peine Ouradene eut-il établi son camp à Mariakerke et organisé son armée, qu'il fut contraint de rentrer à Gand, afin d'enlever le pouvoir aux anciens magistrats, à qui le peuple avait donné le nom de mangeurs de foie *(Levers eters)*, et contre lesquels il menaçait de se soulever. Il fit arrêter Louis Van Den Holle, Lievin de Jaghère, Gilles de Clerc, et plusieurs autres individus accusés d'avoir détourné les deniers publics, et retourna ensuite au camp, où il s'appliqua à faire régner la discipline. Il défendit le pillage et le vol, et, de quelque parti qu'ils fussent, il fit mettre à mort tous ceux qu'on lui amena comme convaincu de maraudage.

Lorsqu'il eut établi le bon ordre dans son armée et réprimé les courses de la garnison de l'Écluse, il leva le camp et alla prendre position à Eccloo, dans l'espoir d'entrer en conférence avec les habitans de Bruges. Les magistrats de cette dernière ville, jaloux de mettre fin aux troubles qui désolaient le pays, vinrent l'y trouver, et convinrent avec lui que les Brugeois seraient tenus de se conformer à l'Édit du duc de Bourgogne, et de laisser le Franc former le quatrième Membre de Flandre, ainsi qu'il l'avait décidé.

Les députés de Bruges rendirent compte au peuple de cette convention, qui fut d'abord accueillie assez favorablement. Mais au moment où ils croyaient avoir vaincu les plus grandes difficultés, au moment où la population s'écriait qu'ils avaient bien agi, un bourgeois, nommé Mesmaeker, perça la foule et s'écria d'une voix forte : » Qu'entends-je ? seriez-vous assez lâ-
» ches pour craindre les Gantois ? Voulez-vous donc
» porter les peines de votre folie en laissant détruire
» toute la force de la cité ! Vous consentez à séparer
» les membres de la tête, les champs de la ville, les
» vassaux de leur seigneur, le corps de l'âme. Au-
» tant vaudrait jeter vos casques et vos épées au mo-
» ment de combattre vos ennemis. Le Franc vous ap-
» partenait avant la naissance de Jésus-Christ. Aucun
» prince n'a été assez puissant pour l'enlever à vos
» ancêtres. Vous avez dignement résisté au très-noble et
» très-puissant duc Philippe, votre seigneur, et vous
» allez plier devant les Gantois. Ils vont séparer la ville
» de son territoire ; vos bons voisins vont devenir vos
» ennemis, et vous n'aurez plus ni paix ni repos. Allez,
» vous n'êtes pas les fils de vos pères ; eux étaient vail-
» lans et de ferme volonté, et vous autres, vous êtes
» des hommes sans courage, sans énergie ; vous vous
» laissez dépouiller comme si vous n'aviez pas d'armes
» pour vous défendre. »

A peine Mesmaeker eût-il achevé ces paroles énergiques, que le peuple exalté s'écria qu'il fallait défendre les privilèges de la cité, et révoquer la résolution qu'on venait de prendre. Il fit plus, il déclara, sur le champ, traitres à la patrie ceux qui voudraient porter atteinte aux anciennes libertés, s'empara de Mesmaeker, le couronna de fleurs, et le porta en triomphe dans toutes les rues.

L'armée Gantoise qui espérait que les Brugeois céderaient aux conseils salutaires que leur capitaine leur avait donnés, ne pouvant espérer de vaincre leur obstination, fut dissoute par Ouradene, qui abdiqua lui-même le pouvoir suprême après avoir rétabli la tranquillité dans la ville de Gand et rappelé les bannis.

Dès que l'enthousiasme que Mesmaeker avait inspiré aux Brugeois fut éteint, ils ouvrirent enfin les yeux sur leur position, et perdirent peu-à-peu leur morgue et leur insolence. Resserrés par les troupes du duc qui interceptaient toutes leurs communications avec l'étranger et les autres villes du pays, ils prirent enfin le parti de la soumission, et députèrent quatre notables à la duchesse de Bourgogne pour implorer sa protection. Dans l'espoir d'avoir plus de titres à l'indulgence du duc, ils mirent en justice les doyens des forgerons, des teinturiers, des drapiers, et n'épargnèrent même pas Mesmaeker qu'ils avaient porté en triomphe quelque tems auparavant; ils eurent tous la tête tranchée. Les prisonniers qu'ils avaient gardés depuis le jour où Philippe-le-Bon avait eu tant de peine à s'échapper de la ville, furent renvoyés richement habillés et gratifiés d'une forte somme. Quand ils eurent fait tout ce qui était en leur pouvoir pour appaiser la colère du bon duc, ils chargèrent des députés d'aller l'assurer de leur soumission pleine et entière.

Dès qu'ils parurent devant lui, ils se prosternèrent

et entendirent dans cette attitude humiliante la lecture des crimes dont leurs concitoyens s'étaient rendus coupables ; puis ils se traînèrent à genoux jusqu'aux pieds de leur souverain, en criant : » Merçi, monseigneur, » merçi aux gens de votre bonne ville de Bruges. » Alors le duc les fit asseoir, et on leur donna lecture de la sentence portée contre eux. Elle prescrivait :

1º Que les magistrats de Bruges, et vingt notables, viendraient, jusqu'à une lieue de la ville, au devant du duc, sans chaperons et nus-pieds, se mettraient à genoux et crieraient : merçi.

2º Que l'on apporterait au duc, ou à ses successeurs, toutes les clefs de la ville chaque fois qu'ils y entreraient.

3º Que la porte de la Bouverie serait convertie en chapelle, que l'on y réciterait tous les jours les heures canonicales, et qu'une grande croix serait élevée à une lieue de cette porte, en expiation du crime commis le 22 mai 1437.

4º Qu'une messe solennelle serait chantée tous les ans à cette époque dans l'église de Saint Donat, et que vingt-quatre bourgeois y assisteraient, tenant à la main un cierge allumé.

5º Qu'une somme de dix mille écus serait donnée au fils du maréchal de l'Isle-Adam, et qu'il lui serait fait amende honorable.

6º Que la famille de Jacques Van Hardoye, qui avait été écartelé pour avoir facilité la retraite du duc, serait indemnisée.

7º Que la ville de Bruges payerait à son seigneur une somme de deux cent mille rixdalles d'or.

8º Que quarante-deux personnes, au choix du duc, lui seraient livrées pour qu'il en soit fait justice.

9° Que les biens des bâtards appartiendraient dorénavant au prince par droit d'héritage.

10° Que la ville de l'Écluse ressortirait de la juridiction immédiate des comtes de Flandre.

11° Qu'enfin le Franc de Bruges formerait le quatrième Membre de Flandre, et qu'il aurait son sceau et sa bannière.

Au mois de mai 1438, le duc de Clèves, qui représentait le duc de Bourgogne, fit son entrée à Bruges, suivi du sire de Comines, grand bailli de Flandre, et les Brugeois exécutèrent à la lettre la sentence de Philippe-le-Bon. Un échafaud ayant été dressé d'avance sur la place publique, il fit trancher la tête à onze des quarante-deux habitans qui étaient exclus de l'amnistie. Josse Van de Velde, fils du Bourgmestre, et Vincent Scoutelaer, son oncle, furent de ce nombre. Les têtes de ces malheureux furent exposées sur une pique, et leurs corps sur la roue. Van de Velde et sa femme étaient également condamnés à périr sur cet échafaud. La sentence prononcée contre cette femme portait qu'après avoir été décapitée, elle serait enterrée sur la place publique, et qu'on inscrirait cette épitaphe sur son tombeau : » Ci-gît Gertrude, épouse de Louis Van » de Velde, détestable femme, qui, par ses mensonges, » conduisit son noble prince dans un très grand péril, » et jeta sa ville dans d'affreuses calamités. » Sa peine et celle de son mari fut commuée en une prison perpétuelle, à la sollicitation de plusieurs dames de Bruges.

La présence de la duchesse de Bourgogne, qui arriva sur ces entrefaites, ne suspendit pas les supplices. Arnold Beyts, du village d'Oostcamp, qui s'était joint aux révoltés apportant une bannière du Franc, avait été couronné de fleurs, selon l'usage, et porté en triomphe. Ce fut orné de cette parure que l'impitoyable bailli le fit décapiter, et sa tête sanglante, ceinte d'une couronne de roses fut exposée au bout d'une pique.

Ces exécutions odieuses mirent le comble aux calamités dont cette ville était accablée. Son commerce était anéanti, et la famine y avait fait naître une épidémie affreuse qui avait emporté plus de vingt mille personnes. Pour surcroit de malheur, les autres villes de Flandre ne la prenaient point en pitié, et des bandes armées, qui parcouraient le pays, enlevaient souvent les subsistances qui y étaient envoyées par des âmes généreuses.

CONQUÊTE DU LUXEMBOURG.

La duchesse Élisabeth, veuve d'Antoine, duc de Brabant, et de Jean-sans-pitié, était fille unique de Jean de Luxembourg, duc de Gorlitz, et nièce des empereurs Wenceslas et Sigismond. Ces deux princes avaient engagé au duc Antoine le duché de Luxembourg, en garantie d'une dot de cent mille florins, promise à leur nièce Élisabeth, et qui n'avait jamais été payée. Elle avait continué, depuis son veuvage, à jouir du duché, et elle l'avait vendu à Philippe-le-Bon en s'en réservant l'usufruit.

Les Luxembourgeois, qui avaient d'abord consenti à la vente, s'étaient ensuite révoltés, et avaient cessé de lui payer les impôts, sous le prétexte que leurs véritables seigneurs et les héritiers de leurs ducs étaient Ladislas, roi de Bohème, Anne, qui avait épousé Gnillaume de Brunswick de la maison de Saxe, et Élisabeth qui épousa Casimir, roi de Pologne, tous les trois enfans de l'empereur Albert et de la fille de Sigismond. Les gens de la duchesse Élisabeth ayant été chassés, par le peuple, de Luxembourg et de Thionville, le comte de Click en avait pris possession au nom de Ladislas et du duc de Saxe. La duchesse s'étant adressée à l'empereur et ses plaintes n'ayant pas été écoutées, elle implora le secours du duc de Bourgogne qui la prit sous sa protection.

Créé mambourg du Luxembourg, il donna l'ordre que les troupes fussent rassemblées dans ses états, et se disposa à entrer en campagne dans le courant du mois de septembre 1443. Il se rendit à Ivoi où plusieurs seigneurs restés fidèles à leur souveraine vinrent se réunir à lui; puis il marcha contre la forteresse de Villi, située sur le Cher, et défendue par Jacquemain de Beaumont et par une troupe de pillards que le damoiseau de Commerci avait pris à sa solde. A peine eut-il investi cette place que le damoiseau accourut avec sa compagnie d'écorcheurs (1) pour la secourir; mais il fut repoussé, et la place emportée d'assaut.

Peu de jours suffirent au duc de Bourgogne pour se rendre maître du pays, à l'exception pourtant des villes de Luxembourg et de Thionville, qui étaient bien fortifiées, et dans lesquelles les Allemands tenaient garnison. La plupart des seigneurs vinrent faire leur hommage au duc, qui reçut aussi la soumission du fameux Guillaume de la Marck, troisième

---

(1) Espèce de corps francs organisés par les seigneurs pour faire la guerre aux Anglais. Ils n'étaient pas payés, et vivaient souvent aux dépens des amis et des ennemis.

fils du seigneur d'Aremberg, qui avait déjà gagné le nom de sanglier des Ardennes. Nous en parlerons bientôt.

Des conférences ayant été ouvertes sans succès à Fleuranges, Philippe-le-bon résolut d'enlever Luxembourg par surprise. Le comte d'Étampes et Corneille, bâtard de Bourgogne, vinrent par ses ordres camper a Esch, à quatre lieues de Luxembourg, d'où ils chargèrent un héraut d'aller proposer au comte de Click un combat corps à corps que celui-ci n'accepta pas.

Pendant la nuit du 21 au 22 novembre 1443, le sire de Saveuse s'approcha des remparts de Luxembourg avec trois cents hommes qui portaient de longues échelles. Quelques braves, au nombre desquels on cite un soldat du sire de Montaigu, nommé Joannes, escaladèrent les murs, égorgèrent la garde endormie, et coururent ensuite rompre les gonds et la serrure d'un poterne qui livra passage au sire de Saveuse et à ceux qui étaient restés pour la garde des échelles. Alors ils entrèrent en ville aux cris répétés de « Notre-Dame de Bourgogne! Ville gagnée! Bour-»gogne! Bourgogne! » et se dirigèrent ensuite vers la grande place, où ils se mirent en bataille. La garnison et les habitans épouvantés fuirent où ils purent; le comte de Click, ne pouvant espérer de résister à l'armée ennemie qui entrait en ce moment en ville enseignes déployées et faisant grand bruit, s'enferma dans le château.

Philippe-le-Bon reçut cette heureuse nouvelle pendant la nuit. Il se leva et s'arma de pied en cap; mais ne voulut pas partir avant d'avoir fait sa prière du matin et entendu la messe comme il en avait l'habitude. Son premier écuyer ayant pris la liberté de

l'engager à « remettre ses patenôtres à une autre fois, » il lui répondit froidement : « Dieu m'a donné la vic-
» toire, il saura bien la garder ; et il peut, sur mes
» prières, faire autant qu'avec toute ma chevalerie.
» D'ailleurs, mes neveux et mon bâtard sont là avec
» bon nombre de mes sujets et de mes serviteurs ; avec
» l'aide de Dieu, ils se maintiendront bien jusqu'à mon
» arrivée. » Puis il acheva tranquillement ses prières, et partit ensuite pour Luxembourg où il fut reçu aux acclamations de ses gens. Il descendit de cheval devant l'église de Notre-Dame, y entra, fit ses prières, et, dès qu'il fut dehors, le pillage de la ville commença. Quelque tems après, la garnison du château capitula, et toute la province, à l'exception de Thionville, fut soumise à la domination du duc de Bourgogne.

Le duc de Saxe n'étant pas assez puissant pour reconquérir le Luxembourg, accepta la médiation de l'archevêque de Trèves. Des conférences furent ouvertes dans cette dernière ville. Un traité de paix en fut la suite, et Philippe-le-Bon, qui resta paisible possesseur du pays, rendit aux habitans le libre exercice de la justice. En abandonnant ses droits à la souveraineté, la duchesse Élisabeth se réserva une pension annuelle de douze à quinze mille francs.

RÉVOLTE DES GANTOIS.

Dès que Philippe-le-Bon fut maître de la Hollande et de la Belgique, à l'exception pourtant du pays de Liége, et qu'il n'eut plus rien à craindre du côté des Anglais qui venaient de perdre la plupart des conquêtes qu'ils avaient faites en France, il conçut le projet de punir les Flamands de l'affront qu'ils lui avaient fait devant Calais en abandonnant ses drapeaux, et en le forçant de lever le siége de cette place.

Le commerce florissant de nouveau en Flandre, le duc se crut assez fort pour demander aux quatre Membres du pays qu'un impôt de dix-huit sous Parisis fût levé à son profit sur chaque sac de sel. A cette proposition, les Gantois jetèrent de hauts cris, et refusèrent nettement de payer un impôt, qui leur était d'autant plus odieux, que le commerce des salaisons était une source de richesses pour le pays. Les trois autres Membres s'étant joints aux Gantois, ceux-ci déclarèrent au duc qu'ils rejetaient sa demande, et qu'ils périraient tous plutôt que d'y donner leur assentiment.

Mécontent de cette résistance, le duc de Bourgogne prétendit avoir le droit de séparer l'office de bailli de l'office de grand doyen, et déclara qu'il ne déléguerait plus son autorité à celui qui serait élu par les bourgeois. Cette innovation portant atteinte aux priviléges de la ville, des murmures menaçans éclatèrent parmi les Gantois, et ils irritèrent leur souverain en refusant positivement de procéder à une nouvelle élection.

Au mois de septembre 1448, le duc renforça les garnisons de Termonde, d'Audenarde et de Rupelmonde; arrêta la circulation des bateaux sur les canaux et les rivières, imposa le sel de son autorité privée, et mit un droit sur le froment et la mouture. Les Gantois s'obstinant dans leur refus, il cassa les magistrats institués en son nom, et fit publier partout l'ordre de ne point obéir au premier Membre de Flandre.

Les trois autres Membres, qui craignaient de voir la

guerre éclater, interposèrent leur médiation entre les Gantois et le duc, et l'on convint enfin que les magistrats, tenant leurs pouvoirs du souverain, ne pouvaient être institués que de son consentement. De nouvelles élections eurent lieu : le duc n'admit pour échevins que des hommes de son choix, et sut, surtout, éloigner Daniel Sersander, grand doyen des métiers, qui lui était fortement opposé. Quelques bourgeois ayant été exilés, les Gantois crièrent à l'injustice, et dirent hautement que les magistrats nommés par Philippe faisaient un trafic honteux de la justice. Bientôt, ils imputèrent aux doyens des divers métiers d'avoir enfreint les priviléges en admettant des étrangers dans leurs corporations, et le duc feignit d'être courroucé de ce que l'on eût violé les coûtumes de la ville. Pierre Tinck, Louis Van Hamer, Eloi Coolbrandt et Lievin Winck, tous quatre de la basse classe, augmentaient le tumulte par leurs cris et leurs plaintes, et tel était le désordre qui régnait à Gand, qu'ils paraissaient avoir la permission de troubler la ville à leur gré. On recourut au duc pour faire cesser ce scandale; mais il refusa de s'en mêler avant qu'on eût remis entre ses mains Sersander, de Potter et Snevoet, qui étaient les instigateurs des troubles.

Les sires de Clite et de Ghistelles, baillis de Flandre et de Gand, voulant satisfaire à l'intention du duc sans porter atteinte aux droits des citoyens, engagèrent Sersander, de Potter et Snevoet à l'aller trouver à Termonde, leur promettant, d'ailleurs, qu'il serait satisfait de cette démarche et n'attenterait point à leur vie ni à leur liberté. Sur cette promesse formelle, ils s'y rendirent, mais le duc les fit arrêter et les exila de ses États.

Cet abus de confiance mit les Gantois en fureur. Ils s'assemblèrent en tumulte, arrêtèrent dix-huit magistrats ou gentilshommes qui tenaient le parti du duc, les mirent en prison, et, dès cet instant, l'anarchie régna dans la cité. Les baillis et les échevins en sortirent en toute hâte; mais le peuple leur ordonna de rentrer en ville, sous peine d'en être bannis à perpétuité. On se saisit de Tinck et de Van Hamer et on les décapita. On trouva dans leurs papiers la preuve qu'ils étaient des émissaires de Philippe-le-Bon.

Les Gantois, qui craignaient leur souverain, ne voulaient pas lui faire la guerre, et refusaient pourtant de lui obéir. Ne voyant nul moyen de le fléchir, et ne pouvant laisser la ville dans le désordre où elle se trouvait, ils nommèrent un bailli et douze capitaines pour les gouverner et rendre la justice. Ils firent ensuite prier le duc de renvoyer ses officiers à Gand, et d'y rétablir la paix. Mais quand leurs députés revinrent sans être porteurs d'une réponse du souverain, ils s'irrritèrent de plus en plus, et, dès ce moment, la populace s'empara du pouvoir. La confrérie des Chaperons-Blancs fut réorganisée, et le gouvernement confié à trois hoofdtmans (chefs), nommés Lievin Boon, Everard Botelaer et Jean Wilde.

Dès que ces nouveaux chefs eurent le pouvoir en mains, ils firent arrêter Baudouin de Vos, bailli du pays de Waes, sous le prétexte qu'il avait barré les canaux par ordre du duc. Après qu'on l'eut mis à la torture et qu'on lui eut brisé les membres, on le porta sur l'échafaud avec trois autres prisonniers, qui implorèrent la miséricorde du peuple. De Vos fut épargné, sous la condition qu'il livrerait Pierre Bauwens et Georges Bull, secrétaires de la ville. Les autres eurent la tête tranchée. On ne vit plus alors à Gand que supplices, tortures, bannissemens, confiscations; le désordre y fut à son comble, et si toutes les villes de Flandre ne se refusèrent point à payer les droits et à faire cause commune avec les Gantois, ce ne fut que parce qu'elles étaient comprimées par de fortes garnisons (1450).

Cependant l'année 1451 s'écoula sans que le duc songeât à faire cesser le désordre qui régnait à Gand. Prévoyant que la rébellion des Gantois ne pourrait être réprimée que par la force des armes, Philippe-le-Bon s'assura de l'assentiment du roi de France et fit des préparatifs pour les dompter.

Les trois Membres de Flandre et l'évêque de Liége envoyèrent alors des députés au duc de Bourgogne pour implorer sa clémence en faveur des Gantois. Il les reçut le 7 avril 1452, jour du vendredi-saint, et se contenta de leur dire : « J'ai bien voulu, pour le saint jour où
» nous sommes, entendre vos supplications. Je sais bien
» que vous êtes de bonnes gens, que vous venez à loyale
» intention, et que vous voudriez la paix ; mais vous
» n'avez aucune autorité à Gand ; la ville est gouvernée
» par des hommes méchans et obstinés. A quoi servira
» le pardon que je vous donnerai? Ne sais-je pas que les
» Chaperons-Blancs sont sur pied, qu'ils courent la cam-
» pagne, ravagent le plat pays, et rançonnent les riches
» paysans? Est-ce ainsi qu'on demande la paix à son sei-
» gneur? Vient-on traiter avec lui l'épée au poing, comme
» avec son égal? Quelle réponse puis-je donc vous faire ?
» sinon, que lorsque les gens de Gand viendront à merci,
» comme doivent faire des sujets, je me montrerai misé-
» ricordieux, et je ne confondrai pas les méchans avec les
» bons. »

Pendant que le duc s'exprimait ainsi, un parti de

Gantois surprenait les châteaux de Gavre, de Poucques et de Schendellebeke et les livrait au pillage.

Irrité de l'audace de ceux de Gand, il leva des troupes en Bourgogne, en Picardie, en Artois, dans le Brabant, le Hainaut, la Hollande, et prit à sa solde un corps nombreux qui lui fut amené par le duc de Clèves. Le sire de Ternant se renferma dans Alost à la première nouvelle des hostilités, et Simon de Lalaing et le seigneur d'Escornay coururent défendre Audenarde.

SIÉGE D'AUDENARDE.

Lievin Boon, sachant que le duc de Bourgogne n'avait point encore concentré ses forces, profita de cet instant propice pour commencer les hostilités. Dans ce but, il convoqua le peuple de Gand sur le marché au vendredi, et parut devant lui, tenant en main une besace, dans laquelle se trouvaient deux grosses clefs qu'il disait être celles d'Audenarde. « Armez-vous, dit-il au » peuple; suivez-moi devant cette place, et Simon de » Lalaing, qui me l'a vendue, vous la livrera. » Charmés de pouvoir posséder cette ville, trente mille Gantois prirent les armes, et, pourvus d'une belle artillerie, ils coururent l'investir dans la persuasion qu'on la leur remettrait à la première sommation.

Les choses ne se passèrent pas précisément comme ils le croyaient; car, aussitôt que Simon de Lalaing vit cette multitude d'ennemis, il se renferma dans Audenarde et fit incendier les faubourgs. Les Gantois, de leur côté, se couvrirent de retranchemens, de redoutes, construisirent sur l'Escaut un pont pour établir des communications sur les deux rives, foudroyèrent la ville du feu de leur artillerie, et se disposèrent à donner l'assaut.

Le sire de Lalaing, qui n'avait sous ses ordres que soixante lances et deux cents archers (quatre cent vingt hommes), redoubla d'énergie en voyant les dispositions des Gantois; il engagea les habitans à le seconder dans cette lutte, et assigna à chacun son poste sur les remparts. Les femmes d'Audenarde, partageant l'enthousiasme de leurs proches, leur portèrent des pierres dans des hottes et dans des paniers, et la dame de Lalaing fut la première à donner l'exemple de ce généreux dévouement.

Étonnées de ce que le gouverneur ne leur remettait pas la place, les assiégeans, surpris d'ailleurs d'une aussi belle défense, essayèrent d'exciter quelques divisions dans la ville. A cet effet, ils attachèrent à des flèches, qu'ils lancèrent pardessus les murs, des lettres écrites en français et en flamand, par lesquelles ils rappelaient au sire de Lalaing ses promesses et l'argent qu'il avait reçu pour livrer Audenarde; mais cet artifice grossier ne réussit point à semer la méfiance. Le gouverneur, la garnison et les bourgeois rirent de la ruse des Gantois et n'en tinrent aucun compte.

Ce stratagème n'ayant pas réussi aux assiégeans, ils en imaginèrent un autre dont l'odieux démontre assez les mœurs du siècle. Sachant que le sire de Lalaing avait laissé dans le Hainaut deux jeunes enfans, ils en prirent deux à-peu-près du même âge et de la même taille, et les amenèrent devant le rempart. Là, ils crièrent de loin au gouverneur et à sa femme qu'ils s'étaient emparés de leurs enfans dans une course qu'ils avaient faite dans le Hainaut, et qu'ils allaient les mettre à mort si on ne leur remettait immédiatement la ville. Ils comptaient sur la tendresse de la mère et sur la faiblesse du père; mais ce généreux chevalier dit aux siens qu'il ne sacrifierait pas son honneur pour sauver ses enfans. Il fit à l'instant même diriger ses couleuvrines sur les enfans et sur les Gantois, et n'envoya à ces derniers qu'une grêle de boulets pour réponse.

Philippe-le-Bon, qui connaissait tout le parti que les Gantois pourraient tirer d'Audenarde s'ils venaient à s'en emparer, faisait d'immenses préparatifs pour secourir cette ville. Deux armées se rassemblaient sur les bords de l'Escaut. L'une, sous ses ordres, devait s'avancer par la rive droite, tandis que l'autre, commandée par le comte d'Étampes, approcherait de la place en suivant la rive gauche de ce fleuve. Mais quelque diligence qu'on fit, on n'avait encore pu réunir assez de troupes pour entrer en campagne, ni assez d'argent pour les solder.

Les Gantois, profitant de cet instant, détachèrent un corps nombreux de devant Audenarde qui alla surprendre et enlever Grammont. Les magistrats de cette dernière ville, restés fidèles au souverain, s'enfuirent comme ils purent et coururent à Enghien implorer son secours. Jean, sire de Croy, qui fut chargé par le duc de marcher au secours de Grammont, s'avança avec tant de diligence qu'il surprit les Gantois et ne leur donna pas le tems de fermer les portes de la ville. Il en tua un grand nombre et mit le reste en fuite. Quoique les habitans tinssent le parti du souverain, et qu'ils eussent favorisé l'attaque du sire de Croy, ils n'en furent pas moins victimes de la cupidité du soldat. Leurs maisons furent pillées, leurs meubles et leurs marchandises emportées sur des charriots, et beaucoup d'entre eux emmenés par le vainqueur qui espérait d'en tirer rançon. Les troupes du duc n'étant pas assez nombreuses pour garder la ville, y mirent le feu et se retirèrent dans la direction d'Ath. Furieux d'avoir été vendus par les habitans de Grammont, les Gantois revinrent en force le lendemain, et achevèrent de piller et détruire les restes de cette malheureuse cité.

COMBAT D'ESPIERRE.

Le comte d'Étampes étant enfin parvenu à réunir son armée à Lille, partit de cette ville et dirigea sa marche sur Lannoy, Leers et Saint-Léger, afin de s'approcher de l'Escaut et de suivre le cours de ce fleuve. Arrivé à Espierre (21 avril 1452), où coule une petite rivière qui va se jeter dans l'Escaut à l'est de ce village, il trouva le pont occupé par une troupe de paysans qui tenaient le parti des Gantois, et qui s'y étaient retranchés après avoir enlevé le château d'Helchin. Dans cet état de choses, il chargea un corps de cavalerie, soutenu par quelques centaines d'archers, de rétrograder jusqu'au village de Watrelos, d'y passer la rivière, et de venir prendre en queue les insurgés qui occupaient le pont d'Espierre. Pendant que ce corps exécutait ce mouvement, le comte feignit d'attaquer de front la position des Flamands. Cette ruse lui réussit à merveille; car, dès que les paysans se virent enveloppés, ils prirent la fuite et se dispersèrent. Les troupes du duc les poursuivirent l'épée dans les reins et en massacrèrent quelques centaines. Baterman, qui commandait les mutins, se réfugia dans l'église d'Espierre avec deux cents hommes, et y fit une défense héroïque. Sommé de se rendre, il répondit par une grêle de traits, et combattit si vaillamment que le comte d'Étampes fut obligé de mettre le feu à l'église pour l'en débusquer. Entourés d'ennemis, menacés par les flammes qui faisaient des progrès effrayans, ces hommes courageux ne désespérèrent point de se soustraire à la rage de leurs ennemis. Après avoir soutenu pendant trois heures une lutte aussi inégale qu'elle était opiniâtre, ils se précipitèrent sur les assaillans la lance au poing, et succombèrent sous le nombre.

Le comte d'Étampes, qui n'osait risquer une bataille, fit détruire immédiatement la tête de pont construite par les Flamands, et se retira à Lannoy, satisfait d'avoir prouvé aux Gantois que l'on se disposait à secourir Audenarde, et d'avoir porté l'épouvante jusque dans leur camp. Mais ceux-ci, trop bien servis par les habitans du pays, apprirent bientôt que l'armée du duc de Bourgogne n'était pas encore réunie, et que celle qui s'avançait par la rive gauche de l'Escaut n'était pas assez nombreuse pour oser les attaquer. Ils prirent cependant des dispositions pour la repousser si elle osait s'approcher de leurs lignes.

COMBAT D'AUDENARDE.

Malgré l'avantage qu'il avait obtenu à Espierre, le comte d'Étampes ne savait trop s'il devait attaquer les Gantois, ou attendre l'arrivée du duc de Bourgogne pour agir de concert. Il commandait à de bonnes troupes; il avait sous ses ordres une foule de braves et vaillans chevaliers; mais, en revanche, les Flamands étaient nombreux, et leur camp bien fortifié. Jacques de Lalaing, le bon chevalier, les sires de Saveuse, de Miramont, de Hautbourdin, de Rosimbos et de Montmorency, ayant été reconnaître l'ennemi, furent d'avis de tenter le combat. Il importait beaucoup au comte d'Étampes que Simon de Lalaing, commandant d'Audenarde, fût instruit du projet d'attaque; mais la difficulté était de parvenir jusqu'à lui. Un soldat se chargea, moyennant une somme de cent écus d'or, de descendre l'Escaut à la nage pendant la nuit, et d'aller annoncer au gouverneur que le lendemain, 24 avril 1452, les troupes du duc de Bourgogne, qui se trouvaient sur la rive gauche de ce fleuve, attaqueraient le camp des assiégeans.

En effet, le comte se mit en marche le lendemain de bonne heure, et alla prendre position sur le chemin de Courtray à Audenarde. L'armée gantoise était, comme nous l'avons dit, campée sur les deux rives de l'Escaut. Le corps qui occupait la rive gauche avait une position fortifiée près de Moreghem, et s'était hâté, la veille, de construire un retranchement qui coupait obliquement la route d'Audenarde à Courtray.

Avant de commencer le combat, le comte d'Étampes, qui était jeune encore, reçut la chevalerie de la main du vieux sire de Saveuse, et il la conféra ensuite au bâtard Antoine de Bourgogne, à Philippe de Hornes, à Antoine Raulin, aux sires de Rubembré, de Crèvecœur, et à cinquante autres jeunes seigneurs. Puis, divisant ses forces en deux corps, il chargea Jacques de Lalaing d'aller, avec l'un, attaquer la ligne retranchée des assiégeans, tandis, qu'avec l'autre, il marcherait contre le camp.

Dès que Jacques de Lalaing, ce vaillant homme de guerre que l'on a surnommé le bon chevalier, eut pris ses dispositions, il réunit autour de lui les jeunes seigneurs admis dans la chevalerie un instant auparavant, et leur dit : « Voici, messeigneurs, l'heure de gagner » honorablement vos éperons dorés et de faire œuvre de » chevaliers; j'y veux aller avec vous. » Alors, il en choisit huit, qui, suivis chacun d'un valet armé, s'avancèrent vers l'ennemi. Ils couchèrent leurs lances, se baissèrent, entrèrent dans un fossé derrière lequel les Gantois étaient formés à rangs serrés, et se précipitèrent audacieusement sur les piques des Flamands, plus longues et plus solides que les lances des chevaliers. Quelle que fut leur résistance, le bon chevalier et ses compagnons rompirent les rangs et entrèrent parmi eux; mais alors ils se trouvèrent dans un grand péril; car les Gantois rétablirent leur ligne de bataille et les enveloppèrent de manière à ne leur laisser aucune issue pour se retirer. Chacun d'eux, pressé par une foule d'ennemis, devait combattre pour sa propre défense, et ne pouvait voler au secours de ses frères d'armes. Jacques de Lalaing, surtout, fut assailli d'une telle manière que, malgré qu'il se défendît comme un lion, il allait tomber sous les coups des Gantois, lorsqu'un valet du sire de Bousignies, voyant le bon chevalier dans un semblable danger, enfonça ses éperons dans les flancs de son cheval, et se précipita au milieu de la foule une javeline à la main, quoiqu'il ne fût couvert d'aucune armure. Il parvint, à force de coups et avec le poitrail de son cheval, à écarter les piques et à le dégager; mais en lui portant secours, il reçut sur la tête un coup de maillet qui le renversa de cheval. Incapable d'abandonner son généreux libérateur, Jacques de Lalaing se lança de nouveau, l'épée à la main, au plus fort de la mêlée, exposant sa vie pour délivrer celui à qui il la devait. Quelques chevaliers, qui étaient parvenus à se dégager, vinrent à son secours, et il est à croire qu'ils eussent succombé sous le nombre si le comte n'eût été informé du danger où ils se trouvaient.

Il fit immédiatement avancer un corps d'archers. Les Gantois n'ayant que des cuirasses légères ne pouvaient guère se défendre contre la grêle de traits qui tombait sur eux. Leurs rangs s'éclaircirent; alors les hommes d'armes s'y précipitèrent et les mirent en désordre.

Aussitôt que Jacques de Lalaing fut libre d'agir, il poursuivit les Gantois qui se retiraient vers leur camp, et parvint à s'en emparer après un combat opiniâtre. Effrayés de l'audace de leurs ennemis, les Flamands mirent leur salut dans la fuite et repassèrent le pont qu'ils avaient construit, laissant trois mille des leurs sur le champ de bataille. Après cette défaite, les Gantois levèrent le siége d'Audenarde, et s'en vengèrent en destituant leurs bourgmestres, qu'ils accusèrent et de malversation et d'être d'intelligence avec leur souverain.

Quand le duc de Bourgogne, qui se trouvait à Grammont, apprit la victoire que ses gens venaient de remporter à Audenarde, il chargea le comte de Luxembourg et Jean de Croy de poursuivre les Gantois qui se retiraient par la rive droite de l'Escaut. Ils les atteignirent à Meirlebeck et leur livrèrent un combat terrible où ils furent défaits de nouveau. Un boucher de Gand, nommé Corneille Sneyssone, se distingua dans cette action par un trait de courage que l'on rapporte avec plaisir. Ce brave, qui portait la bannière de sa corporation, combattit long-temps seul contre une foule d'ennemis. Blessé aux deux jambes, il tombe à genoux, et, tenant d'une main sa bannière, il immole de l'autre tous ceux qui osent l'approcher. Frappés d'admiration pour une si grande valeur, les chevaliers lui crient de déposer les armes et lui promettent la vie; mais le vaillant Gantois refuse cette offre généreuse, et tombe, percé de coups, sur l'étendard qu'il a si bien défendu.

Cependant la cavalerie du duc, qui poursuivait les Gantois la lance dans les reins, fut arrêtée au faubourg de la Maladrerie par un corps de huit cents tisserands qui étaient chargés de soutenir la retraite. Logé dans les maisons de ce faubourg et dans un moulin à vent, il y fit une résistance opiniâtre et se défendit long-temps contre toute l'avant-garde du duc de Bourgogne. Forcés de céder au nombre de leurs ennemis, qui augmentait à chaque instant, les tisserands se retirèrent en désordre et furent poursuivis jusques aux portes de la ville.

Les Gantois, étonnés du désastre et de la retraite précipitée des leurs, se répandirent dans la ville au cri de trahison. Alors le tocsin se fit entendre, la population courut aux armes et se porta sur les remparts pour défendre la cité si les soldats de Philippe-le-Bon osaient l'attaquer. La retraite des Bourguignons ne calma pas l'effervescence populaire. Lievin Boon et les deux autres Hoofdtmans furent arrêtés, décapités et remplacés dans leurs fonctions par cinq nouveaux Hoofdtmans que l'on prit dans les cinq paroisses.

Malgré la défaite qu'ils venaient d'essuyer, les Gantois ne voulurent point entendre parler de paix, et continuèrent à faire des courses sur le territoire des villes soumises au duc. Celui-ci, de son côté, courroucé de la perte d'un de ses chevaliers qui avait été tué au faubourg de la Maladrerie, fit périr tous les prisonniers faits à Audenarde, et promit une récompense pour chaque Gantois qui lui serait livré. Il songea d'abord à faire le siége de Gand ; mais, s'apercevant bientôt que ses préparatifs de guerre ne répondaient pas à la grandeur de cette entreprise, il prit le parti de placer de fortes garnisons dans toutes les villes voisines, afin d'empêcher que l'on ne portât des vivres à Gand. Il essaya d'enlever Gavre avec le comte de Charolais, son fils, qui faisait ses premières armes. Il l'attaqua pendant la nuit, et fut repoussé par les habitans.

COMBAT DE LOKEREN.

Quand Philippe-le-Bon eut pourvu à la défense des villes de Flandre, il vint à Termonde, et fit jeter sur l'Escaut un pont construit avec des planches et des tonneaux, pour que son armée pût communiquer avec l'autre rive, et faire des courses dans le pays de Waes, qui faisait cause commune avec la ville de Gand.

Dès que le pont fut achevé, Jacques de Lalaing, qui ne manquait jamais une occasion de combattre, passa l'Escaut avec les sires d'Humières, de Lannoy, le bâtard de Renti, et plusieurs chevaliers suivis de leurs hommes d'armes, et marcha sur Lokeren où quelques paysans s'étaient rassemblés. Ils les culbutèrent, pénétrèrent dans la ville et commencèrent à piller ; mais plusieurs Flamands s'étant retirés dans l'église, montèrent au clocher et s'y défendirent vigoureusement. L'un d'eux s'avisa de sonner le tocsin, et bientôt on lui répondit des villages voisins. Alors les habitans se rassemblèrent, et, passant derrière les haies, les digues et les fossés, ils arrivèrent à Lokeren où ils s'emparèrent du pont. Surpris par des forces majeures, les chevaliers réunirent leurs gens et tentèrent de reprendre le pont, et de se sauver au-delà de la Durme. Le bon chevalier mit l'épée à la main, forma ses gens en colonne, et se précipita à leur tête sur les paysans, qui le reçurent la lance en arrêt et le repoussèrent. Le désordre était complet dans cette petite troupe; déjà les hommes d'armes fuyaient pour se soustraire à la mort; déjà le bâtard de Renti s'était laissé enlever la bannière du duc de Bourgogne, quand Jacques de Lalaing, qui ne s'effrayait de rien, se jeta au travers des longues piques des Flamands, et leur donna tant de besogne qu'il permit aux archers et aux hommes d'armes de se réunir. Dans ce péril extrême, il les conduisit sur les bords de la Durme, et les engagea à traverser cette rivière à la nage pour se sauver. Il s'y précipita le premier pour leur donner l'exemple, revint ensuite, pour protéger le passage de ceux qui restaient en arrière et sauver ceux qui ne pouvaient résister à la rapidité du courant. Le passage de la Durme étant effectué, le bon chevalier allait ordonner la retraite, quand il aperçut son frère Philippe sur la rive ennemie, luttant contre une foule de paysans, et cherchant vainement à gagner la rivière. Quoiqu'il fût accablé de lassitude, que cinq chevaux eussent été tués sous lui, Jacques de Lalaing traversa la rivière de nouveau, suivi de quelques braves, sauva son frère, et se retira heureusement.

Philippe-le-Bon qui avait appris le danger dans lequel ses chevaliers se trouvaient, passa l'Escaut à son tour et vint pour les délivrer. Il les rencontra dans les environs du village de Zèle. Ils revenaient tranquillement en chantant les louanges du bon chevalier à qui ils devaient la vie. Le duc lui fit un accueil distingué et l'admit à sa table, pour se conformer à l'ancienne coutume qui prescrivait au souverain d'honorer le héros de la journée. On rapporte que Jacques de Lalaing prétendit qu'André de la plume, le fou du comte de Charolais, était celui qui l'avait mieux secondé.

Quelques jours après, le duc marcha sur Overmeire que les Gantois avaient fortifié. Ils l'attendirent de pied ferme, et résistèrent d'abord avec la plus grande intrépidité ; mais le brave de Lalaing, pour qui les combats étaient un jeu, et qui se précipitait toujours au milieu du danger, escalada les retranchemens ennemis et parvint à les en débusquer. Épouvantés à la vue de l'armée du duc, ils se retirèrent en désordre sur Gand, laissant quinze cents morts sur le champ de bataille.

Cependant le comte d'Étampes qui gardait Audenarde, ne restait pas oisif. S'étant joint à la garnison de Courtrai, il quitta la première de ces villes le 25 du mois de mai, et marcha sur le village de Nyvel où un parti de Gantois s'était retranché. Quoique les troupes qu'il avait sous ses ordres s'élevassent à huit mille hommes de cavalerie, il fut tout-à-coup arrêté dans son chemin par les abattis dont les Gantois avaient couvert les routes. Forcé de changer de direction, il s'avança vers Poucques, mais là, il trouva le pont défendu par une foule de paysans qui le forcèrent d'abord à la retraite. Son attaque de front n'ayant pas réussi, il tourna le village, et les Flamands l'abandonnèrent. Ceux qui défendaient Nyvel quittèrent également cet endroit qui fut occupé par un corps levé dans la Picardie ; mais une bande de paysans armés de fourches, d'épées, de lances, de massues, profita de l'instant où les Picards se livraient au pillage pour rentrer dans Nyvel et les assaillir. Les Flamands en massacrèrent plusieurs et ils auraient succombé tous, si le comte d'Étampes, qui en fut instruit, ne fût arrivé à tems pour les secourir. Après les avoir délivrés, il prit la route de Courtrai ; mais, pendant sa route, il eut à lutter contre les campagnards qu'il trouvait réunis dans tous les défilés, et qui lui firent essuyer des pertes sensibles. Enfin, après une journée pénible, il eut le bonheur de regagner Courtrai, où il arriva traînant à sa suite une foule de blessés.

COMBAT DE RUPELMONDE.

Malgré tant de défaites successives, les Gantois persévéraient toujours dans leur rébellion, et cherchaient à attirer les bonnes villes de Flandre dans leur parti. Dans ce but, ils chargèrent un corps de douze mille hommes d'aller rappeler aux Brugeois la promesse qu'ils leur avaient faite de faire cause commune avec eux. Ils s'avancèrent jusqu'aux portes de cette ville ; mais, quoiqu'il n'y manquât pas de gens qui eussent désiré de s'allier avec « leurs bons amis de Gand, » de saisir cette occasion pour se venger de leurs anciennes défaites, et reconquérir les privilèges qu'ils avaient perdus, l'entrée de la ville leur fut refusée. Les magistrats de Bruges allèrent les trouver et leur remontrèrent que puisque le duc de Bourgogne avait supprimé le droit qu'il avait imposé sur le sel, la promesse des Brugeois était nulle. Les Gantois ayant demandé qu'on les laissât » entrer à Bruges pour manger et boire en payant, «les magistrats leur répondirent : « Cela n'est pas possible, » nos chers amis, nous ne voulons laisser entrer per- » sonne en notre ville, mais nous allons vous envoyer » du pain et de la bière. Quand vous aurez bu et man- » gé, allez-vous-en, ou vous verrez qu'on vous chassera » bien de là. » Alors les Gantois se retirèrent, et rendirent à leurs chefs compte de leur mission. Ce désapointement engagea le peuple à tenter quelques moyens d'avoir la paix. L'abbé de Saint-Bavon, le prieur des Chartreux et les marchands étrangers se rendirent à cet effet auprès de Philippe-le-Bon; mais comme il exigea soumission pleine et entière, les conférences furent rompues aussitôt que commencées.

Le duc sachant que les Gantois tiraient leurs vivres du pays de Waes, et que cette riche contrée était leur unique ressource, il concentra son armée à Termonde, et occupa les deux rives de l'Escaut, afin que les troupes qu'il voulait envoyer dans le pays de Waes eussent une retraite assurée.

Informé qu'un corps de cinq à six mille Gantois s'était retranché à Basèle, près de Rupelmonde, sous le commandement de Gauthier Leenknecht; que chaque corporation de Gand avait fait fondre une couleuvrine où son nom était gravé, et que l'artillerie des cinquante deux métiers avait été transportée à Basèle, le duc de Bourgogne résolut d'attaquer cette position, de l'enlever et d'anéantir le corps qui la défendait.

A cet effet il donna l'ordre à celles de ses troupes qui occupaient les deux rives de l'Escaut de se concentrer à Lokeren, et leur fit passer la Durme en cet endroit ; de là il marcha sur Waasmunster, Elverzèle, Thielrode, Tamise, et alla occuper Rupelmonde.

Craignant avec raison que les Gantois ne se tinssent renfermés dans leurs retranchemens s'il se présentait devant eux avec toutes ses forces réunies, il divisa son armée en trois corps, donna le commandement de l'avant-garde au comte de Saint-Pol, qui avait sous ses ordres le Bâtard de Bourgogne, Jacques de Lalaing et le sire de Saveuse; se réserva celui du corps de bataille, et confia l'arrière-garde au comte d'Étampes. Le comte de Charolais, fils ainé du duc, fit son apprentissage sous les yeux de son père. L'ardeur de ce jeune prince, qui devait un jour régner sur la Belgique, et la joie qu'il ressentait de se trouver à sa première campagne, firent pressentir alors qu'il était né pour commander à des gens de guerre.

Avant de marcher à l'ennemi le duc, suivant la coutume de ce tems, créa plusieurs chevaliers, puis tenant son armée renfermée dans Rupelmonde, ou cachée derrière des hayes, il donna l'ordre à une partie de son avant-garde de s'avancer jusqu'à Basèle, d'insulter les Gantois, et, quand elle les verrait sortir de cet endroit, de prendre la fuite afin de les attirer dans la plaine. Les Flamands, qui n'avaient aucune expérience de la guerre, donnèrent dans le piége. Dès qu'ils aperçurent ce faible corps, ils sortirent de leurs retranchemens et lui coururent sus. Le duc de Bourgogne les laissa avancer jusqu'auprès de Rupelmonde ; quand ils furent à portée du trait, toutes les trompettes sonnèrent, les couleuvrines firent feu, et les archers, poussant de grands cris, commencèrent à tirer leurs flèches sans relâche. Les gantois soutinrent le premier choc avec une audace digne d'éloges, mais assaillis par des forces beaucoup supérieures aux leurs, l'épouvante les saisit, et ils furent bientôt dans une déroute complète.

A la vue du désordre de l'ennemi, Corneille, bâtard de Bourgogne, et le comte de Luxembourg s'élancèrent à sa poursuite avec une ardeur imprudente, et se précipitèrent au milieu d'un corps de Gantois qui venait de se rallier. Tout fort qu'était le cheval de ce dernier, il fut abattu à coups de piques, et l'on eut beaucoup de peine à dégager ce seigneur. Le Bâtard n'eut pas le même bonheur; s'étant jeté au milieu des Flamands avec quelques gens de sa maison, un paysan lui allongea un coup de lance qui lui entra dans la bouche, lui traversa la tête, et le jeta mort, en bas de son cheval.

Irrités de la perte de ce jeune et vaillant chevalier, les troupes du duc de Bourgogne chargent les Gantois avec fureur, les poursuivent dans toutes les directions, les atteignent et en tuent plus de trois mille. Mais cette vengeance, toute horrible qu'elle était, ne pouvait satisfaire le duc. » La mort de cent mille *vilains*, disait-» il, ne peut égaler celle de mon bâtard, et gâte ma » victoire. » Dès ce moment, le titre de » Bâtard de Bourgogne » fut donné à Antoine, fils naturel de Philippe-le-Bon et de Marie de Thiefferies.

Les troupes levées en Hollande par ordre du duc de Bourgogne, arrivèrent à Rupelmonde le lendemain du combat, conduites par les sires de Lannoy, de Vère, de Wassenaer, d'Heemstede, de Botselaer et de Brederode. Ce renfort permettant à Philippe-le-Bon de s'avancer dans le Pays de Waes, il y entra précédé par la terreur; et telle était la haine qu'il ressentait pour les Gantois depuis la mort de son bâtard, qu'il ordonna qu'on mît le feu à tous les villages, détruisant ainsi la plus riche contrée de ses états.

Les Gantois désirant mettre fin à cette guerre terrible, s'adressèrent au roi de France, et le prièrent de les prendre sous sa protection. Ce prince, touché de tant de calamités, chargea des ambassadeurs d'aller trouver le duc de Bourgogne, et d'aviser aux moyens de rétablir la paix. Ce dernier qui, d'abord, ne voulait point entendre parler de paix, consentit pourtant ensuite à ce que les envoyés du roi se rendissent à Gand, et il y eut à cet effet une trêve de trois jours. Ils y furent reçus avec joie ; on leur rendit de grands honneurs ; mais dès la première entrevue, ils prévirent facilement qu'il serait impossible d'entamer aucune négociation, tant les Gantois étaient irrités contre Philippe-le-Bon. « Il ne veut reconnaître ni nos priviléges,
» ni nos franchises, dirent-ils ; il dévaste notre pays ;
» nous ne voulons perdre aucune de nos libertés, et
» si vous n'êtes autorisés qu'à nous parler de soumis-
» sion, vous pouvez vous retirer, car nous préférons
» mourir que de renoncer aux droits que nos pères nous
» ont transmis. »

COMBATS DE HULST ET DE MOERBEKE.

Les ambassadeurs du roi de France ayant quitté Gand, et la trêve étant expirée, la guerre recommença plus terrible que jamais. Un coutelier de cette ville, qui ne se distinguait que par un amour propre outré et des formes athlétiques, se vanta de battre le duc de

Bourgogne et de détruire sa puissance. Émerveillés de la confiance et des promesses de cet homme, les Gantois lui donnèrent un corps de cinq mille hommes, et lui promirent de le faire comte de Flandre, s'il parvenait à battre les troupes du duc. Ce général improvisé sortit de la ville, et dirigea sa marche vers Hulst (1), ville située dans la Flandre Zélandaise, dans l'espoir d'y surprendre le bâtard de Bourgogne. Mais celui-ci, prévenu à temps, sortit de cette place, et l'attaqua si vigoureusement qu'il lui tua quinze cents hommes, le fit prisonnier avec plusieurs des siens, et dispersa le reste. On le mena au duc, qui le fit pendre avec ses compagnons d'infortune. Philippe-le-Bon voulut en épargner quelques-uns; mais la haine qu'ils ressentaient pour leur souverain était si prononcée, qu'ils aimèrent mieux mourir, que de crier merci. « Mieux vaut mou-
» rir, que de vivre déshonorés, dirent-ils à ceux qui les
» engagèrent à se soumettre; en périssant martyrs de
» la liberté, nous acquérons une gloire éternelle, et
» nous sommes sûrs que nos concitoyens nous ven-
» geront. »

Les restes de cette expédition voulurent se retirer à Moerbeke, village du pays de Waes, que les Gantois avaient fortifié, et où ils avaient une forte garnison; mais ils tombèrent au milieu de l'armée hollandaise, commandée par le sire de Lannoy, et furent anéantis.

Le village de Moerbeke, seul, restant à enlever pour achever la conquête du Pays de Waes, le duc de Bour-

---

(1) M. Dewez, dans son Histoire Générale, dit que c'est à *Hulste*, village situé entre Courtrai et Ingelmunster, que ce combat a eu lieu. Il ajoute ensuite que ceux qui ont échappé à cette défaite ont fui sur Moerbeke, gros village du pays de Waes. S'il s'était donné la peine de jeter les yeux sur la carte, il aurait reconnu de suite l'invraisemblance de cette assertion.

gogne chargea le comte de Charolais d'aller reconnaître cette place. Ce jeune prince arriva devant Moerbeke au milieu du jour; la chaleur était extrême, plusieurs de ses hommes d'armes étaient morts de fatigue, ou peut-être parcequ'ils avaient bu de l'eau bourbeuse. Malgré cela le comte voulait assaillir de suite les retranchemens des Gantois. On lui fit observer que ses troupes étaient harassées de fatigue, et que les retranchemens de l'ennemi étaient de difficile accès; mais il ne voulait rien entendre, et disait : « Que, quel que fût » le nombre de ces vilains et la force de leur position, » il n'en avait nulle peur. » Ses principaux officiers ayant été d'avis que l'on devait attendre l'arrivée du bâtard de Bourgogne, qui avait battu les Gantois à Hulst, il en pleura de rage, et ne céda qu'à la nécessité. On reconnaît bien là Charles-le-Témeraire.

Les vainqueurs de Hulst arrivèrent enfin. Il y eut d'abord quelques légères escarmouches devant Moerbeke; mais les Gantois, effrayés du nombre de troupes qui les environnaient, abandonnèrent leur position pendant la nuit, et se retirèrent dans leur ville.

Tout le plat pays étant soumis aux armes de Philippe-le-Bon, il vint assiéger Gand, et camper à une lieue de cette ville, à l'endroit dit le Passage du long Pont. Malgré qu'une épidémie terrible se fût déclarée dans cette malheureuse ville, la constance des habitans n'était point encore lassée, et ils firent plusieurs sorties, dans lesquelles ils obtinrent quelques succès. Cependant, les partisans de la paix ayant eu le dessus, ils conjurèrent les ambassadeurs du roi de France de revenir à Gand, et de leur apporter des saufs-conduits pour ceux des leurs qui iraient traiter avec le duc. Les envoyés du roi se rendirent à cette prière. Le lendemain de leur arrivée, on rassembla le peuple sur le marché au Vendredi, et on lui proposa la paix. Sept mille hommes furent de cet avis, et douze mille opinèrent pour la continuation de la guerre. Les ambassadeurs convoquèrent une nouvelle assemblée pour le lendemain. Ceux qui avaient voté pour la guerre ayant refusé de venir à cette assemblée, les amis de la tranquillité l'emportèrent, et ils résolurent, séance tenante, d'envoyer des députés au duc de Bourgogne. L'abbé de St-Trond, les prieurs de St-Bavon, des Chartreux, et plusieurs notables furent chargés de se rendre auprès du duc pour conférer avec lui.

A la sollicitation des députés, des ambassadeurs, et peut-être par égard pour le roi de France, qui voulait fortement la paix, Philippe-le-Bon consentit à ce qu'une trève de six semaines fût conclue, sous la condition pourtant que les Gantois ne recevraient aucun convoi de vivres pendant ce laps de tems, et qu'ils payeraient la solde des garnisons d'Audenarde, d'Alost, de Termonde et de Courtrai. Il exigea également que la ville de Gand se soumît d'avance à ce qui serait réglé à Lille entre les ambassadeurs du roi, leurs députés et ses propres conseillers. Les Gantois donnèrent aux ambassadeurs une déclaration par laquelle ils s'engagèrent à se soumettre aux conditions du traité, s'il ne portait pas atteinte aux libertés, franchises et immunités de la ville.

Alors, le duc leva le siége de Gand et vint à Bruxelles, d'où il fit publier la trève dans tout le pays. Les ambassadeurs de France chargèrent un héraut de porter à Gand la suspension d'armes ratifiée par Philippe-le-Bon; par malheur, les esprits étaient toujours divisés dans cette ville, et le trouble y régnait plus que jamais. Dès que le peuple aperçut le valet du héraut, revêtu d'un jacque (1) à la croix de Saint-André, c'était la livrée du duc, il lui courut sus, l'enleva et le pendit immédiatement pour venger le coutelier, que Philippe avait fait mettre à mort. Là, se borna toute la vengeance des Gantois; ils laissèrent le héraut faire tranquillement l'office dont il était chargé.

Cinquante notables de Gand se rendirent à Lille, accompagnés de maître Jean de Popincourt, avocat de Paris, qu'ils avaient pris pour conseil. Le duc de Bourgogne, qui avait d'abord refusé de s'y trouver, vint enfin, et les conférences s'ouvrirent; mais les députés de Gand s'étant aperçus que le jugement des ambassadeurs, que l'on avait pris pour arbitres, était tout à fait en faveur du souverain, ils rompirent brusquement les négociations et se retirèrent.

Quelques jours après, les Arbitres prononcèrent une sentence dans laquelle il fut prescrit aux Gantois :

1° De faire clore le jeudi de chaque semaine, la porte par laquelle ils sortirent pareil jour pour aller assiéger Audenarde.

2° De faire murer la porte par où ils sortirent pour aller livrer bataille à leur souverain près de Ruremonde.

3° De ne jamais porter de chaperons blancs.

4° De ne bannir personne de leur ville sans y être autorisés par le duc.

5° De laisser à huit prudhommes, dont quatre seaient au choix du duc, le soin d'élire les échevins.

6° de déposer les bannières des Cinquante-deux métiers, dans six maisons éloignées l'une de l'autre, et dont le grand bailli, le premier échevin, deux prud-

---

(1) Habit court et serré, garni entre la doublure et l'étoffe de minces plaques en lames de fer. Ce vêtement fut, autrefois, celui des soldats d'infanterie.

hommes et le doyen du métier auraient chacun une clef.

7° De venir au devant du duc, en chemise et à une demi-lieue de la ville, au nombre de deux mille, les magistrats, les doyens en tête, lui dire qu'ils se sont »mauvaisement et faussement révoltés», lui crier merci et lui demander pardon.

8° De payer au duc une somme de deux cent cinquante mille ridders d'or (1) pour les frais de la guerre.

Il y fut aussi stipulé : qu'à l'avenir les échevins ne prendraient plus le titre de seigneurs de Gand; que les gens du souverain ne seraient plus soumis à leur juridiction, et que l'on remettrait à un an de décider si le pays de Waes, les villes d'Alost, d'Audenarde, de Termonde et de Rupelmonde dépendraient encore de celle de Gand.

LES COMPAGNONS DE LA VERTE TENTE.

Le duc de Bourgogne approuva la sentence arbitrale des ambassadeurs, qui fut envoyée à Gand par un héraut. On assembla le peuple le 8 septembre sur le marché au vendredi, et on lui en donna connaissance. Mais la lecture de ce jugement, tout à fait en faveur du souverain, fut souvent interrompue par des murmures violens, des marques d'impatience et des mouvemens d'indignation. Des cris s'élevèrent de toutes parts ;

---

(1) Le Ridder d'or valait cinquante sous.

» C'est la destruction de nos libertés, de nos franchises,
» de nos privilèges, dirent les Gantois avec fureur. Il
» vaut mieux qu'il ne reste pas pierre sur pierre dans la
» ville que de nous soumettre à cet humiliant traité ;
» et, certes nous ne sommes pas encore en si piètre po-
» sition qu'on nous puisse faire accepter des volontés si
» contraires à la justice. » Alors, ils se dispersèrent, parcoururent les rues en tumulte, s'engagèrent réciproquement à reprendre les armes pour la défense de leurs libertés, et jurèrent qu'ils ne les déposeraient qu'après avoir épuisé toutes leurs ressources.

Après dix jours de troubles et d'anarchie, ils songèrent enfin à se donner un chef qui pût diriger les opérations militaires. Leur choix tomba sur un homme du peuple, renommé par sa force et par son courage, que l'on appelait le bâtard de Blanstroem (1).

Dès qu'il fut élevé au pouvoir, il rassembla tous les *mauvais garçons* de Gand, et en forma un corps qui prit le nom des Compagnons de la Verte-Tente, parce qu'ils jurèrent de ne vivre que de pillage et de ne pas coucher sous un toit tant que durerait la guerre.

Profitant du moment où les troupes du duc étaient disséminées dans les diverses garnisons, Blanstroem sortit de Gand à la tête des Compagnons, et se dirigea vers Hulst qui n'était défendue que par les habitans. Ils se présentèrent la nuit devant cette place, tenant en main des torches allumées et jetant de grands cris. Les habitans, réveillés par ce bruit, coururent sur le rempart, ne sachant trop à quoi attribuer le nombre de lumières qu'ils voyaient dans la direction de Stekène. Mais pendant qu'ils formaient une foule de conjectures

(1) Les historiens français lui donnent le nom de bâtard de Blanc-Estrain.

sur une apparition qu'ils croyaient peut-être surnaturelle, plusieurs Gantois tournèrent la ville à la faveur des ombres de la nuit, se glissèrent au pied des murs du côté de Moer-Schans, les escaladèrent en silence, et se précipitèrent ensuite dans la place en poussant des rugissemens affreux. Surpris sans défense, la plupart des habitans furent massacrés, et la ville pillée et livrée aux flammes.

Après ce funeste exploit, les compagnons de la Verte Tente tombèrent sur Axel qui fut également pris, pillé et incendié ; puis ils revinrent à Gand chargés de butin.

Les envoyés du roi de France, qui se trouvaient toujours à Lille, ne recevant pas de réponse des Gantois, chargèrent un héraut d'aller la demander. Il arriva dans cette ville au moment où Blanstroem venait d'y rentrer avec ses compagnons. Descendu dans une auberge, il demanda à qui il devait remettre les lettres dont il était chargé. L'hôte, prenant en compassion la position de cet homme, qui n'avait que le droit des gens pour soutien, lui donna connaissance de ce qui se passait à Gand, et l'engagea à fuir de crainte que sa sureté ne fût compromise. Il le cacha tout le reste du jour ; dès que la nuit fut venue, il lui fit retourner sa cotte d'armes pour cacher les fleurs de lys qui l'ornaient, et parvint à le faire sortir de la ville sous le nom d'un marchand étranger.

Les ambassadeurs de France, convaincus que l'on ne pourrait vaincre l'obstination des Gantois que par la force des armes, prirent congé de Philippe-le-Bon et se retirèrent. Mais ceux-ci écrivirent au roi pour se plaindre de leur partialité. Ils les accusèrent de n'avoir pas voulu écouter les plaintes de leurs députés, d'avoir agi contrairement aux ordres du monarque, et enfin de s'être vendus au duc de Bourgogne pour une somme de six mille ridders d'or.

L'audace des compagnons de la Verte Tente s'étant accrue par leurs succès dans le pays de Waes, et par l'arrivée de quinze cents Anglais venus de Calais, ils attaquèrent Harlebecke qu'ils prirent et qu'ils brulèrent, et défirent même un corps que le bâtard de Bourgogne envoyait de Termonde à Alost. Ils ravagèrent aussi tous les villages soumis au duc, et n'épargnèrent que les églises et les biens du clergé.

Philippe-le-Bon qui était malade à Lille, donna l'ordre que des troupes fussent rassemblées immédiatement, et en remit le commandement au sire de Blamont, maréchal de Bourgogne, qui établit son quartier général à Courtrai. Cet homme inflexible et cruel rendit encore la guerre plus affreuse. Il fit pendre tous les Gantois qui tombèrent en son pouvoir, et pour empêcher que les habitans des campagnes, que l'amour de la liberté attachait à la cause des Gantois, ne sonnassent le tocsin ou ne leur fissent des signaux du haut des clochers, il ordonna à tous ceux qui demeuraient dans un rayon de cinq lieues de se retirer dans les forteresses, parce qu'il ne voulait pas laisser une maison debout. Les Flamands, qui n'aimaient pas les Français leurs ennemis naturels, préférèrent de se réfugier à Gand. Furieux de ce qu'il considérait comme un acte de désobéissance, le maréchal fit incendier toutes les habitations de ces malheureux, et pendre, sans distinction d'âge ni de sexe, tous ceux qui tombèrent entre ses mains.

Cette guerre si féconde en assassinats, en pillages, en dévastations, continua pendant tout l'hiver de 1452 à 1453. Le roi de France, répondant à la lettre des Gantois, les engagea de nouveau à se réconcilier avec le duc de Bourgogne, et les prévint qu'il avait chargé d'autres ambassadeurs d'examiner leurs griefs, et les reproches qu'ils avaient à faire à la sentence arbitrale rendue à Lille. Il se plaignit également du dommage que les troubles apportaient au commerce, et à la cité de Tournai en particulier, dont les deux partis ravageaient tous les jours le territoire. Cette lettre ayant rappelé les Gantois à la modération, ils chargèrent douze députés de se rendre à Bruges à l'effet d'y traiter de la paix avec le comte d'Étampes, qui y était autorisé par le duc. Le prieur des Chartreux et Baudouin de Vos, qu'ils avaient mis à la torture une année auparavant, firent partie de cette députation. Mais les conférences furent rompues immédiatement ; car les Gantois, toujours obstinés, ayant déclaré qu'ils n'avaient aucun tort, et que c'était eux, au contraire, qui avaient à se plaindre, le comte se retira et ne voulut plus les voir. Le prieur et le chevalier de Vos, qui craignaient la fureur du peuple, n'osèrent retourner à Gand.

Malgré toute sa puissance, Philippe-le-Bon ne pouvait mettre sur pied des forces assez considérables pour assiéger Gand, ni empêcher les habitans de cette ville de tenir la campagne. L'argent lui manquait, et quand il ne pouvait plus payer ses soldats, on les voyait souvent vendre leurs armes et leurs habits pour vivre en retournant chez eux, de manière que le pillage était leur unique ressource. On les craignait d'autant plus, que le maréchal de Bourgogne semblait autoriser leurs brigandages. Cet homme, qui jouisssait d'une réputation militaire usurpée, ne sut qu'ordonner des incendies, des massacres et des pillages.

Toujours actifs, les Gantois faisaient des courses dans toute la Flandre, pénétraient même jusque dans le Hainaut, attaquaient les villes, enlevaient les forteresses, et harcelaient sans cesse les troupes du duc, qui ne pouvaient quitter leurs garnisons sans être assaillies par les compagnons de la Verte-Tente, qui étaient instruits de tous leurs mouvemens. Ils faillirent même un jour d'enlever la duchesse de Bourgogne dans un voyage qu'elle fit à Bruges. Elle ne dut son salut qu'à la valeur de Simon de Lalaing et du sire de Maldeghem.

Le duc étant enfin parvenu à réunir assez de monde pour entrer en campagne, partit de Lille au mois de juin 1453, marcha sur Courtrai, et alla assiéger le château de Schendelebeke, qui était défendu par deux cents compagnons. Cette place était entourée d'un fossé plein d'eau, et l'on ne pouvait l'enlever qu'après avoir pris une tour confiée à la garde de vingt Gantois. Le duc ayant fait combler une partie du fossé, ordonna l'assaut; mais les vingt braves qui défendaient cette tour renversèrent tant de chevaliers et d'archers, que force lui fut de faire sonner la retraite. Alors, on prit de la paille et des fascines allumées que l'on attacha à de longues perches, afin de brûler la porte qui était assez élevée. Une brèche ayant été faite en même tems, les Gantois se rendirent après une résistance opiniâtre, et furent pendus aux arbres voisins. Le duc fit ensuite attaquer le château, qui capitula après cinq jours de siége. La garnison se rendit à discrétion, et les malheureux qui la composaient furent tous mis à mort.

Dirigeant ensuite sa marche sur Audenarde et sur Deynze, Philippe-le-Bon courut assiéger le château de Poucques, situé à quatre lieues ouest de Gand. Après avoir forcé les Gantois qui s'y étaient renfermés à se retirer dans l'enceinte du fort, on mit en batterie une énorme bombarde qu'on nommait la Bergère, et l'on se disposa à battre en brèche une muraille que l'on jugeait la moins épaisse. Le duc de Clèves, Jacques de Lalaing et plusieurs seigneurs voulurent voir l'effet que produiraient les projectiles vomis par cette bombarde. Ils se placèrent dans la batterie qui était garantie du canon des ennemis par un retranchement formé avec des tonneaux remplis de terre, surmontés par une forte charpente. Les assiégés ayant amené sur une plate-forme, un canon léger que l'on nommait *Voghelaer* (*Oiseleur*), un boulet, parti de cette petite pièce, brisa la charpente de la batterie, et enleva le sommet de la tête du bon chevalier, au moment où il s'avançait pour regarder les progrès de la brèche. La mort de ce brave consterna toute l'armée, et le deuil fut universel; car personne n'était autant aimé que lui pour sa vaillance, sa doûceur et sa bonté. Le duc ressentit la plus vive douleur de la perte du modèle des chevaliers, de celui qui, quoique jeune encore (il avait trente deux ans), s'était illustré dans les guerres et dans les tournois. Le jour de sa mort, se reprochant d'avoir brûlé un château voisin, par l'ordre de Philippe-le-Bon, il avait entendu trois messes et s'était confessé. Ce trait, que l'on aime à rapporter, fait connaître toute l'étendue des sentimens qui animaient ce guerrier généreux.

Irrité de la perte de ce brave, le duc fit redoubler le feu de son artillerie et ouvrit une large brèche. Alors la garnison se rendit. Laurent Goethals, et cent trente cinq compagnons de la Verte-Tente, furent pendus. On ne fit grâce qu'aux prêtres et à trois enfans. C'était précisément l'un de ces derniers qui avait mis le feu au canon qui avait tué le bon chevalier. Philippe ne l'apprit, heureusement, que quand il ne fut plus en son pouvoir.

BATAILLE DE GAVRE.

Toute la Flandre orientale étant soumise au duc, à l'exception de la ville de Gand et du château de Gavre, il conduisit son armée devant ce dernier, qui fut immédiatement investi. Arnold Vanderspecken, ouvrier maçon, et Jean Vanden Bosch défendaient cette place avec quelques centaines de compagnons de la Verte-Tente; les Gantois leur avaient promis qu'ils viendraient les secourir s'ils étaient assiégés par les troupes du duc.

Pendant que les troupes de Philippe-le-Bon prenaient des dispositions pour ouvrir la tranchée, un trompette français qui était passé du côté des Flamands, monta au haut d'une tour, et là, il accabla le duc d'injures, l'appela faux, déloyal, traître, tyran, et lui annonça que les seigneurs de Gand auraient bientôt rabattu son orgueil. Mais celui-ci ne répondit à ce torrent d'invectives que par une grêle de boulets. L'artillerie des assiégeans, qui faisaient un feu épouvantable depuis six jours, n'était pourtant pas encore parvenue à ouvrir une brèche. Alors, Vanderspecken, dont la conduite paraît très-équivoque, persuada aux assiégés que s'ils ne faisaient pas une plus longue résistance, ils obtiendraient plus facilement une capitulation avantageuse. Ils écoutèrent cet avis déloyal et permirent à leur chef de parlementer. Il vint trouver le duc dans son camp, s'entretint long-temps avec lui et le bâtard de Bourgogne, et se retira sans avoir conclu aucun traité. Rentré dans le château, il dit à la garnison que le duc voulait qu'elle se rendît à discrétion, et que si les Gantois n'arrivaient à son secours, elle devait se résoudre à s'ensevelir sous les ruines du fort.

Pendant la nuit suivante, ce traître sortit par une poterne, suivi de Jean Vandenbossche et de seize compagnons, traversa les lignes ennemies et se rendit à Gand. Quand on le vit arriver, on s'enquit du motif qui lui avait fait abandonner son poste, et on lui demanda en quel état il avait laissé Gavre. « Tout y va » mal, répondit-il, et le château sera bientôt pris si » vous ne vous hâtez de le secourir. Nos gens sont gran- » dement étonnés de ne pas vous voir venir ainsi que » vous l'avez promis. J'ai couru de grands périls pour » venir vous en informer, ajouta-t-il, d'autant plus que » le moment est arrivé de vous venger du duc. Sortez » en masse, courez lui sus, et vous le ruerez jus; car la » plupart de ses gens l'ont quitté faute de payement, il » a perdu ses meilleures troupes, et il ne lui reste pas » mille gens d'armes. »

Les paroles de cet homme perfide ranimèrent le courage des Gantois. Soudain, les échevins, les doyens des métiers, les Hoofdtmans se réunirent, et décidèrent, sur la motion de Vanderspecken, de Jean Fox et de Jean Hunt, capitaines anglais, que l'on assemblerait immédiatement la milice de la ville, et que l'on irait le lendemain attaquer l'armée du duc de Bourgogne devant Gavre.

Dès qu'on eut pris cette décision, on ferma les portes

de la ville afin que personne ne pût en informer l'ennemi, et l'on ordonna, sous peine de mort, que tout homme, depuis vingt ans jusqu'à soixante, aurait à s'armer pour faire partie de l'expédition. L'enthousiasme des Gantois était à son comble; tous voulaient marcher; les prêtres, les moines, les religieux, couvrirent leur froc d'une armure et voulurent combattre pour la cause commune.

Cependant la garnison du château de Gavre apprit le départ de Vanderspecken. Se voyant trahie, abandonnée par son chef, n'espérant aucun secours, elle perdit courage, et se rendit dans l'espoir que le duc lui ferait au moins grace de la vie. Mais quand Philippe, que l'on a peut-être improprement surnommé le Bon, eut ces malheureux Gantois à sa disposition, il les fit tous pendre.

On a cherché à justifier la conduite de l'infâme Vanderspecken; mais si sa fuite du château de Gavre ne s'élevait déjà contre lui, les dispositions que le duc de Bourgogne prit quelques heures après son départ, seraient encore une preuve irrécusable de sa trahison. En effet, avant que son départ ne fût connu des assiégeans, le duc de Bourgogne avait pris des mesures pour livrer bataille aux Gantois, tellement il était sûr de les voir arriver. S'il n'avait pas concerté ce projet avec Vanderspecken, pourquoi ce dernier aurait-il quitté le poste qui lui était confié, et serait-il allé à Gand engager les habitans à combattre le duc, sous le prétexte que son armée était réduite à quatre mille hommes? quoiqu'il en soit, le duc était si sûr de son fait, qu'il se hâta de diviser ses forces en trois corps. Il donna le commandement de l'avant-garde, composée de Bourguignons et des troupes du Hainaut, au bâtard de Bourgogne, qui eut sous ses ordres les sires de Blamont, de Croy et de Chimay; l'arrière-garde, formée des gens du comté de Boulogne; et de la noblesse de Flandre, obéit aux ordres du comte de Saint-Pol, et il se réserva le commandement du corps de bataille, où l'on distinguait les peuples de l'Artois et de la Picardie. Connaissant l'ardeur de son fils aîné, le comte de Charolais, et craignant que sa témérité ne le conduisît au milieu des ennemis, il l'avait envoyé à Lille auprès de la duchesse, feignant d'être inquiet sur l'état de sa santé; mais ce prince trouvant sa mère bien portante, comprit de suite que Philippe l'avait éloigné de l'armée dans la crainte qu'il ne se fît tuer. »Si mon père y est, dit ce jeune prince à la duchesse, »j'y peux bien être aussi; il combat pour garder mon »héritage, et il y aurait de ma part une grande lâcheté »de ne point m'y trouver...» En achevant ces mots, il monta à cheval, fit en peu d'heures le trajet de Lille à Gavre, et arriva dans le camp de son père pendant la nuit du 21 au 22 juillet 1453.

Ce jour là, au lever de l'aurore, l'armée gantoise, commandée par le bâtard de Blanstroem, capitaine des compagnons de la Verte-Tente, sortit de la ville et s'avança sur Gavre. Les capitaines anglais Jean Fox et Jean Hunt, s'étaient mêlés parmi quelques troupes légères qui éclairaient sa marche; mais dès que ces derniers aperçurent les coureurs du duc, ils crièrent à Simon de Lalaing, qui les commandait : « Nous »amenons les Gantois comme nous l'avons promis; »faites-nous conduire au duc de Bourgogne, car nous »sommes ses serviteurs.» puis ils passèrent à l'ennemi avec une partie de leurs gens.

Philippe-le-Bon déjeûnait avec le comte de Charolais

quand on vint lui annoncer que l'on apercevait les Gantois. « Qu'ils soient les bien-venus, s'écria-t-il, ils » seront les bien combattus. » Soudain il se leva de table, se revêtit de son armure, monta à cheval, fit sonner l'alarme, forma ses troupes sur trois lignes, créa plusieurs chevaliers, et parcourut les rangs en disant à ses soldats : « Allez hardiment contre ces vilains, car » avec l'aide de Dieu et de Notre-Dame de Bourgogne, » vous serez tous riches ce soir. »

Arrivés devant Gavre, les Gantois, qui avaient marché en colonne serrée, déployèrent leurs masses et se rangèrent en bataille. Ils appuyèrent leur droite à l'Escaut, à hauteur du village de Semmarsaecke, et leur gauche à un bois qui se trouvait alors à l'est de Vurste. Leur armée, forte de quarante-cinq mille hommes était rangée sur deux lignes. Vingt-cinq mille hommes d'élite, armés de longues piques, formèrent un énorme carré que nulle cavalerie n'aurait pu enfoncer. L'artillerie, commandée par Mathieu Kerchove, fut placée sur les flancs de ce carré, et gardée par des hommes armés de haches, d'épées à deux tranchans, ou de marteaux à pointes de fer. La cavalerie, qui obéissait aux ordres de Jean de Nivelle, forma les ailes avec les Anglais restés fidèles aux Gantois. Quinze à vingt mille ouvriers, qui ne connaissaient rien au métier des armes, furent placés en seconde ligne, et des chariots, chargés de munitions de guerre et de bouche, rangés sur les derrières.

Le bâtard de Bourgogne, qui commença l'action, marcha sur les Gantois et essaya de les entamer ; mais ceux-ci repoussèrent toutes ses charges et lui tuèrent quelque monde. Alors ils s'ébranlèrent, s'avancèrent lentement sans rompre leur ordre de bataille, firent jouer toute leur artillerie, et rejetèrent la première ligne de l'armée bourguignone sur la seconde. Elle se reforma sous le feu de l'artillerie du duc, et pendant qu'un corps d'archers, commandé par Jacques de Luxembourg, faisait pleuvoir une grêle de traits sur les Gantois.

Le bâtard, qui les chargea encore à plusieurs reprises, fut toujours repoussé avec perte, et il est à croire qu'il ne serait jamais parvenu à rompre ce carré formidable, si, soit par l'effet du hasard, soit par suite d'une autre trahison, un chariot chargé de poudre n'eût éclaté au milieu des couleuvrines des Gantois. Ce nouveau malheur sema le désordre dans leurs rangs; mais ce qui y mit l'épouvante, fut une fausse interprétation qu'ils donnèrent aux paroles de Mathieu Kerchove. Cet officier, craignant que le feu ne se communiquât aux autres chariots, s'écriait de toutes ses forces : « Prenez garde ! prenez garde ! » Les Gantois prirent cet avertissement pour un sauve qui peut, et la frayeur s'empara d'eux. Le bâtard de Bourgogne, les sires de Blamont, de Croy, de Chimay et Jacques de Luxembourg, profitant de cet instant, s'élancèrent sur le carré avec la plus grande impétuosité, et parvinrent à l'enfoncer. Alors l'action ne fut plus qu'un carnage effroyable. Culbutée vers l'Escaut, une foule de Gantois s'y précipita pour se sauver; mais tandis que les uns, accablés par le poids de leurs armes, se noyaient en voulant traverser ce fleuve à la nage, les autres étaient percés à coups de flèches, ou assommés sur le bord par les archers et les hommes d'armes.

Dès qu'il aperçut le désordre de l'ennemi, Philippe-le-Bon mit sa seconde ligne en mouvement, laissa bien loin derrière lui son infanterie, et s'élança vers les Gantois au cri de Notre-Dame de Bourgogne, suivi seulement du comte de Charolais et de ses chevaliers. Arrivé sur le bord de l'Escaut, il y trouva deux mille Gantois qui s'étaient retirés dans une prairie entourée de trois côtés par un détour de ce fleuve, et défendue de l'autre par un fossé et une haie épaisse.

Les troupes du premier corps, ou de la première bataille, comme on disait alors, poursuivant au loin les fuyards, le duc s'avança avec sa cavalerie vers la prairie où les deux mille Gantois s'étaient retirés, et lui prescrivit de les charger. Les chevaliers se mirent en devoir de franchir et la haie et le fossé ; mais les Gantois, décidés à vendre chèrement leur vie, les reçurent à bout portant et renversèrent une foule d'hommes et de chevaux. Impatienté de tant de résistance, Philippe-le-Bon enfonce ses éperons dans les flancs de son cheval, lui fait franchir le fossé, et s'élance dans la prairie. Les Gantois qui le reconnurent, n'osèrent d'abord lui courir sus ; mais la haine l'emportant bientôt sur le respect que la personne de ce prince leur inspirait encore, ils l'attaquèrent avec fureur, et l'entourèrent de toutes parts. Déjà son cheval avait reçu quatre blessures; déjà plusieurs de ses chevaliers avaient mordu la poussière en combattant à ses côtés, et il allait sans doute succomber sous le nombre, quand les archers, excités à sauver leur souverain par les cris du comte de Charolais, arrivèrent au pas de course, et accablèrent les Gantois d'une foule de traits. Ils se battirent long-temps encore un contre cinq, et ne périrent qu'après une merveilleuse résistance. Ils furent tous tués. Les chevaliers étonnés de tant de vaillance, ne purent s'empêcher de dire : « Que tels de ces petites gens, dont les

« noms resteraient inconnus, en avaient fait assez pour
» illustrer un homme de noble lignée. »

La seconde ligne de l'armée gantoise n'avait pas même tenté le combat; elle s'était dispersée après la déroute de la première, et le premier corps de troupes du duc la poursuivait la lance dans les reins, et égorgeait une foule de malheureux ouvriers qui n'avaient ni l'art ni le courage de se défendre. Arrivé aux portes de Gand, le bâtard de Bourgogne les trouva fermées; mais rien ne pouvait égaler la douleur du peuple. Des femmes échevelées parcouraient les rues en sanglotant; les vieillards et les enfans poussaient des cris de désespoir, et leur douleur augmentait encore à la vue des cadavres qui flottaient sur l'Escaut. Chaque famille pleurait un des siens, et chacun s'écriait : « Pourquoi
» nous sommes-nous fiés à l'infâme Vanderspecken? Il
» nous a vendus à monseigneur de Bourgogne, et nous
» avait persuadés qu'il n'avait plus d'armée. » Les infortunés Gantois disaient vrai; le perfide Vanderspecken et Jean Fox s'étaient, depuis long-tems, laissé corrompre par le bâtard de Bourgogne.

Après cette victoire éclatante, qui écrasa l'hydre de la rébellion, Philippe-le-Bon ne put s'empêcher de verser des larmes sur le sort des malheureux Gantois. « Oncques je n'ai eu pitié d'eux, ni de leurs souffrances,
» jusqu'à cette heure, dit-il à ceux qui l'entouraient;
» mais maintenant je les prends en miséricorde. Je veux
» qu'on fasse des lettres contenant que, sans avoir égard
» à ma victoire et pour l'honneur de Dieu, je veux tenir
» et accomplir un traité en tout semblable à celui de
» Lille, à leur plus grande prospérité. » Pierre Goux, conseiller du duc, écrivit sur-le-champ des lettres de grâce, et le lendemain Toison d'or, roi d'armes de

Flandre, s'avança jusques aux portes de la ville, suivi de toute l'armée, et les remit aux magistrats de Gand, qui les lurent au peuple.

Immédiatement après la réception de ces lettres, quelques bourgeois de Gand se rendirent auprès de Philippe-le-Bon, et le supplièrent de s'éloigner de la ville avec ses troupes, lui promettant qu'avant trois jours elle lui serait soumise entièrement. Il y consentit, et retourna à Gavre; mais quand il vit les campagnes jonchées de morts, les femmes de Gand cherchant à reconnaître parmi ces cadavres, l'une son père ou son frère, l'autre son époux ou son fils, il en fut attendri jusqu'aux larmes, et ne put s'empêcher de dire à ceux qui parlaient de sa victoire : « Je ne sais à qui elle pro- » fite; car ce sont mes sujets, et vous voyez ce que j'y » perds. » Il ordonna qu'on laissât ces femmes rendre les derniers devoirs à leurs proches, et ensevelir les morts, dont le nombre s'élevait à plus de vingt mille.

La promesse des notables ne fut pas vaine. Le 31 juillet 1453, le duc, accompagné de ses fils et suivi de tous ses chevaliers, s'avança jusqu'à une demi-lieue de Gand. Il montait le cheval qui avait reçu quatre coups de lances sous lui le jour de la bataille de Gavre. Les archers, l'arc tendu, bordaient la haie jusques aux portes de la ville. Derrière eux étaient placés les hommes d'armes, et le duc était au bout de cette avenue, environné de ses étendards et d'une suite brillante. Alors, on vit défiler le triste cortége des Gantois. L'abbé de Saint-Bavon, le prieur des Chartreux et le clergé ouvraient la marche; après eux venaient les magistrats, les doyens des métiers, nu-tête, en chemise, sans autre vêtement que des brayes de toile, et nu-pieds; deux mille bourgeois couverts d'une robe noire, sans ceinture, et également nu-pieds, les suivaient. Dès qu'ils aperçurent Philippe-le-Bon, ils se mirent à genoux et crièrent : « Miséricorde! miséricorde aux » gens de Gand. » Alors, le chancelier du duc s'approcha, leur rappela leur soulèvement et leur insolence, et ajouta qu'il ne savait si le duc voulait pardonner leurs méfaits. Ils crièrent de rechef : « Miséricorde aux gens » de Gand! » puis il leur fut permis d'avancer. L'abbé de Saint-Bavon, prosterné devant le souverain, l'ayant supplié d'oublier le passé, celui-ci répondit : « On » trouvera en moi la miséricorde qu'on demande. A ceux » qui seront bons sujets, je serai bon prince, et jamais » je ne me souviendrai des injures que j'ai reçues. »

La paix ayant été publiée dans tout le pays, et les bannières des cinquante-deux métiers remises à Toison-d'Or, le duc en fit placer une partie devant l'autel de Notre-Dame de Boulogne, et consacra le reste à Notre-Dame de Hal.

VOEU DU FAISAN.

Immédiatement après la fin des troubles de Flandre, le seigneur de Croy battit les Allemands dans le Luxembourg, les força à se réfugier dans Thionville, et les fit consentir à remettre cette place dans le terme de huit mois, si elle n'était pas secourue.

Philippe-le-Bon, profitant de l'état de paix où il se trouvait momentanément, fit célébrer à Lille les fiançailles du duc de Clèves et d'Isabelle de Bourgogne, fille du comte d'Étampes. Une foule de seigneurs y accoururent de toutes parts, et ces fêtes se terminèrent par le vœu du faisan, solennité qui l'emporta sur tout ce qui avait été vu jusqu'alors.

Mahomet II, l'un des plus grands hommes de son siècle, mais aussi le plus perfide et le plus féroce des tyrans, avait marché sur Constantinople, au printems de l'an 1453, à la tête d'une armée de trois cent mille Musulmans, et emporté cette ville magnifique, que défendait en personne son brave et malheureux empereur, Constantin Dracoses, qui périt en héros les armes à la main. Le duc de Bourgogne apprit au milieu des fêtes, et ce funeste événement, et les horreurs qu'un vainqueur barbare avait commises à Constantinople. On racontait le massacre des fidèles, la destruction des saintes reliques, la profanation des hosties, et l'on disait que Mahomet avait insulté aux restes défigurés de l'infortuné Dracoses, en faisant clouer sa tête au haut de la colonne Justinienne, et promener son corps embaumé dans toutes les contrées de l'Asie.

Touché des maux qui pesaient sur l'empire d'Orient, Philippe-le-Bon renouvela une ancienne cérémonie pour engager les princes et les chevaliers qui se trouvaient à Lille à l'aider à y porter remède. Quand ils furent tous réunis dans un même local, son roi d'armes lui fit hommage d'un faisan orné d'un collier d'or garni de pierreries, et lui rappela que, d'après un usage antique, on devait présenter au souverain un oiseau sur lequel il devait faire un vœu. Un personnage qui portait le nom de la Sainte-Église, et qui suivait le roi d'armes, ayant fait alors un tableau fidèle des persécutions auxquelles les chrétiens de l'Asie étaient exposés de la part des infidèles, le duc de Bourgogne étendit la main sur le faisan, et jura : « Au nom de Dieu, de la

» glorieuse Vierge Marie, des dames et du faisan, que
» si le roi, son redouté seigneur, ou tout autre prince
» chrétien, voulait faire la guerre aux Sarrasins, il l'ac-
» compagnerait avec ses chevaliers pour la défense de la
» foi chrétienne ; et qu'il combattrait le Grand-Turc corps
» à corps, avec l'aide de Dieu et de sa bonne Mère. »

Les princes et les chevaliers, présens à cette cérémonie, imitèrent cet exemple. Ils étendirent tour à tour la main sur le faisan, et firent chacun un serment particulier, renchérissant tous les uns sur les autres, de manière que les vœux de plusieurs d'entre eux ne furent que de vaines rodomontades, de puériles extravagances.

Résolu de tenir son serment, le duc confia la régence de ses États au comte de Charolais, et se rendit à Ratisbonne, suivi de Simon de Lalaing, de Philippe Pot et de cent hommes d'armes, à l'effet de conférer avec l'empereur Frédéric et les princes de l'empire, sur l'expédition qu'il méditait. Mais ce monarque, qui n'aimait pas la guerre, contremanda la diète convoquée à Ratisbonne, se retira en Autriche, et se contenta d'envoyer au duc des ambassadeurs avec lesquels il ne put rien terminer.

On parla du vœu du faisan et du projet de croisade pendant plus de dix ans sans rien entreprendre ; car l'enthousiasme des princes et des chevaliers s'étant refroidi, chacun y apportait des entraves. Philippe-le-Bon, seul, stimulé par le souverain Pontife, voulait cependant le mener à bonne fin. Il assembla les États de Bourgogne, d'Artois, de Picardie, de Flandre, de Brabant, de Hainaut, leur demanda de l'argent, en obtint, et chargea le bâtard de Bourgogne de prendre le devant avec deux mille hommes d'armes, lui promettant d'aller le rejoindre incessament avec le reste de son armée.

Le bâtard s'embarqua à l'Écluse en 1464, délivra Ceuta, assiégé par les Sarrasins, continua sa route, et alla mouiller à Marseille après avoir essuyé une horrible tempête. Le duc allait partir pour Ancone, où les Croisés devaient se réunir, quand il apprit la mort du pape. Alors, on consulta les théologiens sur la question de savoir si le trépas de celui à qui Philippe avait engagé sa foi ne le déliait pas de son serment. Les sentimens furent partagés, et le duc allait se mettre en marche lorsqu'il sut qu'une querelle, survenue entre le nouveau pape et les Vénitiens, venait de faire échouer les préparatifs d'une expédition qui ne pouvait avoir que des suites funestes.

LE COMTE DE CHAROLAIS.

Pendant que Philippe-le-Bon assiégeait la ville de Déventer, pour forcer les habitans à reconnaître David, un de ses bâtards, comme évêque d'Utrecht, le dauphin de France, fils du roi Charles VII, qui régna depuis sous le nom de Louis XI, et qui vivait éloigné de son père depuis dix ans, se brouilla tout à fait avec lui en épousant Charlotte de Savoie, qui n'était âgée que de douze ans. Le roi ayant donné l'ordre de l'arrêter, il quitta le Dauphiné qu'il gouvernait en souverain, et s'enfuit à Bruxelles où la duchesse de Bourgogne et le comte de Charolais lui firent le meilleur accueil. Informé de l'arrivée de ce prince dans ses états, le duc resserra Déventer qui capitula bientôt, et il se hâta ensuite de revenir dans la capitale du Brabant.

Le dauphin se plaignit au duc Philippe de la conduite qu'avaient tenue à son égard les courtisans et les ministres de son père, et finit enfin par lui demander, d'une manière indirecte, des hommes et de l'argent pour faire la guerre au roi. Mais Philippe-le-Bon, prudent et sage, lui répondit : » Monseigneur, je suis prêt » à vous servir de corps et de biens contre tous les prin- » ces de la terre, sauf contre le roi votre père, contre » lequel je ne voudrais, pour aucun motif, entreprendre » une chose qui fût à son déplaisir. Je ne voudrais pas » non plus réformer son conseil; cela ne convient ni à » vous ni à moi. Il est assez sage pour faire à cet égard » ce qui doit être fait, sans que personne ne s'en » mêle. »

Malgré cela, il eut pour le dauphin les égards les plus attentifs; il lui assigna le château de Genappe pour établir sa cour, et lui fit une pension de trente six mille livres. L'année suivante, le prince français fut parrain d'une fille que la comtesse de Charolais mit au monde, et qui est connue dans l'histoire sous le nom de Marie de Bourgogne

Philippe-le-Bon, malgré toute sa puissance, n'était pas heureux dans son intérieur; car la maison de Croy, alliée avec celles de Lalaing et des Lannoy, y avait amené la discorde. Les sires de Croy, favoris du duc, étaient détestés par le peuple et beaucoup plus par le comte de Charolais, et cette haine s'accrut encore quand on vit ces seigneurs se constituer les courtisans du dauphin. Enfin la discorde éclata. Le comte de Charolais avait pour chambellans le sire d'Émeries, et Philippe, fils de Jean de Croy, gouverneur de Luxembourg. Ses deux premiers chambellans ne pouvant faire leur service auprès de lui, il nomma, pour les remplacer, le sire d'Émeries, fils du chancelier Raulin, malgré l'ordre du duc qui voulait donner cet emploi à un Croy. Le comte de Charolais s'étant obstiné à ne point changer l'ordonnance qu'il avait rendue, Philippe lui prescrivit de la lui apporter dans l'oratoire de sa mère. Le comte obéit, mais le duc la lui ayant tirée des mains pour la jeter au feu, son fils s'emporta, et jura qu'il n'en ferait pas d'autre. « Je ne me laisserai pas gouverner » par les Croy, comme vous le faites, lui dit-il; il y a » trop long-tems qu'ils font de vous ce qu'ils veu- » lent. »

À ces mots, le duc entra dans une telle colère, qu'il chassa son fils de l'oratoire, lui ordonna de quitter ses états, et le poursuivit même l'épée à la main. La duchesse se montra mère; elle se jeta au-devant de son époux, et prit la défense de son fils. Aveuglé par la colère, le duc monta à cheval, sortit seul de Bruxelles, et chevaucha au hasard tout le reste du jour et une partie de la nuit. Égaré dans la forêt de Soigne, il vit de loin le feu d'un charbonnier, s'en approcha et se fit conduire à la maison de l'un de ses chasseurs. Il y passa la nuit et ce fut là qu'on le retrouva le lendemain.

Quand il revint à Bruxelles, il n'y trouva plus le comte de Charolais; il chargea alors le maréchal de Bourgogne de témoigner son mécontentement à la duchesse. Elle en ressentit une vive affliction, et répondit au maréchal : « Je connaissais monsieur mon mari pour » un bien violent chevalier; je le voyais courir sur mon » fils; je me suis hâtée de le faire sortir. Il faut bien » que monsieur me pardonne; je suis une étrangère ici; » je n'ai que mon fils qui me console et me soutienne,

Cette vertueuse princesse n'ayant pu désarmer le courroux du duc, fonda un couvent de Sœurs-Grises dans la forêt de Kieppe et s'y retira.

Le dauphin parvint à réconcilier le père et le fils. Philippe-le Bon fut loin d'être aussi heureux ; car il tenta vainement de calmer la colère de Charles VII. Celui-ci, qui connaissait le carractère affreux et dissimulé de son héritier présomptif, rejeta toute proposition de rapprochement, et, mécontent de ce que le duc l'eût reçu dans ses états, il se contenta de répondre : « Mon cousin de Bourgogne ne sait ce qu'il fait de nour» rir le renard qui mangera ses poules. »

Charles VII étant mort en 1461, le dauphin se rendit à Reims, où il fut sacré. Le duc de Bourgogne assista à cette cérémonie avec tous les seigneurs de ses vastes états, et fit au nouveau roi l'hommage qu'il lui devait.

De retour à Bruxelles, le duc Philippe tomba gravement malade ; la duchesse et le comte de Charolais lui donnèrent les plus tendres soins ; des prières publiques furent ordonnées dans toutes les villes, et les Belges, sincèrement attachés à ce prince, implorèrent la Divinité en sa faveur. Quoique vieux, il échappa à la mort. Mais ses médecins ayant ordonné qu'il se fît raser la tête, et comme il ne voulait pas être seul dans cet état ridicule alors, il prescrivit à tous les nobles de se faire couper les cheveux. Pierre de Waquembach, qui fut chargé de faire exécuter cet ordre étrange, saisissait tous les hommes nobles qui avaient des cheveux longs, et les faisait tondre immédiatement (1462).

Sur ces entrefaites, Jean Dini, gentilhomme bourguignon, vint trouver le comte de Charolais, lui raconta qu'il avait été chargé d'aller en Italie chercher du poison pour le faire mourir, et ajouta qu'il avait été chargé de cette commission par Coustain, premier valet de chambre de Philippe-le-Bon. Il remit au comte plusieurs lettres de Coustain où il était question de ce complot; et, ensuite d'un ordre secret qui lui fut donné, il se constitua prisonnier dans le château de Rupelmonde. Alors, le comte de Charolais alla trouver le duc et lui dit : « Je viens, monseigneur, non comme votre fils » légitime et unique, mais comme le plus pauvre homme » de vos états, vous demander justice d'un de vos gens.» Il lui raconta ce qu'il venait d'apprendre, et montra les lettres de Coustain. Le duc lui promit que justice serait faite. Le lendemain, celui-ci fit appeler Coustain qui chassait dans le parc, et lui dit : « Il y a un homme » à Rupelmonde qui charge grandement ton honneur; » je te commande d'y aller avec le sire d'Auxy; va » mettre tes houseaux (1), et pars tout de suite. » — Coustain s'habilla richement, monta un cheval superbe, se fit suivre par quatre domestiques, et se rendit près du ber d'Auxy, qui se mit en route avec une escorte d'archers.

Lorsqu'ils arrivèrent à Rupelmonde, le comte de Charolais s'y trouvait déjà avec le bâtard de Bourgogne, l'évêque de Tournay et le sire de Croy. Dini soutint son accusation devant Coustain, qui nia d'abord, et avoua ensuite sa culpabilité, sur la menace qu'on lui fit de le mettre à la torture. Il déclara qu'il avait réellement envoyé chercher une drogue en Italie, mais que c'était pour obtenir les bonnes grâces du comte, et non pour l'empoisonner. Il confessa pourtant après que

---

(1) Sorte de chaussure de jambe contre la pluie et la boue, comme des guêtres.

c'était un poison lent qui devait le conduire au tombeau dans un an. Après cet aveu, il fut condamné à mort. Avant d'aller à l'échafaud, il eut un long entretien avec le comte, et l'on ignora ce qu'il lui dit; mais on vit de loin qu'à chacune des paroles du condamné, M. de Charolais faisait le signe de la croix, comme s'il eût été effrayé de ses criminelles révélations. Coustain eut la tête tranchée, et Dini périt également parce qu'il fut prouvé qu'il n'avait révélé le complot que pour se venger de son complice qui lui avait refusé le paiement de son affreux salaire.

JOURNÉE DE MONTLHÉRY.

Jaloux de la puissance de la maison de Bourgogne, effrayé, peut-être, de voir les riches États qu'elle possédait passer au fougueux comte de Charolais après la mort du vieux duc, Louis XI, dont la maxime favorite était : « Qui ne sait pas dissimuler, ne sait pas régner, » et qui fut fatal à tous ceux qui l'approchèrent, Louis XI n'oublia rien pour brouiller le père et le fils, dans l'espoir de leur créer des ennemis, et de leur arracher quelque jour des lambeaux de leur héritage.

Pendant son séjour en Belgique, il s'était attaché les sires de Croy, favoris intimes de Philippe-le-Bon, et il se servit d'eux pour le rachat des villes d'Amiens, d'Abbéville et de Saint-Quentin, qui avaient été engagées au duc de Bourgogne pour une somme de quatre cent mille francs par le traité d'Arras.

Irrité de ce que les Croy eussent conseillé à son père

la cession de ces villes, le comte de Charolais quitta Bruxelles et se retira à Gorcum. Dès cet instant, il fut tout-à-fait brouillé avec le roi, et, persuadé que la maison de Croy songeait à s'élever aux dépens de celle de Bourgogne, il se réconcilia de nouveau avec le duc, et parvint enfin à empêcher qu'il ne rendît à la France les villes de Douai, de Lille et d'Orchies, qui avaient jadis été engagées à Philippe-le-Hardi.

Louis XI, prince sans foi et sans humanité, qui choisissait ses agens parmi les plus vils des hommes, et qui les désavouaient ensuite, avait chargé le bâtard de Rubempré, de la maison de Croy, d'enlever le comte de Charolais et de le lui amener mort ou vif. Rubempré se rendit à Gorcum avec quarante hommes d'armes déguisés, et ayant attiré sur lui les soupçons des gens du comte, il fut arrêté. D'abord, le roi déclara qu'il ne le connaissait pas, et le désavoua; mais, plus tard, il envoya une ambassade à Philippe-le-Bon pour le réclamer, et pour se plaindre de M. de Charolais qui, dirent les ambassadeurs, diffamait le roi et lui suscitait des ennemis. Après avoir entendu la justification publique de son fils, le duc répondit aux envoyés de Louis : « Le » bâtard a été saisi au pays de Hollande où je suis sei- » gneur de la terre et de la mer, sans reconnaître nul » souverain que Dieu ; le roi n'a rien à y voir ni à con- » naître, puisque c'est hors de sa seigneurie. Partant, le » bâtard a été mis en justice, et elle lui sera faite selon » son démérite ou son innocence. C'est d'ailleurs chose » notoire dans tous mes pays, que ce bâtard ne vaut rien, » qu'il est homicide et mauvais garçon. » Aussitôt que le vieux duc se fut retiré, le comte de Charolais s'approcha de l'archevêque de Narbonne, un des ambassadeurs, et lui dit : « Recommandez-moi très humble-

» ment à la bonne grâce du roi, et dites-lui qu'il m'a
» bien fait laver la tête; mais, qu'avant qu'il soit un
» an, il s'en repentira. »

Philippe-le-Bon, devenu vieux, assembla à Bruxelles les États de Brabant, de Flandre, de Hainaut, de Hollande, de Limbourg et de Luxembourg, leur fit reconnaître le comte de Charolais comme son unique héritier, et jurer, qu'après sa mort, ils lui obéiraient comme à leur souverain légitime.

Cependant un orage terrible se formait en France, et menaçait d'éclater sur la tête du roi. Les seigneurs, mécontens, se réunirent contre lui, et formèrent la fameuse ligue *du Bien public*. Le duc de Berri, son frère, y entra lui-même, et le comte de Charolais, ennemi personnel de Louis XI, en fit partie. Le duc ayant obtenu des subsides des États du pays, il confia au comte une armée de quatorze cents hommes d'armes et de huit mille archers, lui adjoignit le bâtard de Bourgogne, le comte de Saint-Pol et le sire de Ravenstein, qui lui amenèrent un même nombre d'hommes, et lui dit : « Va, Charles, maintiens bien ton honneur,
» et s'il te faut cent mille hommes de plus pour te tirer
» de peine, je veux moi-même te les conduire. » (1465)

La ville de Saint-Denis ayant été désignée pour point de concentration, le comte s'y rendit avec ses troupes, et n'y trouva personne. Le duc de Bourbon, qui faisait partie de la ligue, avait traité avec le roi, et les ducs de Berri et de Bretagne ne pouvaient se réunir à l'armée bourguignone sans passer sur le corps des troupes royales.

Le roi, qui voulait se jeter dans Paris et défendre sa capitale, s'avança jusqu'à Montlhéry. Instruit de son approche, le comte de Charolais concentra ses forces et lui présenta la bataille le 16 juillet 1465. Elle fut longue et sanglante, et le comte y déploya une audace et une témérité peu communes. Il enfonça la gauche de l'armée française, la dispersa et la poursuivit l'épée dans les reins. S'étant éloigné des siens avec une centaine de cavaliers, il vit tout à coup sa retraite coupée par une foule de Français ralliés à Montlhéry. Soudain il rebrousse chemin, tombe au milieu des ennemis, les disperse à grands coups d'épée, reçoit un coup d'épieu dans la poitrine, continue à combattre, et, quoiqu'il ne lui reste pas trente hommes, il s'avance vers le château défendu par les gardes du roi. Mais alors il est enveloppé, et il ne lui reste d'autre ressource que de se faire jour à travers l'ennemi et de gagner la campagne. Il l'essaie en vain. « Mes amis, dit-il à ses braves, » défendez votre prince ; pour moi, je ne vous quitterai » qu'à la mort ; je suis ici pour vivre et mourir avec » vous. » Philippe d'Oignies, son écuyer, fut tué à ses côtés. Lui-même reçut deux blessures, et on le serrait de si près, qu'un soldat français mit la main sur lui en criant : « Monseigneur, rendez-vous ; je vous connais » bien ; ne vous faites pas tuer. » Il allait en effet tomber au pouvoir de l'ennemi, quand Robert Cottereau, fils de son médecin, vint heureusement le dégager.

La gauche de l'armée du comte avait été mise en déroute par les Français ; mais le bâtard de Bourgogne et le comte de Saint-Pol étant parvenus à la rallier, il fut à même de recommencer le combat. La nuit ne le lui permit pas. Il fit panser ses blessures, et le lendemain au point du jour, quand il voulut marcher à l'ennemi de nouveau, il apprit à regret qu'il avait abandonné sa position et s'était retiré en toute hâte sur Corbeil.

La journée de Montlhéry, qui coûta la vie à quatre mille hommes, enfla tellement l'orgueil du comte de Charolais, qu'il conçut dès-lors, pour ses talens militaires, cette aveugle présomption à laquelle on peut attribuer tous ses revers. Il fut, depuis ce moment, le prince le plus présomptueux et le plus entêté de la chrétienté. Son caractère prit les traits d'une cruauté farouche, qui le rendit le fléau de ses voisins et l'artisan de sa propre ruine.

De nouvelles troupes venues de la Belgique et de la Bourgogne, et l'arrivée des princes confédérés, permirent au comte de marcher sur Paris. Alain Chartier, évêque de cette ville, vint le trouver à Saint-Denis, par ordre du roi, pour lui adresser des remontrances sur l'injustice de la guerre qu'il faisait à son souverain. « Allez dire à votre maître, lui répondit-il, qu'on a tou-
» jours trop de motifs contre un prince qui sait employer
» le fer et le poison ; et qu'on est bien sûr, en marchant
» contre lui, de trouver nombreuse compagnie en route.
» Au reste, je n'ai pris les armes qu'à la sollicitation des
» peuples, des princes et de la noblesse de France :
» voilà mes complices. »

Le roi ne pouvant résister à la ligue, conçut le projet de se rapprocher du comte de Charolais qui en était le véritable chef ; il vint le trouver, et lui demanda la paix. Celui-ci, se défiant du duc de Berri, et craignant que les princes ne se raccommodassent à ses dépens avec Louis XI, y consentit avec empressement. Des députés se réunirent à Conflans où un traité fut signé le 5 octobre 1465. Le roi abandonna à perpétuité au comte de Charolais les villes de Péronne, de Roye et de Montdidier, et viagèrement celles d'Amiens, de Saint-Quentin, de Corbies et d'Abbéville, sous la condition pourtant que la France paierait au successeur du comte, en les retirant, une somme de deux cent mille écus d'or.

COMBAT DE MONTENAC.

Louis de Bourbon, neveu de Philippe-le-Bon, qui avait succédé à Jean de Heinsberg, évêque de Liége, n'eut pas plutôt pris possession de son siége, qu'il devint odieux aux Liégeois. Tous les jours de nouvelles factions s'élevèrent contre son autorité, et la haine qu'on lui portait passa bientôt toute entière jusqu'au duc de Bourgogne.

Pendant que le comte de Charolais faisait la guerre en France, Louis XI avait envoyé une ambassade aux Liégeois, dans l'espoir de les engager à s'armer contre la maison de Bourgogne, afin de forcer le comte d'abandonner la ligue du bien public pour aller défendre les États de son père. Il leur avait promis des secours puissans, et juré qu'il ne ferait la paix avec le duc que de l'assentiment de ses nouveaux alliés. Les Liégeois, toujours agités par leurs propres passions, ou par celle des hommes qu'ils prenaient pour guides, ne furent que trop dociles aux suggestions du roi de France. Les principaux d'entre eux, gagnés par ce monarque astucieux, s'engagèrent à envahir le Brabant, le Limbourg et le comté de Namur, pendant que les Français entreraient dans le Hainaut.

Dès que ce traité fut ratifié, le conseil de régence de Liége chargea un hérault d'aller à Bruxelles déclarer la guerre à Philippe-le-Bon, et de le défier « à feu » et à sang » (22 août 1465). Immédiatement après cette déclaration imprudente, l'armée liégeoise entra dans le Limbourg avec le marquis de Bade, qui s'était joint à elle avec un corps de troupes allemandes, ravagea les environs de Herve, et assiégea le château de Fauquemont. Le marquis ne voyant qu'avec horreur les horribles dévastations que ses alliés commettaient tous les jours, et prévoyant qu'il ne pourrait soumettre au frein de la discipline cette multitude grossière, profita des ombres de la nuit pour se retirer. Déconcerté par la retraite subite des Allemands, les Liégeois levèrent le siége de Fauquemont et rentrèrent dans leur ville.

Philippe-le-Bon, qui fut bientôt instruit de ces hostilités, se hâta de rassembler des troupes; il donna l'ordre à ses neveux, les ducs de Gueldre et de Clèves, aux comtes de Hornes et de Nassau, ainsi qu'à plusieurs seigneurs, de venir le joindre de suite à Namur à la tête de leurs vassaux; et, sans attendre leur arrivée, il se dirigea sur Meffe qu'il livra aux flammes.

Les habitans de Huy, usant de représailles, firent des courses jusqu'aux portes de Namur; et ceux de Saint-Trond ruinèrent les châteaux de Duras, d'Ordinghen et de Hornes, pendant que les partisans de l'évêque ravageaient les environs de Tongres, et que les Liégeois, rentrés dans le Limbourg, assiégeaient la ville de ce nom.

Un corps de troupes du duc de Bourgogne, sous les ordres des comtes de Hornes, de Nassau et du sire de Gaesbeck, entra alors dans le comté de Looz, et y mit tout à feu et à sang. Raes de Lintre, Barré de Surlet et le comte de Berlo, accoururent avec cinq à six mille

Liégeois, jetèrent une garnison dans Montenac, et vinrent prendre position dans des défilés que les forces du duc devaient traverser pour regagner Namur.

Le 15 octobre 1465, au moment où celles-ci entraient, chargées de butin, dans ces défilés, les Liégeois les attaquèrent vigoureusement ; mais les généraux du duc prévoyant bien qu'il leur en coûterait beaucoup de monde pour forcer le passage, se retirèrent en bon ordre et regagnèrent la plaine de Montenac. Les Liégeois s'imaginant qu'ils fuyaient devant eux, les poursuivirent avec plus d'ardeur que de prudence ; mais, au moment où ils s'y attendaient le moins, leurs ennemis firent face en arrière, les chargèrent l'épée au poing, les enfoncèrent, leur tuèrent deux mille hommes, et les mirent dans une déroute complète. Après ce succès, les troupes de Philippe-le-Bon entrèrent dans Montenac qui fut pillé et livré aux flammes.

Les bourgmestres de Liége, consternés de la défaite sanglante de leurs gens, ne voyant pas, d'ailleurs, arriver les secours que le roi de France leur avait promis, prescrivirent à l'armée campée devant Limbourg de lever le siége de cette place et de venir défendre la capitale, qu'ils croyaient fortement menacée par l'ennemi.

DESTRUCTION DE DINANT.

Sur la fausse nouvelle que le comte de Charolais avait été battu à Montlhéry, les Dinantais, que Louis XI n'avait pas oublié d'attirer de son côté, sortirent de leur ville en grand nombre, et vinrent pendre le comte en effigie, sous les remparts de Bouvignes, en criant aux habitans de cette cité : « Véez, » véez, là le soi-disant fils de votre duc, le faux traître » comte de Charolais, bâtard de notre ancien évêque, » que le roi de France a fait, ou fera pendre, ainsi » comme il est ici pendu. » Après cet exploit burlesque, que les Dinantais payèrent chèrement plus tard, ils se retirèrent de devant cette ville, sans lui avoir fait d'autre mal que de lâcher quelques décharges de leur artillerie contre les fortifications.

Apprenant bientôt que le comte de Charolais, vainqueur à Montlhéri, venait de faire la paix avec le roi de France, les magistrats de Dinant envoyèrent des députés au duc de Bourgogne, qui consentit, moyennant une assez forte somme d'argent, à oublier les insultes faites à son fils.

La plupart des bonnes villes suivirent cet exemple prudent, et quand les Liégeois se virent réduits à leurs propres forces, ils prirent le parti de se soumettre aux conditions que le duc voudrait leur imposer. Elles furent dures : il exigea que les ducs de Brabant fussent reconnus Mambourgs du pays de Liége ; que l'on n'entreprît à l'avenir aucune guerre ni affaires importantes sans y être autorisé par le Mambourg ; et que dix bourgeois de Liége lui fussent livrés pour être les garants de ce traité.

Quoique ce fût placer les Liégeois dans la dépendance du Brabant, le peuple de Liége accorda tout parce qu'il ne voulait rien tenir ; mais les principaux bourgeois, sur qui le choix des ôtages devait naturellement tomber, s'y refusèrent obstinément, persuadés d'ailleurs, qu'une semblable paix serait de courte durée, et qu'ils exposeraient leurs têtes en voulant en garantir l'exécution.

Cet incident donna lieu à de nouvelles conférences, à la suite desquelles Philippe-le-Bon permit aux Liégeois de racheter leurs ôtages, moyennant une somme de six cent mille florins du Rhin, payable en six années. L'avant-garde du comte de Charolais, qui revenait de France, s'étant avancée jusqu'à Saint-Trond pendant le cours des négociations, les Liégeois, à qui une mauvaise paix convenait mieux que la continuation de la guerre, se soumirent sans difficultés, et les armées furent licenciées de part et d'autre (1466).

A peine le duc de Bourgogne eut-il congédié ses troupes, que Barré de Surlet excita une nouvelle sédition à Liége. Les états du pays et l'évêque, Louis de Bourbon, essayèrent de l'étouffer dans sa naissance, mais loin d'y parvenir elle s'étendit à vue d'œil, et bientôt des bandes de pillards, à qui l'on donna le nom de Couleuvriers, ravagèrent les campagnes. Les troupes du prélat qui marchèrent à leur rencontre furent battues, et ces légers avantages rendirent les Couleuvriers tellement insolens, que, dès ce moment, ils pillèrent et brûlèrent les maisons et les châteaux des partisans de l'évêque.

Sur ces entrefaites, les Dinantais qui se repentaient

de s'être soumis à Philippe-le-Bon, s'assemblèrent en tumulte, se saisirent de quatre bourgeois de leur ville, qui avaient été chargés de traiter avec le duc, et leur firent trancher la tête. A cette nouvelle, trois à quatre mille Couleuvriers vinrent leur offrir leurs services. Fiers de pouvoir mettre une petite armée sur pied, ils les accueillirent avec empressement, et allèrent avec eux piller et incendier la riche abbaye de Moulin.

Irrité de l'audace de ce peuple, Philippe donna l'ordre de rassembler une armée à Namur, jura qu'il ferait de Dinant un monceau de ruines, et pour donner à la guerre qu'il allait entreprendre un carectère de sainteté, il fit publier une bulle du pape qui excommuniait les Dinantais, et défendait de célébrer l'office divin dans leur ville ; mais ceux-ci, bravant les foudres de l'église, forcèrent leurs prêtres à dire la messe, et précipitèrent dans la Meuse ceux qui s'y refusèrent.

Cependant l'armée se réunissait lentement, car c'était contre leur gré que les seigneurs et les gens de guerre venaient se mettre sous les ordres du comte de Charolais, et guerroyer sous un tel chef. Indépendamment de ce que la solde n'était pas payée régulièrement, il était si dur, si emporté, si brutal, que personne ne l'aimait. Il battait ceux qui ne lui obéissaient pas sur le champ, et menaçait à chaque instant de faire mourir les gens qui lui déplaisaient. Il rassembla pourtant trente mille Belges avec lesquels il alla assiéger Dinant, en attendant l'arrivée des troupes qui devaient venir de la Bourgogne.

Le comte de Charolais quitta Namur le 16 août 1466, et vint insulter Dinant le 17, à la tête d'un faible corps de cavalerie. Le 18, toute l'armée se présenta devant cette ville. Elle était divisée en trois corps ; le premier, sous les ordres du comte de Charolais, passa la Meuse à Bouvignes, et vint occuper le faubourg de Leffe ; le second, qui franchit cette rivière à Anseremme, attaqua le faubourg du Rivage ; et le comte de Saint-Pol, qui commandait le troisième, resta sur la rive gauche, et marcha contre le faubourg de Saint-Médard, qui était entouré de murs et de fossés pleins d'eau ; mais dans la direction de Bouvignes seulement.

La ville de Dinant n'est plus, aujourd'hui, l'ombre de ce qu'elle était alors. Elle était grande, riche et peuplée ; elle s'étendait sur les deux rives de la Meuse ; elle était défendue par un château, par des ouvrages construits sur la crête des monts et des rochers qui la dominent, par de bons et solides remparts, et, enfin, par plus de quatre-vingts tours.

Dès que l'armée du duc s'approcha de la ville, la garnison fit une vigoureuse sortie, et brûla elle-même le faubourg de Saint-Médard, afin d'empêcher le comte de Saint-Pol de s'y établir ; dès qu'elle fut investie, on fit de part et d'autre un feu terrible, et les habitans se signalèrent par des sorties meurtrières, dans lesquelles ils ébranlèrent plusieurs fois leurs ennemis ; mais comme ils ne remportaient pas d'avantages sans perdre du monde, et que la plupart des Couleuvriers s'étaient sauvés, ils envoyèrent demander des secours à Liége ; on leur en promit, et l'évêque qui se tenait à Huy, en ayant été informé, il en prévint de suite le duc de Bourgogne qui s'était fait transporter à Bouvignes.

Quel que fût leur danger, les Dinantais ne montraient ni moins de courage, ni moins d'orgueil. On les somma de se rendre à discrétion ; mais se croyant sûrs de l'appui du roi de France et du secours des Liégeois, ils ne donnèrent que des injures pour réponse : «Qu'elle

» fantaisie a donc pris votre vieille momie de duc de ve-
» nir mourir ici? disaient-ils; n'a-t-il donc tant vécu que
» pour périr de vilaine mort? et votre comte *Charlotel*,
» que fait-il ici? qu'il s'en aille plutôt combattre le noble
» roi de France qui nous viendra secourir comme il nous
» l'a promis. *Charlotel* est venu chercher son malheur;
» il a le bec trop jeune pour nous prendre, et nos
» amis de Liége viendront bientôt le déloger honteuse-
» ment. »

Les habitans de Bouvignes, quoique ennemis des Dinantais, voulurent cependant sauver d'une ruine totale, une ville qui faisait le commerce du pays par ses fabriques de cuivre, et ses ouvrages connus sous le nom de *Dinanderies*. Ils leur envoyèrent un député pour les engager à se rendre; mais ceux-ci firent trancher la tête à ce député, et la jetèrent aux assiégeans pour toute réponse. Ceux de Bouvignes voulant les sauver malgré eux, chargèrent un enfant de leur porter une lettre, mais telle était leur rage, qu'ils eurent la cruauté de le faire écarteler. Cette atrocité révolta le duc qui jura, dès ce moment, de raser la ville, d'y faire passer la charrue et d'y semer du sel, comme les Hébreux faisaient autrefois.

Cependant, le siége continuait avec vigueur. Jamais ville ne fut attaquée et défendue avec plus d'audace; les canons et les bombardes faisaient jour et nuit un feu épouvantable, et la place était en ruine. Déjà plus de sept cents habitans avaient péri; les remparts, qui avaient neuf pieds d'épaisseur, étaient endommagés dans beaucoup d'endroits, et le comte de Charolais était parvenu à ouvrir une brèche de soixante pieds de large dans la direction de la porte Saint-André, qui conduit au faubourg de Leffe.

Alors, seulement alors, les Dinantais songèrent à capituler. Ils envoyèrent des députés à Philippe-le-Bon, mais il ne voulut pas les recevoir, et ordonna que la ville fût encore foudroyée pendant deux jours.

Le 24 août, le duc ayant appris que quarante mille Liégeois s'avançaient au secour de Dinant, il résolut de faire donner l'assaut. Chacun de ses soldats se chargea d'un fagot pour combler le fossé, et, vers cinq heures du soir, toute l'armée se disposa à s'élancer sur les différentes brèches. Alors les habitants se rendirent à discrétion, et prièrent le seigneur d'Imbercourt de porter leur soumission au duc. En ce moment, un nommé Guérin, qui avait été Bourgmestre, se saisit de l'étendard de la ville, et exhorta le peuple de continuer à se défendre. « Nos ennemis ne sont maîtres que des ouvra-
» ges extérieurs, lui dit-il; nous pouvons encore com-
» battre avec succès, et si nous devons périr, il vaut
» mieux mourir les armes à la main que de se soumettre
» aux lois d'un vainqueur offensé. » Les cris et les gémissemens des femmes et des enfants eurent plus de force sur l'esprit des Dinantais que les paroles énergiques de Guérin, ils n'écoutèrent pas ses conseils et se rendirent, quoique la ville eût encore pu se défendre plusieurs jours.

Le même soir, le bâtard de Bourgogne occupa le château, et le maréchal de Blamont, qui mit des gardes aux portes par ordre du comte de Charolais, défendit aux soldats d'entrer en ville sous peine de la hart.

Philippe-le-Bon avait l'envie de voir la grande et opulente ville dont il venait de se rendre maître; mais il en fut détourné par ses principaux officiers qui lui représentèrent qu'il ne convenait point de se montrer dans une ville dont il avait juré la ruine.

JACQUES DE LALAING.

Le comte de Charolais fit son entrée à Dinant le 25, et distribua le logement comme s'il avait voulu l'occuper tranquillement ; mais lorsque chacun fut dans son quartier, il donna le signal du pillage. Alors, les soldats se saisirent de tout ce qui était à leur convenance; ils s'emparèrent de leurs hôtes, enlevèrent les enfans dans l'espoir d'en tirer rançon, et se conduirirent plutôt comme des brigands que comme des militaires. Les rues étaient encombrées de chariots, et la Meuse couverte de bateaux sur lesquels on chargeait des richesses immenses. « Au milieu de ce désorde, dit M. de » Barente, les gens d'armes se pillaient les uns les au- » tres et s'arrachaient les effets les plus précieux. Les » sires de Roubais et de Moreuil, qui tenaient une des » portes, se firent ainsi une riche part en prenant le » butin fait par d'autres. »

Le pillage durait depuis quatre jours quand le comte de Charolais, qui avait prescrit que l'on respectât les femmes, les enfans et les gens d'église, fit pendre trois archers qui entraînaient une femme vers un bois voisin. Alors il fit rassembler les prêtres, les femmes et les enfans, et leur donna une escorte pour les conduire sur la route de Liége. Les cris de ces femmes éplorées qui quittaient leurs maisons et laissaient leurs pères, leurs maris, leurs frères, leurs fils exposés à la fureur des soldats, émurent le cœur de beaucoup de gens de guerre ; mais ils ne purent amolir celui du comte de Charolais, qui fit secrètement mettre le feu à la ville. L'incendie fit des progrès si rapides, que l'on ne put préserver le magasin à poudre qui était à l'hôtel de ville. L'explosion fut affreuse. Un torrent de feu se communiqua de maisons en maisons et atteignit bientôt l'église de Notre-Dame. Par une étrange contradiction, le comte de Charolais, que rien ne pouvait émouvoir, se jeta au milieu des flammes, au péril de sa vie, et parvint à sauver et à transporter à Bouvignes la châsse de Saint-Perpète et plusieurs reliques. Le couvent que les Carmélites (Dames Blanches) avaient au faubourg de Leffe fut également brulé. Le comte de Charolais prit grand soin de ces religieuses, et le duc leur permit de faire bâtir un autre couvent à Namur, » où elles ont » vécu depuis ce temps, dit le père de Marne, avec » beaucoup d'édification, *sous la direction des Carmes* » *Chaussés.* »

Quelques historiens ont essayé de justifier Philippe-le-Bon et son fils, en rejetant l'odieux de cet incendie sur des soldats mécontens de leur part du butin; mais Suffridus Petri, qui n'avait aucun intérêt à ménager la mémoire de ces princes, dit positivement que le vieux duc ne voulut pas quitter Bouvignes avant d'avoir vu Dinant dévoré par les flammes. Quoiqu'il en soit, tant d'horreurs ne purent appaiser la haine ni du père ni du fils. Malgré que les plus riches bourgeois eussent péri dans les flammes, le comte de Charolais en fit encore saisir huit cents qui furent liés deux à deux et précipités dans la Meuse. Le bombardier de Dinant fut pendu à l'un des créneaux du château.

Toute la population de Dinant avait péri dans l'incendie, par le fer, dans les ondes, ou avait été enlevée; mais la fureur du duc n'était pas encore assouvie; sa rage n'était pas satisfaite. Le château, les tours, les remparts, et les débris des maisons étaient encore debout. L'impitoyable duc fit publier à son de trompe dans le comté de Namur, dans le Brabant et dans le Hainaut que ceux qui viendraient achever de détruire cette malheureuse cité, recevraient trois patars (20 c.) par jour, indépendamment du butin qu'ils pourraient encore trouver. Il en arriva de toutes parts, et ils travaillèrent avec tant d'ardeur et d'activité, que quatre jours suffirent pour faire un amas de décombres de cette ville si riche et si puissante. Alors, comme l'impitoyable duc l'avait désiré, on put dire, sans craindre d'être démenti : *Ici fut Dinant!...*

Après tant d'horreurs et de calamités, ordonnées par un prince prêt à descendre dans la tombe et commises sous ses yeux, peut-on, sans outrager la vérité le surnommer le Bon ?

Le duc retourna à Namur quand cette affreuse expédition fut terminée, et le comte de Charolais marcha au devant des Liégeois. Chemin faisant, le comte de Saint-Pol se plaignit que ses gens n'avaient pas eu une aussi riche part de butin que le reste de l'armée. Eh bien! le croira t-on? le comte, pour les dédommager, leur permit de piller les villes de Thuin et de Saint-Trond. Ces villes se rachetèrent en payant une forte rançon.

Les Liégeois apprirent en route la prise et la destruction de Dinant, et cet événement leur inspira tant de frayeur, qu'ils n'osèrent combattre les troupes du comte de Charolais, qu'ils rencontrèrent à Montenac en nombre inférieur. Ils payèrent au duc de Bourgogne une somme de six cent mille florins du Rhin, consentirent à ce que les ducs de Brabant fussent mambourgs et capitaines du pays de Liége, et livrèrent cinquante ôtages.

Philippe-le-Bon mourut à Bruges le 15 juin 1467, craint de ses sujets et respecté de l'Europe. Protecteur éclairé des arts, il fonda l'université de Dôle, encouragea les talens du peintre Van Eyck, qui jeta les fondemens de l'école flamande, favorisa le commerce, et aurait mérité le nom que lui a conservé l'histoire, si sa conduite atroce envers les Gantois et les Dinantais ne lui donnait un démenti formel. Il fut enterré dans l'église de Saint-Donat, à Bruges. Il laissa un enfant légitime et quatorze bâtards.

FIN DU 4ᵉ VOLUME.

TABLE

DES MATIÈRES.

Pages.

GOUVERNEMENT DE JEAN II. (*avec une gravure.*)

Gui de Dampierre.	5
Conquête de la Flandre. (*avec gravure, guerrier belge.*)	9
Révolte des Flamands.	15
Journée des Éperons	19
Guerre de Hollande.	24
Bataille de Mons-en-Puelle.	28
Traité d'Athies-sur-Orange.	32
Révolte contre les Nobles.	34
Les Juifs.	37

GOUVERNEMENT DE JEAN III. (*avec une gravure.*)

Robert de Béthune.	40
Guerre entre Dinant et Bouvignes.	44
Louis de Nevers.	49
Bataille de Cassel.	58
Coalition contre le Brabant.	62
Jacques d'Artevelde.	68
Prise de l'île de Cadzant.	17
Flandre et Brabant.	77
Campagne de 1340.	81
Bataille navale de l'Écluse. (*avec une gravure.*)	83
Siége de Tournay.	86
Mort de d'Artevelde.	90
Bataille de Crécy.	93
Louis de Maele.	97
Les Flamands à la cour de France.	101

WENCESLAS.

Déroute de Scheut.	103
Soulèvement des Bruxellois.	107
Troubles dans Louvain.	111
Les Linfars.	114
Bataille de Bastwiller.	116
Jean Hyons.	120
La paix à deux faces.	126
Nouvelles révoltes des Gantois.	129
Philippe d'Artevelde.	133
Prise de Bruges. (avec une gravure.)	138
Siége d'Audenarde.	145
Bataille de Roosebèke.	150
Les Anglais en Flandre.	155

JEANNE DE BRABANT.

Philippe le Hardi, comte de Flandre.	163
Pacification de Gand.	168
Guerre de Gueldre.	182
Abdication de Jeanne de Brabant.	188

4ᵉ ÉPOQUE. — MAISON DE BOURGOGNE.

Antoine duc de Brabant.	191
Bataille d'Othée. (avec une gravure.)	193
Mort du duc Antoine.	201

JEAN IV.

Jacqueline de Hainaut. (avec une gravure.)	207
Le forfait de Montereau.	211
Soulèvement des Bruxellois.	215
Guerre de Hainaut.	219
Conquête du Hainaut.	223

PHILIPPE DE SAINT-POL.

Traité de Delft.	229

PHILIPPE LE BON. (avec gravure.)

La Tour de Montorgueil.	232

TABLE DES MATIÈRES.

La Sainte paix.	239
Siége de Calais.	241
Soulèvement des Brugeois. (*avec une gravure.*)	247
Soumission des Brugeois.	255
Conquête du Luxembourg.	262
Révolte des Gantois.	265
Siége d'Audenarde.	270
Combat d'Espierre.	273
Combat d'Audenarde. (*avec une gravure.*)	274
Combat de Lokeren.	279
Combat de Rupelmonde.	283
Combats de Hulst et de Moerbeke.	286
Les compagnons de la Verte Tente.	291
Bataille de Gavre.	298
Vœu du Faisan.	307
Le comte de Charolais.	310
Journée de Monthéry.	315
Combat de Montenac.	320
Destruction de Dinant.	323

FIN DE LA TABLE DU 4ᵉ VOLUME.

www.ingramcontent.com/pod-product-compliance
Lightning Source LLC
Chambersburg PA
CBHW060456170426
43199CB00011B/1222